Eberhard Trumler
Mit dem Hund auf du

Zu diesem Buch

Zwei Fragen stehen im Mittelpunkt dieses Buches. Zum einen die nach dem Wesen des Hundes, seinen Eigenschaften und Bedürfnissen, zum anderen die nach seiner Lernfähigkeit: Wie erziehen wir den Hund zu einem Mitglied der »Menschenfamilie«? Illustriert mit Fotos und zahlreichen Zeichnungen des Verfassers ist dieses bereits zu einem Klassiker gewordene Buch ein Handbuch im besten Sinne, das auch dem berufsmäßigen Hundekenner noch Aufschlüsse und Überraschungen bieten kann.

Eberhard Trumler, geboren 1923 in Wien, gestorben 1991, war Schüler von Konrad Lorenz und Autor zahlreicher Bücher, darunter die erfolgreichen Ratgeber »Hunde ernst genommen« und »Trumlers Ratgeber für den Hundefreund«.

Eberhard Trumler
Mit dem Hund auf du

Zum Verständnis seines Wesens und Verhaltens

Mit einem Vorwort von Konrad Lorenz

Mit 23 Fotos sowie 44 Zeichnungen des Verfassers

Piper München Zürich

Von Eberhard Trumler liegen in der Serie Piper vor:
Trumlers Ratgeber für den Hundefreund (940)
Hunde ernst genommen (1044)
Mit dem Hund auf du (1135)

Ungekürzte Taschenbuchausgabe
1. Auflage Oktober 1989
10. Auflage November 2003

Umschlag: Büro Hamburg
Foto Umschlagvorderseite: Uwe Aufderheide
Satz: Hieronymus Mühlberger, Augsburg
Druck und Bindung: Clausen & Bosse, Leck
Printed in Germany ISBN 3-492-21135-6

www.piper.de

Inhalt

Vorwort von Konrad Lorenz 7

Mein »Hundeleben« — Anstatt einer Einleitung 11

Einheit in der Vielfalt 15

Kummer mit Stina · Meine »Urhunde«: die Elchhunde und die Dingos · Wölfe und Schakale · Meine Bastarde

Wege zur Vielfalt 39

Inzucht-Merkmale: Mutationsunterschiede · Weißes Fell und rote Augen · Die Individualität unserer Hunde

Die ersten Lebenswochen 55

Ein unvollkommener kleiner Hund? · Die ersten Lebensminuten · Geburtsgewicht · Die vegetative Phase · Bewegungsweisen · Die Sinne · Das Saugen · Die Welpen unter sich · Die Übergangsphase · Die Nase · Erbkoordinationen und Lernen

Die Prägung fürs Leben 98

Die Prägungsphase · Prägung auf den »Artgenossen« Mensch · Welpenkauf · Das Pfötchengeben · Das Nasenstupsen · Schlafen · Kindchenschema und Verjugendlichung · Die Sozialisierungsphase · Eingliederung in die menschliche Gemeinschaft · Das Spiel · Disziplin

Schulungszeit und Lehre 174
Die Rangordnungsphase · Der mimische Ausdruck · Körperliche Ausdrucksmöglichkeiten · Der akustische Ausdruck · Die Rudelordnungsphase · Der Mensch als Rudelführer

Pubertät und Reife 234
Die Geruchskontrollen · Der Eigengeruch als Visitenkarte · Reifezeit · Das Paarungsverhalten und die Tragzeit · Welpen werden geboren · Familie Björn

Literatur 299

Register 301

Bildnachweis 303

Vorwort

von Konrad Lorenz

Zum Sehen geboren
Zum Schauen bestellt
Goethe

Das unvoreingenommene Anschauen der Natur ist Beginn und Grundlage allen Forschens, und es ist um so unentbehrlicher, je komplizierter das zu erforschende Objekt ist. Nächst dem Menschen selbst sind die höheren Tiere die kompliziertesten Systeme, die es auf unserem Planeten gibt, und wenn wir heute eine ganze Menge über die subtilsten Probleme der Physik und Chemie, aber vergleichsweise gottsjämmerlich wenig über uns selbst wissen, so liegt das zum großen Teil daran, daß das Schauen unmodern geworden ist und daß nur das Quantifizierbare als legitimes Objekt der Wissenschaft angesehen wird. So gilt heute auch in der breiten wissenschaftlichen Öffentlichkeit derjenige recht wenig, der aus reiner Freude am Schauen forscht.

Um in das Wesen eines höheren Tieres einzudringen, muß man aber sehr lange schauen und dazu noch sehr gute Augen haben. Ohne die Freude am Schauen würde selbst die Geduld eines ostasiatischen Heiligen nicht ausreichen, um ein und dasselbe Tier oder eine und dieselbe Tierart durch jene langen Zeiträume zu beobachten, die nötig sind, um die wesentlichen Züge des Verhaltens zu erkennen. Daher sind die größten und erfolgreichsten Verhaltensforscher stets nicht nur Dilettanten im echten Sinne (das Wort Dilettant leitet sich vom italienischen Verb »dilettarsi«, sich ergötzen, ab), sondern dazu noch Amateure, »Liebhaber«, für ganz bestimmte Tiere oder Tiergruppen. Charles Otis Whitman, der eine große Pionier der vergleichenden Verhaltensforschung, war geradezu vernarrt in die Ordnung der Tauben, der andere, Oskar Heinroth, in die der Entenvögel. Der mit diesen unentbehrlichen Voraussetzungen erfolgreicher Verhaltensforschung Begabte muß für die Masse der modernen Zivilisationsmenschen, die keinen Wert kennen als den des Geldes, als doppelt verrückt erscheinen.

Ein solcher doppelt Verrückter — mit anderen Worten ein echter und rechter Verhaltensforscher — ist Eberhard Trumler. Er hat die »guten Augen«, die zum Beobachten, zum Erschauen des Wesentlichen nötig sind, und dies tut sich auch in seiner großartigen Begabung zum Zeichnen von Tieren und tierischen Ausdrucksbewegungen kund. Die leichte Übertreibung, die an die Karikatur grenzt, indem sie das Wesentliche überbetont, ist kennzeichnend für die Zeichnungen des Künstlers, der — wie Lynkeus der Türmer — zum Sehen geboren, zum Schauen bestellt ist. Die gute und wahre Karikatur ist der beste Beweis, daß der Zeichner in das Wesen des Karikierten eingedrungen ist, und wer die Zeichnungen in Trumlers Pferdebuch gesehen hat, der hat seines Geistes einen Hauch verspürt.

Die Pferde sind die eine große Liebe in Trumlers Leben, die Hunde sind die zweite. Gegenwärtig sitzt er in Oberbayern, in einer alten Mühle, und gibt das Geld, das er sich mit seinen ausgezeichneten Tierbüchern verdient, für die Erhaltung einer Unmenge von »rasselosen« Hunden aus, deren Zucht nichts einbringt und deren Ernährung durchaus nicht billig ist.

Ich glaube Hunde selbst ziemlich gut zu kennen und habe sogar gewagt, ein allgemeinverständliches Buch über sie zu schreiben. Trumler aber kennt sie noch unvergleichlich besser; beim Lesen seines Buches war ich immer wieder erstaunt, ja beschämt, festzustellen, wie viele Einzelheiten er beobachtet und in ihrer Bedeutung gewürdigt hat, die mir zwar bekannt waren, die ich gesehen, aber doch nicht gesehen hatte. Seine Stärke liegt darin, daß er so viele und so verschiedene Hundepersönlichkeiten in nahem Kontakt kennengelernt hat. Ich gebrauche das Wort »Persönlichkeit« im Bewußtsein seiner Tragweite. »Persona« heißt ursprünglich die Maske, im übertragenen Sinne die Rolle, die der sie tragende Schauspieler im Rahmen des Dramas spielt. Der Begriff der menschlichen Person ist durch die Rolle bestimmt, die der Einzelmensch im Bezugssystem seiner Familie und seiner Sozietät spielt. Es bedeutet eine gewaltige Unterschätzung der individuellen Verschiedenheiten zwischen den Einzelwesen einer hochentwickelten Tierart, »dem Tier« die Fähigkeit abzusprechen, bestimmte soziale »Rollen« in gleicher Weise zu übernehmen. Höhere Tiere, wie Elefanten, Pferde und Hunde, sind, wie jeder Kenner bestätigen wird, individuell so stark voneinander verschieden, daß man in die Struktur ihrer Sozietäten gar keinen richtigen Einblick bekommen kann, wenn man nicht die Verschiedenheit der Individuen und damit ihre Fähigkeit, bestimmte Rollen zu übernehmen, mit in Betracht zieht. Eben dieser Umstand macht sie zu Personen im philosophischen Sinne dieses Wortes.

Eberhard Trumler schildert uns eine Reihe von Hundepersönlichkeiten. Er schildert sie von der Wiege bis zum Grabe, in allen Eigenheiten ihrer körperlichen Entwicklung und ihres Verhaltens, in den allen Individuen gemeinsamen arteigenen Merkmalen und andererseits in ihren die Einzelpersönlichkeit kennzeichnenden Verschiedenheiten. Er behandelt die Fragen der stammesgeschichtlichen Herkunft, der Entstehung des Haushundes aus wilden Vorfahren, die er ebensogut kennt wie unseren Canis »familiaris«. Sein besonderes Interesse gilt dem verwilderten Haushund, dem Dingo.

Die Fülle des Wissens, die in dem vorliegenden Buche zusammengetragen ist, wird nicht nur den Tierliebhaber entzükken, sondern auch den Fachwissenschaftler bereichern. Was mich ganz besonders freut, ist, daß Trumlers Hundebuch wieder mit seinen wundervollen Zeichnungen illustriert ist.

Möge das neue Hundebuch die Beachtung finden, die es verdient, möge es die vielen Hundefreunde mit einem Autor bekannt machen, der den Sinn für die Schönheit der Natur mit echtem Forschungsdrang vereinigt.

Mein »Hundeleben«

Anstatt einer Einleitung

In einer von Wäldern und Weiden umgebenen kleinen Talsenke steht auf 200jährigen Grundmauern die Grubmühle, oder, genauer gesagt, das, was von ihr nach einem großen Brand übriggeblieben ist. Ein Bach umfließt im Bogen das Anwesen, ein schilfbewachsener Teich gehört dazu, Wiesen und ein Auwäldchen mit Pappeln, Ulmen und Weiden. Hinzu kommen noch Buchen, Eichen, Fichten, Ahorn, Birken, dazwischen Haselsträucher, Liguster, Holunder — es ist ein kleines Stück einer reizvollen Landschaft, fernab des lärmenden Getriebes großer Städte.

Mein Arbeitszimmer befindet sich im ersten Stock der Grubmühle. Auf meinem Schreibtisch steht immer ein Feldstecher. Manchmal benütze ich ihn, um zu sehen, wie eine Bachstelze mit wildem Grimm ein in der Nähe wohnendes Bergstelzen-Pärchen aus ihrem Revier verjagt, oder um zu beobachten, wie das Bussard-Paar Futter zum Horst hinüberträgt. Aber normalerweise sind die gläsernen Augen meines wichtigsten Arbeitsgerätes auf »mein Volk« gerichtet. Ich kann fast alle meine Hunde von hier aus sehen. Wenn ich mehr Zeit habe, dann steige ich noch eine Treppe höher und setze mich auf den Balkon; von ihm aus habe ich einen noch besseren Einblick in meine Zwinger. Seit Jahren bin ich von morgens bis abends von etwa dreißig bis sechzig Hunden umgeben. Ich züchte Hunde. Das muß ein gutes Geschäft sein, mag man denken. Dazu möchte ich sagen: Es ist eine wunderschöne Beschäftigung. Wenn ich irgendwelche wertvollen Rassehunde züchten würde, wer weiß, vielleicht wäre es dann wirklich auch ein gutes Geschäft. Der Jammer ist aber: ich kann meine Hunde gar nicht verkaufen — ich kann sie nicht einmal verschenken! Was sind das denn für Hunde, die man nicht einmal verschenken kann? Es sind Dingos, jene australischen Wildhunde, die man ab und zu in Tiergärten zu sehen bekommt. Auch die Stammeltern meiner Dingos kommen aus einem Zoo; ich verdanke sie Alfred Seitz, der bis 1970 den Tiergarten Nürnberg geleitet hat. Dingos eignen sich nicht als Heimhunde im üblichen Sinne, sie machen zu viele Schwierigkeiten. Doch nicht genug damit. Ich habe diese Dingos auch mit Haushunden verkreuzt und diese Bastarde in einigen Generationen weitergezüchtet. Auch das ergibt Hunde, die man niemandem, der Wert auf ein gepflegtes Heim legt, zumuten könnte. Dann habe ich Schakale — also auch keine Hunde im üblichen Sinne. Ferner lebt hier ein Elchhundepaar. Dieses Paar hat einen großen Abstammungsnachweis, also einen »Stammbaum«, und es kann sein, daß ich Nachkommen dieses Paares tatsächlich einmal verkaufen kann; aber das wird noch sehr lang dauern, denn der Rüde ist noch ein Kind, und wer will schon wissen, ob gleich der erste Wurf so ausfällt, wie man sich das wünscht? — Die beiden Schäferhunde darf ich nicht vergessen; schöne Hunde, wunderschöne Hunde sogar. Aber es handelt sich um Vater und Tochter, und damit kommt man erfahrungsgemäß nicht weit; auch gut, sie haben ohnehin keine Abstammungsnachweise. Ich kann also auch keinen Schäferhund verkaufen.

So bleibe ich halt, wie man so sagt, auf meinen Hunden sitzen. Genau das will ich aber, denn sie alle sollen mir helfen, Fragen der Haustierwerdung und der damit verbundenen Verhaltensänderungen zu entschlüsseln. Deswegen bin ich auf den Hund gekommen!

Ich stelle planmäßige Zuchtversuche an, um zu sehen, wie Wildtiere zu Haustieren wurden; wie sich dabei so vieles geändert hat: der Körperbau, die Färbung, die Behaarung, aber vor allem auch das Verhalten, das uns in diesem Buch besonders interessieren wird. Ich werde zeigen, daß man das Verhalten des Haushundes nicht an Dackeln, Schäferhunden oder Terriern erforschen kann, sondern daß man hier nur Teile des Verhaltens entdeckt und daß so manches davon irgendwie verändert und von Individuum zu Individuum verschieden ist. Konrad Lorenz, der Begründer der Verhaltensforschung, der selbst so viel zum Verständnis des Hundeverhaltens beigetragen hat, gab uns diesen Schlüssel in die Hand: Nur das Wildtier hat sein artgemäßes Inventar an Verhaltensweisen komplett und unabgewandelt zu eigen; das Haustier aber hat auf dem Wege seines Erbwandels, der so viele unbekannte Komponenten enthält, undurchschaubare und oftmals sehr komplizierte Veränderungen erfahren, daß es nicht mehr möglich ist, in der Vielheit eine grundsätzliche Einheit zu finden. Das wird erst dann möglich sein, wenn wir das Verhalten der ursprünglichen, unverbildeten Urformen kennen und wenn wir darüber hinaus auch noch feststellen, wie und wodurch jenes Geschehen, das wir Domestikation, Haustierwerdung, nennen, das Ursprungsverhalten abgeändert hat. Je mehr wir davon wissen und in Zukunft noch erfahren werden, um so besser werden wir jeden einzelnen unserer heutigen so mannigfaltigen Hunde verstehen.

Das ist auch der Grund, warum in diesem Buch sehr viel von Wölfen, Schakalen und Dingos zu lesen sein wird und nur wenig von dem jedem Leser vertrauten Haushund; aber ich kann gleich versprechen, daß gerade diese Schilderungen, Beobachtungen und Erlebnisse dem Leser mehr Aufschluß über seinen Dackel, Boxer, Pinscher, Schäferhund, Zwergpudel, Windhund oder welche Rasse es immer sei, bieten werden, als wenn ich nur von solchen Hunden berichten würde. Ich kann es mit gutem Gewissen zusagen, denn ich habe in all diesen Jahren meines »Hundelebens« gerade bei jenen Tieren, die dem Hundefreund so fremdartig erscheinen mögen, bei diesen fuchsgesichtigen, exotisch wirkenden Dingos, mehr über die Wirklichkeit Hund erfahren, als das bei irgendeinem unserer Haushunde möglich wäre.

Die Welt des Hundes ist reicher, als man denkt, wenn man mit seinem »Hasso« oder »Lumpi« an der Leine spazierengeht. Wer sich die Mühe macht, in diese Welt nur ein wenig einzudringen, der wird seinen Hund mit anderen Augen sehen lernen. Er wird vor allem den Hund nicht für ein Geschöpf halten, das aus Stubenreinheit, Gehorsam, Fütterung und Pflege besteht. Er wird auch erkennen, daß alles das, was man aus Tierliebe in den Hund hineinprojiziert, ein dürftiger Schatten dessen ist, was im Hund wirklich steckt, wenn er das sein darf, was er in Wahrheit ist: ein Hund!

Ich habe dieses Buch in der Hoffnung geschrieben, daß es einiges dazu beitragen kann, das aus überlieferter Unwissenheit und gewohnter Gedankenlosigkeit dem Hund vielfach zugemutete Sklavendasein leichter zu machen. Es wäre schön, wenn die folgenden Seiten zum Nachdenken anregen würden, ob wir wirklich alles tun, um dem Hund gerecht zu werden und sein Leben nicht zu einem unwürdigen »Hundeleben« werden zu lassen.

Einheit in der Vielfalt

Man kann nur über Hunde schreiben, die man kennt. Weil man aber nicht all die Millionen gegenwärtiger und künftiger Hunde kennen kann, wird es immer wieder welche darunter geben, die in dieser oder jener Beziehung anders sind. Ich glaube daher, daß wir gut daran tun, uns erst einmal über die Frage zu unterhalten, woher diese große Individualität bei unseren Hunden stammt, ehe wir nach den allgemeinen Verhaltensmustern forschen. Nur so kann ich der Gefahr entgehen, daß mich künftig alle Hunde gesträubten Fells anknurren und mich einen »Gleichmacher« nennen, der ihre ausgeprägte Persönlichkeit, ihre individuelle Besonderheit übersieht und ihren Herrchen und Frauchen weismachen will, daß es ein uniformes Verhalten der Hunde gibt.

Aller Fleiß und alle Mühe des Forschers ist am Ende vergebens, wenn er seine Studien auf ungenügenden Grundlagen aufbaut und gar, wenn er vom ungeeigneten »Material« ausgeht, wie man im Jargon des Wissenschaftlers die Hunde nennen müßte, deren Verhalten man erforschen will. Es ist für jedermann selbstverständlich, daß ich das Hundeverhalten nicht an Katzen erforschen kann; genauso selbstverständlich sollte es sein, daß man das Hundeverhalten nicht an hochgezüchteten Rassehunden erforschen kann – hierfür sind sie nun einmal ein denkbar ungeeignetes Material. An ihnen kann man nur die historisch gewordenen Verhaltens-Abänderungen von einem einstigen Verhalten studieren, das man für diesen Zweck aber erst einmal genau kennen muß. Es geht uns also um das ursprüngliche, um das »Ur«-Verhalten, um das Verhalten also, das die Natur, vom Menschen unbeeinflußt, ihren Wildhunden »angezüchtet« hat, ehe der Mensch mit seiner Züchterkunst die Natur »verbesserte« und Rassehunde nach seiner Vorstellung schuf.

Kummer mit Stina

Wie ausgeprägt die Individualität bei unseren Hunden ist und welche Rätsel ein einzelner Hund in seinem Verhalten aufgeben kann, hat mich meine Stina gelehrt. Hier ist die Geschichte vom Kummer mit Stina.

Stina ist eines von drei einander sehr unähnlichen Geschwistern, die ich auf krummen Wegen mit Hilfe meiner Elchhündin

Die scheue Kreuzungshündin Stina.

Binna und einer weiter zurückliegenden Einkreuzung von Dingos gezüchtet hatte. Während zwei dieser damals acht Monate alten Hunde eine Schulterhöhe von etwa 45 Zentimeter hatten, war der dritte mit seinen knapp 30 Zentimetern ein richtiger Zwerg. Gerade der Zwerg aber empfing mich am Gitter immer mit einer überströmenden Herzlichkeit. Eines Tages sagte ich mir: Nein — dieses liebenswürdige Hündchen ist nichts für den Zwinger, es wird der erste Hund sein, der mein Arbeitszimmer mit mir teilen darf. Ich werde ihn verwöhnen, stets um mich haben, und er wird auf meinem Schoß liegen, wenn ich mein Buch über das Verhalten der Hunde schreibe.

Selbstverständlich kann ein im Zwinger aufgewachsener Hund nicht wissen, daß man im Arbeitszimmer seines Herrchens seine Bedürfnisse weder am Fußboden noch auf einem Polstersessel verrichten darf. Es ist aber für einen gelernten Hundehalter eine Kleinigkeit, dies einem Hund sehr schnell abzugewöhnen.

So dachte ich damals, als ich die ersten Häufchen auf die Schaufel kehrte.

Aber auch nach drei Wochen hatte sich in diesem Punkt nichts geändert! Meine reizende Stina wurde sehr nervös, wenn sie längere Zeit im Freien war; sie konnte es kaum erwarten, in mein Arbeitszimmer zurückzukehren. Denn nur hier und nirgendwo sonst war es schön, dem inneren Drang nachzugeben. Man muß den verklärten und zufriedenen Ausdruck ihres kleinen dunklen Gesichtchens gesehen haben, wenn sie danach das Getane begutachtete! Dabei entdeckte meine Stina jeden Tag einen neuen, originellen Platz für ihre großen und kleinen Geschäfte.

Stina war keinesfalls dumm. Sie hatte es innerhalb von 24 Stunden heraus, daß ich Wert auf Stubenreinheit lege. Aber sie war eben mit meiner komischen Pedanterie nicht einverstanden. Deshalb beschäftigte sie sich in der Folgezeit allein mit dem Problem, wie man mich überlisten könne. Sie löste die Frage in 99 von 100 Fällen. Sie muß auch viel darüber nachgedacht haben, wie man der Gefahr, ein Schoßhund zu werden, entgehen kann. Ich glaube an sich nicht daran, daß ein Hund nachdenken kann, zumindest nicht so abstrakt wie ein Mensch. Aber bei Stina muß das irgendwie anders sein.

Bei Stina ist fast alles anders, und wenn sie mich aus sicherer Entfernung mit schrägem Blick von unten her ansieht, habe ich das Gefühl, daß sie mich nicht ernst nimmt. Am wenigsten meine Vorstellungen über das Hundeverhalten. Über die scheint sie sich ausgesprochen lustig zu machen!

Anfangs dachte ich, ich müßte nur etwas Geduld haben; schließlich war Stina im Zwinger aufgewachsen und an seine Verhältnisse gewöhnt. Ich war öfter bei ihr gewesen, und jedesmal war sie die Liebenswürdigkeit selbst; genauer gesagt: frech und zudringlich, wie ihre beiden Geschwister auch. Also mußte es an der für sie noch fremden Umgebung liegen, an die sie sich erst einmal gewöhnen mußte. Aber das war eben ein Trugschluß.

So hat der kleine Hund mich völlig aus dem Konzept gebracht und mich mehr als drei Wochen an der Nase herumgeführt. Es ist einfach nicht möglich, das Hochgefühl der ersten Zeilen eines Buches zu durchleben, wenn eine Stina mit gespanntem Blick jede kleinste Bewegung, die man macht, verfolgt, um sofort in eine andere Ecke des Zimmers zu traben, wenn sie den Verdacht hat, diese Bewegung könnte ihr gelten.

Schließlich wurde ich selbst von Tag zu Tag unsicherer und begann an mir zu zweifeln, weil ich mit einem so kleinen Hund nicht fertig wurde. Wenn ich einen Dingo, einen Wildhund also, der bös und gefährlich wie ein Wolf werden kann, nach zweijährigem Zwingerleben in mein Zimmer nehme, wird er zwar im Verlaufe von mehreren Stunden die Einrichtung zu einem unentwirrbaren Gemengsel aus Holzspänen, Glassplittern und Papierstückchen verarbeiten; aber er wird zwischendurch jede freie Minute, die ihm dabei bleibt, dazu verwenden, um mir das Gesicht abzuschlecken, auf meinen Schoß zu springen, auf meinen Kopf zu steigen oder sonst auf seine Weise zu erkennen geben, wie wunderschön doch solche Kontakte zwischen Hund und Mensch sind. Ein Bauer wollte einmal seinen berüchtigt scharfen Wachhund erschießen, weil er mich nicht zerrissen hatte, sondern sich mit mir anfreundete. Der Vater eines Freundes schenkte mir eine von seinen besten Zigarren, weil seine alle Fremden stets abweisende Dackelin nach minutenlanger Bekanntschaft auf meinen Schoß krabbelte und zufrieden ihren schlanken Kopf zwischen Hemd und Jacke legte.

Mit Stina aber komme ich bis heute nicht zurecht. Zwar hat sie sehr freundliche Anwandlungen, wenn ich auf meinem gewohnten Platz sitze und sie zur Tür hereinkommt. Sie begrüßt mich dann sehr lieb, stellt sich sogar mit den Vorderfüßen auf die Sitzfläche des Sessels, wedelt und leckt meine Hand; sie läßt sich kraulen und freut sich ganz offensichtlich. Findet sie aber, daß die Begrüßung lang und intensiv genug gewesen ist, dann verschwindet sie blitzartig unter der Couch und kommt erst hervor, wenn ich die Tür weit öffne und »Stina, raus!« rufe. Sie flitzt durch die offene Tür in den Korridor und weicht dann jedesmal mit eingeklemmtem Schwanz ängstlich aus, wenn ich vorbeigehe. Sie spielt mit den großen Schäferhunden im Freien, kommt aber kaum oder nur ausnahmsweise auf mein Rufen und muß schließlich mit List ins Haus gelockt werden.

So ist das mit Stina, dem kleinen Hund, den ich von seiner Geburt an kenne, den ich als Welpe alle zwei Tage gewogen habe, dessen Geschwister die Freundlichkeit selbst sind, ohne jegliche Scheu.

Was mir mit Stina passierte, kann nämlich jedem Leser dieses Buches auch passieren. Er wird dann seinen Hund betrachten, den Kopf schütteln, alle Hundebücher — auch meines! — resigniert aus der Hand legen und sagen: kein Wort wahr! Und ich werde ihm nicht einmal widersprechen können — was seinen, genau seinen Hund betrifft.

Meine »Urhunde«: Die Elchhunde und die Dingos

Es erheitert mich immer wieder, wenn ich beobachte, wie ein Auto, das in schneller Fahrt die etwa hundert Meter entfernte Straße entlangkommt, plötzlich anhält und im Rückwärtsgang zurückfährt, um schließlich zögernd in den zu den Zwingern führenden Weg einzubiegen. Ich weiß dann, daß es sich um Fremde handelt, die sich auf diese wenig bekannte neue Straße verirrt haben. Meist wird am ersten Zwinger gehalten, die Leute steigen aus und stehen dann sichtlich ratlos vor den Hunden. Diese Ratlosigkeit wächst, wenn sie sich weiteren Zwingern zuwenden. Manche besteigen nach einer Weile kopfschüttelnd wieder ihren Wagen, andere wollen es genau wissen und kommen fragen. »Bittschön — was sind das für Hunde — oder sind das Füchse?«

Wenn ich es erklärt habe, kommt unweigerlich die nächste Frage: »Kann man so ein Tier kaufen?« Meine Antwort ist zu meinem eigenen Bedauern ein Nein — davon hab ich ja schon erzählt. Die Frager bedanken sich dann freundlich und schütteln auch den Kopf, aber erst, wenn sie im Wagen sitzen. Sie schütteln ihn nun nicht, weil sie mit den Hunden nichts anfangen können, sondern über den Verrückten, der Hunde züchtet, mit denen man nichts anfangen kann.

Dabei kann man in Wahrheit sehr viel mit ihnen anfangen, so viel, daß auch dieses Buch noch lange nicht alles enthält, was es hierüber zu sagen gäbe. Der Leser erwartet, daß ich vom Verhalten des Hundes berichte, deswegen muß ich viele andere Dinge, die nicht minder interessant wären, weglassen. Soweit sie mit dem Verhalten in Verbindung zu bringen sind, werde ich ohnedies einige andere Dinge am Rande streifen. Ich will nun meine »Urhunde« erst einmal vorstellen.

Ich entschloß mich zum Erwerb der Elchhündin Binna, als ich einiges über die Geschichte dieser Tiere erfahren hatte. Sie sollen nämlich nach dem Zeugnis der skandinavischen Kynologen in ihrer heutigen Form schon vor einigen tausend Jahren gezüchtet worden sein. Ausgangsform soll ein nordischer Torfspitz gewesen sein, wie man seine Überreste am Ladogasee gefunden hat, in Lagerstätten, die mindestens 6000 Jahre alt sind. Zu dieser Zeit waren derartige Hunde schon weit verbreitet; sie bewachten auch die Pfahlbausiedlungen der Schweizer Seen.

Meine Binna entstammt also einem uralten Hundegeschlecht und verkörpert bis zu einem gewissen Grad einen steinzeit-

Die graue Elchhündin Binna aus Norwegen.

lichen Hundetyp. Gerade das war es, was mich bewog, mich mit dieser Hunderasse näher zu befassen; diese Rasse war auch keinen »Modeströmungen« unterworfen wie so viele unserer Rassehunde. Somit hatte ich ein Haustier, das in seinen Erbanlagen von alters her unverändert und einheitlich ist. Natürlich kann der Fachmann Unterschiede zwischen den Elchhunden sehen, aber sie sind geringfügig; ich möchte meinen, sie sind nicht größer als die Unterschiede in einem Rudel blutsverwandter Wölfe.

Natürlich sind Elchhunde Haushunde im vollen Sinn des Wortes. Rassehunde sogar, sorgsam gezüchtet unter der Zuchtauslese des Menschen, und das während einiger Jahrtausende.

— Kann ich nun bei solchen Hunden, bei denen man auf den Ausstellungen sogar darauf achtet, daß die dicht und lang behaarte Rute genau auf der Mittellinie der Kruppe eingerollt getragen wird, noch ein Urverhalten erwarten?

Vielleicht ist diese Frage zu beantworten, wenn man einmal überlegt, wofür und auf welche Weise der Elchhund gezüchtet wird. Denken wir zunächst daran, daß alle Skandinavier überaus hundefreundliche Menschen mit sehr viel Sinn für Natur sind. In den wenigen Großstädten aber hält sich kaum ein Mensch einen Elchhund — wozu auch? Der Hundeverstand des Nordländers gewährleistet dem Elchhund das Heim, das ihm gemäß ist: die Gutshöfe auf dem Lande, ob groß oder klein, sind seine Wohnstatt. In Oslo oder in Stockholm erkennt man die Hundefreudigkeit daran, daß es hier alle Rassen der Welt in oft ganz hervorragenden Spitzentieren zu sehen gibt. Um Elchhunde zu sehen, muß man schon hinaus in die Fjorde und Fjelle, in die endlosen Fichtenwälder mit den birkenumstandenen Mooren dazwischen; also in den Lebensraum des Elchs.

Für die Jagd auf diese Riesenhirsche mit den Ramsköpfen und den spitzenbewehrten Schaufeln wird der Elchhund seit Urzeiten gezüchtet und gehalten. Diese stattlichen Elche sind ein ungemein schwer aufzuspürendes Wild, das es geschickt versteht, sich jedem Verfolger zu entziehen. Ohne den Elchhund hätte die Elchjagd wenig Aussicht auf Erfolg. Er zieht unermüdlich mit tiefer Nase auf den Elchwechseln dahin, unterscheidet alte von frischen, »heißen« Fährten und findet schließlich seinen Elch, und wenn er drei Tage lang ohne Rast und Ruh auf der Fährte bleiben muß. Elchwechsel führen über Stock und Stein, bald die steilen Felskuppen hinan, bald hinab durch das Moor; es ist für den Jäger eine beachtliche Strapaze, seinem ungeduldigen Hund zu folgen. Er zieht mit aller Kraft an der langen Leine, die Nase dicht am Boden. Sobald sich die Erregung des Elchhundes deutlich zu steigern beginnt, wird die Leine losgeklinkt. Nun stiebt er los, um das nahe Wild zu stellen. Es ist nahezu unfaßlich, wie so ein halbmeter hoher Hund es fertigbringt, einen derart wehrhaften Zweimeterriesen am Ort festzubannen, bis der Jäger heran ist und seine Büchse in Anschlag bringt. Laut bellend umkreist der Elchhund den Hirsch, der bei aller Gewandtheit nicht dazukommt, seine mehrendigen Schaufeln einzusetzen.

Das ist Leistung. Sie steht an der Spitze aller Ausleseprinzipien der Elchhundezucht. Je mehr Elche ein Hund gestellt hat, um so bekannter ist sein Name und um so mehr wird er zur Zucht herangezogen. Diese ganze Arbeit auf der Elchjagd ist aber ein Stück Urverhalten des Hundes: Genauso ziehen Wölfe auf der Elchfährte, um in gemeinsamer Aktion den Elch zu stellen und zu töten. Ein Wolf, dessen Nase hierfür nicht gut genug ist oder der den Strapazen langer Verfolgung nicht gewachsen ist, wird in der Natur genauso aus der Zucht ausscheiden wie ein Elchhund. Wie wir noch sehen werden, lernen die Jungwölfe die Raffinessen der Jagd von den Alttieren. So ist das auch bei den Elchhunden, denn die Ausbildung der unerfahrenen wird den alten, erfahrenen Artgenossen überlassen. Ein Junghund, der zu dumm oder zu träge ist, um zu lernen, scheidet ebenso aus, wie ein Wolf ausscheiden würde, der hier versagte.

So sorgt die Elchhundezucht allein seit Urzeiten dafür, daß nur instinktsichere, gesunde, kluge und widerstandsfähige Tiere zur Fortpflanzung kommen. Damit ist aber auch gewährleistet, daß zumindest sehr viel vom alten Hundeverhalten unverändert blieb.

Meine Binna ist blind und taub, wenn sie auf einer Spur oder Fährte dahinzieht — ich kann mir die Lunge aus dem Leib schreien, sie reagiert nicht darauf. Warum auch — es wäre doch widersinnig, auf die Beute zu verzichten. Aber wenn sie das verfolgte Wild gestellt hat, dann ist der Fall für sie erledigt. Da es keinen Leitwolf gibt, der die Beute reißt, und keinen Jäger, der schießt, kehrt sie um und geht nach Hause. Töten kann sie das Wild nicht. Ich nehme an, daß das Reißen von größerem Wild bei Wölfen kein angeborenes Instinktverhalten ist, sondern gelernt werden muß. In diesem Fall hätten wir beim Elchhund also keinen Instinktausfall, sondern nur eine »Bildungslücke«. Was hingegen sicher angeboren ist, ist das Erbeuten von Kleintieren, wie etwa Mäusen. Hier ist Binna sehr erfolgreich; nach Mäusen zu graben ist ihr ein wahres Vergnügen.

Mit meiner Elchhündin Binna hatte ich begonnen, Verhaltensbeobachtungen an Hunden zu machen. Als mir dann von Alfred Seitz zwei Dingowelpen angeboten wurden, überlegte ich nicht lange, sondern griff zu. So kamen der Rüde Aboriginal und seine Schwester Suki zu mir ins Haus.

Dingos, die wilden Hunde Australiens, sind ganz sicher ein uraltes Geschlecht. Man nimmt an, daß diese gelben Hunde vor acht- bis zehntausend Jahren mit den heutigen Ureinwohnern (den Aboriginals, wie der weiße Australier sie nennt) nach dem fünften Kontinent gekommen sind. Wahrscheinlich ist Südostasien die Urheimat dieses Steinzeit-Hundes. Von dort kam er über Neuguinea nach Australien.

In Neuguinea gibt es in einzelnen Gebieten Papua-Hunde, die man auf den ersten Blick für echte Dingos halten könnte. Thomas Schultze-Westrum, der viele Forschungen in jenen Gegenden durchgeführt hat, zeigte mir eine Reihe von Farbaufnahmen solcher dingoähnlicher Haushunde. Man wird sie seiner Meinung nach nicht mehr lange finden, denn für die Papuas sind Europäerhunde begehrenswerter als ihre gewohnten Dorfhunde, die meist undefinierbare Mischlinge sind. Neben jenen sehr zahmen Papuahunden gibt es dort aber auch frei lebende »Wildhunde«. 1955 hat ein Beamter der australischen Regierung namens Hallstrom ein Pärchen derartiger Hunde in den Zoo von Sydney gebracht. Der australische Zoologe Troughton meinte, daß es echte Wildhunde, etwa gleich Wolf oder Schakal, seien und gab ihnen den wissenschaftlichen Namen *Canis hallstromi*. Es stellte sich aber bald heraus, daß es sich hier um nichts anderes handeln kann als um eine Sonderform des Dingos.

Diese beiden Tiere züchteten im Zoo von Sydney fleißig. Jungtiere von ihnen kamen dann in den Zoo von San Diego. Sie hatten 1962 Junge, von denen ein Paar in den Haustiergarten des Instituts für Haustierkunde der Universität Kiel gelangte und dort 1964 vier männliche und drei weibliche Nachkommen brachte. Einer dieser Rüden war Luxl, der Stammvater meiner Dingos.

Soweit ich das nach dem Aussehen von Luxl sowie einigen

Fotos anderer Tiere dieser Linie beurteilen kann, unterscheidet sich der wildlebende Dingo Neuguineas vom australischen Dingo zunächst dadurch, daß er etwas kleiner ist. Luxl hatte eine Schulterhöhe von 40,5 cm, entsprach damit etwa einem Beagle, Bedlington Terrier oder kräftigen Großspitz. Er war

Aboriginal, mein erster Dingo-Rüde.

also ein verhältnismäßig kleiner Hund. Als wir ihn einmal mit der Elchhündin Binna verheiraten wollten, plagte er sich ganz schrecklich ab, ohne es zu schaffen — er war für die etwa 47 cm hohe Binna einfach zu klein. Ich möchte sagen, daß der Neuguinea-Dingo die Bergwaldform des Dingos darstellt, wofür die ziemlich niedrigen Läufe sprechen, der weit fuchsartigere Kopf und das längere Fell. Australische Dingos sind schlank, hochläufig, schmalköpfig und viel windhundähnlicher. Ein wesentlicher Unterschied findet sich auch in der buschigen Ringelrute des Hallstrom-Dingos im Vergleich zur schlanken Säbelrute der Australier. Vom Leben des Neuguinea-Dingos wissen wir nichts. Von den australischen Dingos aber können wir mit Sicherheit sagen, daß sie, seit sie den Boden des kleinsten Kontinents betreten haben, gleich Wölfen ein freies, ungebundenes Wildleben führen. Sie unterliegen bis heute der natürlichen Auslese, und kein Mensch bestimmt, welcher Rüde und welche Hündin züchten dürfen.

Sie besitzen aber auch eine ganze Reihe von Merkmalen, die man gewöhnlich nur bei echten Haustieren antrifft. Es gibt keinen einzigen Vertreter der Hundeartigen — der Gattung *Canis* ebensowenig wie der anderen Gattungen dieser Familie — mit Säbelrute, also einer normalerweise senkrecht hochgestellten, am Ende kopfwärts geneigten Rute. Sie tritt nur bei Haushunden auf, und beim Dingo. Der Hallstrom-Dingo aus Neuguinea hat sogar eine Ringelrute wie ein Spitz. Außerdem besitzen die Dingos alle weiße »Abzeichen«, vor allem weiße Pfoten, einen weißen Brustfleck — der sich bis auf den Bauch erstrecken kann — und eine weiße Schwanzspitze. Oft genug sind an Kehle, Kinn und sogar am vorderen Nasenrücken derartige weiße Stellen im Fell. Auch das sind Haustiermerkmale; aber ich werde noch darauf zurückkommen, daß solche »Haustiermerkmale« gelegentlich auch in der freien Natur auftreten können.

Der Dingo hat jedenfalls über sehr lange Zeiten hin als wildlebender, vom Menschen völlig unbeeinflußter Hund gelebt, er war der natürlichen Auslese unterworfen, und so können wir mit Fug und Recht annehmen, daß sein angestammtes Verhaltensinventar vollständiger ist als bei jedem anderen Haushund. So bleibt die Frage: Was hat der Dingo mit unseren Haushunden zu tun?

Wenn die Forscher, die sich damit befaßt haben, es richtig sehen, dann hat der Dingo sehr viel mit unseren Haushunden zu tun. Manche behaupten sogar, daß alle unsere Haushunde vom Dingo abstammen oder doch wesentlich von ihm beeinflußt wurden. So hat man, um nur ein interessantes Beispiel zu erwähnen, im Senckenberg-Moor bei Frankfurt am Main zusammen mit dem Skelett eines Auerochsen die Knochen samt Schädel eines Hundes gefunden, der als Haushund eingeschätzt wurde. Eine Datierung der Lagerstätte ergab ein Alter von rund 11000 Jahren! Der Untersucher, Robert Mertens, wies auf die erstaunliche Ähnlichkeit der Knochen und des Schädels mit denen des Dingos hin und war seiner Sache sicher, daß es sich um keinen Wolf handeln könne. Das war 1936, und man hat in der Zwischenzeit wohl Zweifel an der Datierung gezogen, nicht aber an der Dingoähnlichkeit; so soll der Fund »nur« 9- bis 10000 Jahre alt sein, aber ich denke, auf die paar Jährchen kommt es nun auch nicht mehr an! Damit hätten wir hier nicht nur einen der ältesten Haushunde, die wir kennen, vor uns, sondern dazu noch einen dingoartigen Hund, und da es kaum anzunehmen ist, daß Dingos von ihrer asiatischen Urheimat nach Deutschland gelaufen sind, muß sie der Mensch irgendwie dahin gebracht haben. Genau, wie die Ureinwohner Australiens zu jener Zeit den Dingo nach Australien brachten.

Wölfe und Schakale

Sicher hat sich schon so mancher Leser gefragt: Warum so umständlich, warum nicht gleich den Ahnherrn aller Hunde, den Wolf? Da muß doch das gesuchte Ur-Verhalten in reinster Ausprägung vorhanden sein!

Ganz gewiß ja, aber da müssen wir vielleicht doch ein wenig mehr über den Wolf nachdenken. Zunächst eine Feststellung: *Den* Wolf schlechthin gibt es nicht – es gibt nur zahlreiche Wolfsformen, die man in der Zoologie als Unterarten der Art Wolf bezeichnet. Fachleute zählen uns gleich einundzwanzig solcher Wolfs-Unterarten auf. Die gibt es deswegen, weil die Art Wolf über ganz Europa, Asien und Nordamerika verbreitet ist oder doch bis zum vorigen Jahrhundert verbreitet war. Nun ist naturgemäß der Lebensraum eines sibirischen Wolfes ein

»Stammvater« Wolf.

ganz anderer als der eines südindischen oder eines spanischen Wolfes. Alle Tiere passen sich ihrem Lebensraum in Körperbau und Verhalten an. Daher hat ein arktischer Wolf nicht nur ein anderes Aussehen als einer aus Indien, sondern auch ein ganz anderes Verhalten.

Leider kann ich diese Behauptung nur aufstellen, weil ich das aus dem erschließen kann, was wir von anderen Tieren in dieser Beziehung wissen. Ich kann also nur sagen: Es wird wohl beim Wolf nicht anders sein als bei den übrigen Tierarten unserer Erde. Wir wissen gerade von den südlichen Wölfen am wenigsten. Diese wären aber aus ganz bestimmten Gründen besonders interessant.

Erinnern wir uns doch in diesem Zusammenhang daran, daß der Haushund in der Zeit zwischen zehn- und zwölftausend Jahren entstanden sein dürfte. Um diese Zeit war die Vereisung Europas zwar schon weit nach dem Norden hin zurückgegangen, aber noch war die zivilisatorische Entwicklung hier kaum bis zur eigenständigen Tierzucht vorgedrungen. Es ist vielmehr weitaus wahrscheinlicher, daß die ersten Haustierrassen aus dem Vorderen Orient — in dem es zu dieser Zeit schon hochentwickelte Kulturen gab — in unsere Breiten gelangt sind. So wäre es sogar denkbar, daß der Haushund noch älter ist, als ich zuvor angab.

Jedenfalls bin ich sicher, daß wir das Zentrum der ersten

Haustierwerdung des Hundes in einem Raum zwischen Vorderasien und Indien annehmen können. Dort aber leben eigene Wolfsunterarten — vor allem der Indische Wolf (*Canis lupus pallipes*) —, von deren Verhalten wir weit weniger wissen als von dem der Wölfe Nordeuropas, Nordasiens und Nordamerikas.

Ich halte es trotzdem für wichtig, Leben und Verhalten auch der nordischen Wölfe ganz genau und in allen Einzelheiten zu erforschen, denn — abgesehen von ihrer schon erwähnten Beteiligung am Zustandekommen vieler unserer Hunderassen — führen sie uns sicherlich ein Höchstmaß an Sozialleben über den engeren Familienverband hinaus vor. Die harten Lebensbedingungen ihrer Heimatländer erfordern den winterlichen Zusammenschluß zu jagdlich erfolgssicheren Rudeln und damit sehr ausgeprägte soziale Verhaltensweisen, wie sie die besten unserer Haushunde auch auszeichnen. Was mich hindert, das Ur-Verhalten an diesen Wölfen zu studieren, ist der Umstand, daß ich ihnen die Lebensbedingungen nicht bieten kann, die eine Voraussetzung zur freien Entfaltung ihrer natürlichen Lebensweise sind. Diese Wölfe leben in der Paarungszeit im Februar und März paarweise, ziehen ihre im April und Mai geborenen Jungen zu zweit auf und bilden im Herbst mit ihnen und vermutlich mit den Jungen vom Vorjahr ein kopfreicheres Rudel. Es bedürfte eines landschaftlich abwechslungsreichen, vor allem auch waldbestandenen Areals von wenigstens 100 Hektar, von einem zwei Meter hohen Zaun umgeben. Hoffen wir, daß der junge Wolfsforscher aus Schweden Erik Zimen ein derartiges Projekt im Rahmen des größten deutschen Naturschutzgebietes, im Bayerischen Wald, bald wissenschaftlich auswerten kann. Das würde die Haustierforschung um einen gewaltigen Schritt vorwärtsbringen.

Nun ist auch immer wieder die Rede davon, daß zumindest einer der Hundevorfahren, wenn nicht sogar der ausschließliche, der Schakal sein soll. Diese Frage ist sehr umstritten, da es aber bislang keinen überzeugenden Gegenbeweis gibt, müssen wir uns hier damit befassen. Es wird zum Beispiel damit argumentiert, daß der hier gemeinte Goldschakal (*Canis aureus*)

Porträt eines Schakals.

ein Begleiter des Löwen ist. Er lebt neben den Löwenfamilien und wartet, bis die sich an ihrer Beute gesättigt haben. Ziehen sich die Löwen von den Resten des Zebras oder Gnus wieder zu ihrem gewohnten Ruheplatz zurück, dann machen sich die Schakale über die Überbleibsel her. So liegt es also in der Natur der Schakale, erfolgreichen Jägern nachzufolgen, und möglicherweise übertrugen sie dieses Verhalten dann auf den als Großtierjäger auftretenden Menschen. Das wieder könnte den Menschen auf den Gedanken gebracht haben, sich den Schakal zu zähmen und zum Haustier zu machen.

Das klingt sehr hübsch, und da es auch andere Argumente gibt — man denke an die Verhaltens-Schlüsse, die Konrad Lorenz gezogen hat — und weil Schakale grundsätzlich hübsche Hündchen sind, so habe ich nicht eher Ruhe gegeben, bis ich meinen Hunden zwei Schakale beigesellen konnte.

Sie waren gerade sechs Wochen alt, als sie hier in der Grubmühle einzogen — winzige, entsetzlich ängstliche Geschöpfe, viel zierlicher als alle Hundewelpen, die ich bisher gesehen habe. Sie waren aber auch schon viel weiter, als es gleichalte Hundewelpen sonst sind. Bereits nach drei Tagen mußte ich mir trotz aller Hoffnungen, bei Schakalen Hundeverhalten zu sehen, eingestehen: Sollten unsere Hunde mit Schakalen etwas zu tun haben, dann ganz gewiß nicht mit meinem Ben und meinem Ali. Die Kerle legen nämlich einige Verhaltensweisen an den Tag, die ich weder bei einem Dingo noch bei irgendeinem unserer Haushunde jemals beobachtet habe. Dazu kommt, daß sie ein körperliches Merkmal haben, das ich bisher bei Hunden, Wölfen und Dingos noch nie gesehen hatte: Bei ihnen sind die beiden mittleren Zehenballen nicht durchgehend voneinander getrennt, sondern am Hinterende verwachsen, wodurch ein hufeisenartiger Doppelballen entsteht; das haben beide Tiere so auf den Vorder- und auf den Hinterpfoten. Sosehr mich das zunächst auch gestört hat — heute sehe ich das bereits anders; denn eine von mir auf komplizierten Inzuchtwegen gezüchtete, farbveränderte Dingohündin hat ganz genau solche verwachsenen Zehenballen! — Voreiligkeit bei Schlußfolgerungen ist also sehr gefährlich, und so mag es dem weiteren Vergleich zwischen meinen Schakalen und meinen anderen Hunden überlassen bleiben, wieweit solche ersten Eindrücke und Beobachtungen wirklichen Aussagewert haben. (Siehe Seite 41.)

Nun muß ich freilich gestehen, daß sich auch der Goldschakal, ähnlich wie der Wolf, in zahlreiche — nämlich neunzehn — Unterarten aufteilt, die beachtliche Farb- und Größenunterschiede aufweisen. Auch der Verbreitungsraum des Goldschakals ist sehr groß, reicht er doch von Sumatra über ganz Südasien bis zum Mittelmeerraum. Welcher dieser Unterarten, die vielfach nur mangelhaft bekannt sind, meine beiden Brüder angehören, kann ich heute noch nicht sagen, da sie erst einmal erwachsen sein müssen. Jedenfalls seien sie hier einmal als echte Wildhunde vorgestellt, die auch zu meinem Bestand gehören.

Meine Bastarde

Das Wort Bastard hat einen abwertenden Beigeschmack. Aber es gibt viele Leute, die sich so ein Tier zugelegt haben und schwören, der schönste und edelste Rassehund könne ihrem

»Zamperl« nicht das Wasser reichen. Das hat viel für sich, denn daß aus der Vermischung unterschiedlichen Erbgutes sehr oft hervorragende Tiere entstehen, ist eine der wesentlichsten Erkenntnisse der modernen Tierzucht. Man spricht vom »Bastard-Luxurieren« und meint damit die Tatsache, daß die Mischlingstiere leistungsfähiger sind als ihre reinrassigen Erzeuger. Bei Hühnern erzielt man die Eierrekordleistungen gerade mit solchen »Hybriden«, wie man die Bastarde auch nennt, und nicht anders machen es heute bereits die fortschrittlichen Schweine- und Rinderzüchter. Einen Nachteil muß man dabei in Kauf nehmen: Man darf diese Hybriden nicht weiterzüchten. Sie können nur als Hochleistungstiere genützt werden. Daher müssen zur Erzeugung solcher Hybriden die beiden im Erbgut so verschiedenen Elternrassen als reine Linien für sich gezüchtet werden.

Der erste Kreuzungsrüde Björn.

Hybridleistungen sind bei Hühnern die Eier, bei Schweinen das Fleisch und bei Kühen die Milch. Den Hundemischlingen sagt man besondere Klugheit und andere gute Eigenschaften nach, die durchaus in den Bereich des Interesses eines Verhaltensforschers fallen können. Also mein Gedanke: Könnte man vielleicht Bastard-Luxurieren im Verhalten feststellen? Hunde mit einem sehr ausgeprägten Verhaltenspotential wären doch wirklich interessant. Und daher habe ich eines Tages meiner Elchhündin Binna den Dingorüden Aboriginal — kurz Abo gerufen — zum Manne gegeben.

Das Ergebnis entsprach meinen Hoffnungen. Ich beließ aus dem siebenköpfigen Wurf einen Rüden und zwei Hündinnen. Alle entwickelten sich zu ganz prächtigen Hunden, an denen man seine wahre Freude hat. Björn, der Rüde, ist ein kraftvoller, wundervoll gebauter Hund, selbstbewußt und voll Lebensenergie. Seine Schwester Bente steht ihm nicht nach — auch sie ist kräftiger als die Elchhündin oder gar eine Dingohündin. Das galt auch für die zweite Schwester Fella, die unglücklicherweise von einem Jäger als »wildernder Hund« erschossen wurde. Bei dem ausgeprägten Urverhalten dieser Hunde war der Anlaß zu diesem Unglücksfall sogar verständlich. Wir hatten einen neuen Zwinger errichtet. Weitaus geschickter als Elchhund oder Dingo verstanden es die drei Mischlinge, innerhalb von Stunden die schwache Stelle zu finden, die jeder neue Zwinger hat. Sie unterwühlten das Gitter, und Fella und Bente entliefen in den nahen Wald. Das war um 8 Uhr morgens. Um 12 Uhr mittags kam Bente allein zurück. Mühsam schleppte sie sich bis zum Haus, dann brach sie zusammen. Ihr gelbes Fell war blutüberströmt, und wir stellten fest, daß von der Schnauzenspitze bis zur Schwanzwurzel die ganze rechte Körperseite von Schrotkugeln förmlich durchsiebt war. Aber der Schuß mußte aus größerer Entfernung gekommen sein — die Kügelchen waren nicht tief eingedrungen. So hatten wir die Hoffnung, wenigstens dieses Tier am Leben zu erhalten, denn Fella blieb verschwunden. Bente überstand die »Bleivergiftung« in kürzester Zeit und wurde bald danach läufig — es sind eben harte, zähe Hunde, diese Mischlinge aus Dingo und Elchhund.

So hatte ich also Bastarde gezüchtet, die körperlich besonders gut entwickelt sind und auch verhaltensmäßig geradezu Musterhunde genannt werden können.

Aber auch damit war ich noch nicht zufrieden. Mich beschäftigt ja nicht nur die Frage, wie das Urverhalten der Hunde ausgesehen hat, sondern ich will dieses Wissen auch dazu nutzen, herauszubekommen, auf welchem Wege und wodurch die

Verhaltensweisen unserer Hunde in mancher Hinsicht anders geworden sind. Deswegen machte ich gerade das, was man mit Bastarden nicht machen soll: Ich verheiratete Björn mit seiner Schwester Bente. Das ist, von der Leistungszucht her gesehen, gleich ein doppelt schweres Vergehen. Denn einmal züchtete ich mit Hybriden weiter, und dann auch gleich noch mit Geschwistern — das konnte ja gar nicht gutgehen.

Es sollte auch nicht gutgehen; ich wollte ja Verhaltensänderungen, zumindest Abschwächungen sehen. Die ersten Kinder dieses Paares sind nun bald zwei Jahre alt; Verhaltensänderungen habe ich bislang noch kaum beobachtet, was nicht heißen soll, daß sie nicht doch in geringem Maße eingetreten sein können. Auch Knud und Kala, wie das Nachkommenpaar von Björn und Bente heißt, sind durchaus gesunde, lebenskräftige Hunde, schön gebaut, allerdings ein wenig kleiner als ihre Eltern. Auch sie bekamen zusammen Kinder — lebenskräftige, gesunde, hübsche Kinder —, aber auch sie sind wieder kleiner als ihre Eltern. Sie sind noch zu jung, als daß sich Schlüsse auf ihre Verhaltensweisen ziehen ließen. Als Welpen und Junghunde erscheinen sie mir aber doch ganz normal.

Wenn man etwas genau wissen will, schreckt man vor nichts zurück. So habe ich auch noch meine Elchhündin Binna einmal mit ihrem Sohn Björn, das anderemal mit ihrem Enkel Knud verheiratet. Hier freilich gab es schon einiges zu sehen. Nicht alle Welpen ihrer stets siebenköpfigen Würfe entsprachen idealen Vorstellungen, es kam sogar vor, daß ein Welpe laufend an Gewicht verlor und eingeschläfert werden mußte, ehe er ganz verhungerte. Derartiges hat es sonst in meinen Zwingern nicht gegeben. Die Welpen aber, die eine normale Entwicklung zeigten, die wurden recht hübsche, wenn auch kleine Hunde.

Mit einer Ausnahme. Das ist Stina, der »Kummerhünd«. Sie ist, wie schon berichtet, noch kleiner als ihre Geschwister und zeigt ein ungewöhnliches Scheuverhalten. Manchmal denke ich, sie könnte so eine Art von Miniatur-Wölfin sein. Hierzu muß man folgendes wissen: Lutz und Heinz Heck, weithin berühmt als Tiergärtner und Zoologen, der eine einst in Berlin, der andere in München, machten viele Zuchtexperimente mit den verschiedensten Tieren. Dabei stießen sie auf eine sehr interessante Tatsache: Wenn sie eine Haustierform mit einer nahestehenden Wildtierart kreuzten, so ergab das nicht einfach Mischlinge mit Merkmalen beider Elternteile. Es traten vielmehr Eigenschaften zutage, die weder die eine noch die andere Art besaß, wohl aber die Stammform des betreffenden Haustieres. Dieses »Hecksche Gesetz« wurde — wenn auch in anderer Richtung — von der Verhaltensforschung bestätigt. Bei Kreuzungen unterschiedlicher Entenarten zum Beispiel hatten die Nachkommen bestimmte Verhaltensweisen, die weder dem einen noch dem anderen Elternteil eigen waren, wohl aber einer dritten, unbeteiligten Entenart, die verhaltensmäßig als ursprünglicher gelten kann. Mit anderen Worten, die Bastarde hatten einige alte Verhaltensweisen »reaktiviert«, die ihre Elternarten in stammesgeschichtlich frühen Entwicklungsstufen auch gehabt haben mußten und wie sie jene dritte Art bis heute erhalten hat.

Zurück zu Stina, deren Geschichte wir kennen und die ja auch ein Bastard ist. Man könnte über sie sagen: Durch ihre krumme Verpaarung sind bei ihr alte Merkmale zum Vorschein gekommen. So zeigt sie erstaunlicherweise (wie auch ihre Nachkommen) Färbungsmerkmale, die ich sonst nur von Schakalen, nicht aber von Wölfen kenne. Die extrem niedrige Rückenhöhe dieser Hündin muß ebenfalls nicht unbedingt »Degeneration« bedeuten. Stina zeigt nämlich sonst nichts, was an eine Degeneration erinnert, sondern ist sozusagen voll einsatzfähig. Es könnte vielmehr so sein, daß hier eine Körpergröße »reaktiviert« worden ist, die in früheren erdgeschichtlichen Epochen den Hundeartigen eigen war. Schließlich stammen auch unsere größten hundeartigen Raubtiere von Urahnen ab, die nicht größer waren als das Wiesel. Viele heutige Fuchsformen zum Beispiel sind nicht größer als 25 bis 30 cm, so der Bengalfuchs aus Indien oder der Kitfuchs aus Nordamerika. Die kleinste heute noch lebende Hundeform ist der ursprünglich in Ostasien beheimatete Marderhund (Gattung *Nyctereutes*) mit seinen 20 cm Schulterhöhe, von dem neuerdings in Rußland und Polen ausgesetzte Tiere bei uns eingewandert sein sollen. Vielleicht könnte man auch Stinas Scheuverhalten dem Menschen gegenüber — sie versteht sich sonst so gut mit den großen Hunden oder mit den jugendlichen Schakalen und zeigt hier nicht die geringste Angst — ebenfalls im Sinne einer solchen »Reaktivierung« deuten.

Nun, die Erforschung der Verhaltensänderungen im Zuge der Haustierwerdung ist eine Aufgabe der Domestikations-Ethologie, und die liegt sozusagen noch in der Wurfkiste und muß sich erst einmal richtig entwickeln, um mitbellen zu können.

Strixi, ein Dorfhund ohne Stammbaum.

Damit der Leser aber nicht meint, ich könnte ihm auf diesem Gebiet überhaupt nichts Gescheites bieten, muß ich noch auf einen weiteren Hund zu sprechen kommen. Es ist Strixi, der zugelaufene Dorfbastard aus Rott. Ein lieber Hund, ein kluger Hund, aber ein »rasseloser« Hund — allerdings von einem Typus, wie man ihn hier in dieser Gegend öfter zu sehen bekommt; ich vermute, daß es sich um die Nachkommen uralter

Bauernhunderassen handelt. Der gute Strixi sollte bei soviel Züchterei nicht abseits stehen, und weil er so ein gescheiter Hund ist, bekam er eine schöne Dingo-Hündin zur Frau; und weil er so klug ist, hat er sich noch eine zweite angelacht, was auch nicht ohne Folgen geblieben ist, leider. Natürlich konnte nur eine Mischlingshündin am Leben bleiben, genauso kohlschwarz wie er, und mit der durfte er in der Folgezeit zusammenleben. Das gab ganz verbotene Kinder. Sie waren mit ungewöhnlich großen Köpfen ausgezeichnet und schauten so blöde in die Welt, daß es bereits wieder sehr reizend war. Unwillkürlich suchte man jenen berühmten Knopf im Ohr, wenn man sie sah. Leider sahen wir sie nicht lange. Im Alter von etwas mehr als zwei Monaten gingen sie ein. Die Untersuchung ergab degenerative Schäden der Leber, der Nieren und selbst des Herzmuskels.

Nun erst begriff ich, leider zu spät, daß ich bei den Bastarden etwas falsch gemacht hatte. Meine Hunde wachsen alle von keiner menschlichen Zusatzpflege gestützt, gesund und munter in den Zwingern auf. Ich hätte das tun sollen, was man — leider — in unserer Hundezucht so gern macht: Ich hätte mich dieser Welpen annehmen müssen, Vitamine und Breichen geben, sie schön warmhalten und sie mit all jener falsch verstandenen Tierliebe aufpäppeln müssen, die schuld daran ist, daß so viele unserer schönsten Hunderassen ohne menschliches Eingreifen kaum noch lebensfähig sind.

Damit diese Behauptung aber auch ihren Beweis findet, habe ich einen weiteren Wurf der beiden Hunde abgewartet. Er kam, und ich griff in der beschriebenen Weise ein. Die drei Welpen erfreuen sich »bester Gesundheit« (dabei waren sie schon fast am Umkommen, ich wollte es ja genau wissen, ob sie ebenso lebensschwach sind wie ihre Geschwister vom Wurf zuvor), sind lebhaft, vergnügt, spielfreudig und sind ganz entschieden die »entzückendsten« Hündchen unter den derzeit 38 Hunden. Mit zehn Wochen zeigten sie genau die Verhaltensweisen eines etwas dümmlichen vierwöchigen Welpen, danach freilich holten sie rasch auf und machen heute mit mehr als drei Monaten eigentlich einen verblüffend gescheiten Eindruck — vergleichsweise muß ich hinzusetzen. Dabei sehen sie immer noch wie kleine Saugwelpen aus, haben große, runde Köpfe und sind oft recht tolpatschig in den Bewegungen. Seit der sechsten Lebenswoche sind sie nicht mehr gewachsen; sie werden etwa 25 cm hohe Zwerghündchen bleiben, nach all dem, was sich bis jetzt sagen läßt.

Der Dorfbastard Strixi zeigt übrigens in mancher Hinsicht nicht das Verhalten eines völlig instinktsicheren Hundes, vor allem nicht im Umgang mit seinesgleichen, aber da ich seine Jugendentwicklung nicht kenne, hingegen Schlimmstes ahne, wäre es immerhin möglich, daß es sich um im Leben erworbene Verhaltensstörungen handelt, wie sie uns im Verlaufe des Buches noch mehrfach beschäftigen werden.

Was aber seine Kinder betrifft: Sie sind der lebendige Beweis dafür, wie man die Hundezucht gewaltsam »auf den Hund« bringen kann, wenn man Welpen, die sich nicht recht entwikkeln wollen, mit allerlei Hilfsmitteln in ihrem Wachstum unterstützt. Mein Beispiel ist sehr extrem. Aber man überlege nur, was geschieht, wenn viele Generationen hindurch ganz kleine, und wie es scheint, völlig unbedeutende Entwicklungsschwächen voller Liebe ausgeglichen werden: Ihre Summierung führt unweigerlich zum völligen Niedergang der Zucht und ergibt dann zuletzt noch Hunde, die nicht mehr von selbst gebären können, sondern durch Kaiserschnitt entbunden werden müssen. Das gibt es heute wirklich, und wenn ein solches »Züchten« noch mit Tierliebe vereinbar sein soll, dann ist es schlecht bestellt um die Verantwortung des Menschen gegenüber dem Tier. Sie besteht nicht darin, Krüppel aufzuziehen, sondern darin, das Werden von Krüppeln zu vermeiden.

Wege zur Vielfalt

Unsere Jägerahnen der Steinzeit haben ihre Hundezucht ganz bestimmt nicht mit einigen hundert eingefangenen Wölfen oder sonstigen Wildhunden angefangen, sondern sie haben wohl damit begonnen, daß sie irgendwo einen Wurf ganz junger Welpen fanden und ihn aufzogen. Diese Tiere wurden zahm und blieben bei der Menschensippe. Dann wurden sie fortpflanzungsfähig, und es kam wohl zu Geschwisterverpaarungen. Auch deren Junge wurden fortpflanzungsfähig, verpaarten sich untereinander, aber auch mit Eltern, Onkeln und Tanten. Schon haben wir die schönste Inzucht beisammen. Alles ist ja nun bei den guten, für sie sorgenden Menschen aufgewachsen, ist anhänglich und freundlich, und diese guten Menschen wachen wie alle Tierzüchter sorgsam darüber, daß kein wilder Wolf dazwischenkommt und vielleicht die Zahmheit der Inzuchtwölfe wieder zunichte macht.

Was ist die Folge? Die »Hauswölfe« werden immer kleiner, und außerdem tritt eine ganze Reihe von Merkmalsänderungen auf. So lehren uns das die Ausgrabungen, nicht nur die von Hunden, sondern auch von anderen Tieren aus der Zeit der Frühdomestikation.

Genau in diese Richtung gehen aber auch meine Zuchtversuche, denn gerade sie zeigen in vielen Beispielen unterschiedlicher Art, wie es schon innerhalb kürzester Frist zur Größenabnahme und zur Änderung anderer Merkmale kommen kann. Bleiben wir zunächst im Sinne der oben geschilderten Vorstellung von der Haustierwerdung des Hundes bei einfachen Geschwisterverpaarungen von Dingos. Schon sie zeigen eine allgemeine Größenabnahme, wenn auch Ausnahmen vorkommen: letztere ergeben sich aber aus der Tatsache, daß das Zuchtexperiment mit den beiden erwähnten unterschiedlichen Dingo-Schlägen begonnen wurde. Davon später noch mehr. Noch deutlicher und ohne ein Auftreten von Ausnahmen wird das Kleinerwerden bei einem besonderen Beispiel: Meine noch in Nürnberg geborene Dingo-Hündin Buna wurde, wie hier nun mal üblich, von ihrem Bruder Dingo (er heißt so und befindet sich in Privathänden) gedeckt. Das ergab die Hündin mit dem schönen Namen Tanila. Später bekam ich von Alfred Seitz nochmals einen Bruder von Buna, allerdings aus einem anderen Wurf ihrer Eltern. Der Bruder bekam hier den Namen Motu und entwickelte sich zu einem sehr kräftigen Rüden. Als er erwachsen war, wurde er mit Tanila verheiratet. Man könnte sie seine Nichte nennen, aber das stimmt auch nicht ganz, denn Nichten stammen — wenigstens in Mitteleuropa — nicht aus Geschwisterverbindungen. Buna und Motu haben zusammen bislang zwei Würfe gezeugt.

Der erste Wurf bestand aus nur zwei Welpen, und die waren verhältnismäßig klein. Aber sie boten eine große Überraschung. Sie kamen nicht, wie Dingowelpen sonst, schwarzbraun zur Welt, sondern ganz hell silbergrau! Der Rüde mit einem Stich ins Bläuliche, die Hündin mit einem Stich ins Gelbliche. Leider hatte Tanila beim Abnabeln des Rüden so viel Eifer entwickelt, daß sie die Bauchhaut stärker verletzte. So mußte ich diesen interessanten Welpen einschläfern. Das Mädchen aber entwickelte sich gut, wenngleich es auch etwas kleiner blieb als Mutter Tanila, die selbst schon ein wenig zierlicher ist als andere Dingohündinnen. So habe ich nun in Arta, wie die umgefärbte Dingo-Hündin heißt, eine Art von Kleindingo, dessen sonstiges Gehabe nicht im mindesten auf eine Degeneration hinweist. Im Gegenteil, die Kleine ist ein Ausbund an Lebhaftigkeit, ungemein flink und geschickt, und alle Leute, die vom Körperbau eines Hundes etwas verstehen, bewundern ihre elegante Figur. Dabei ist Arta ungemein freundlich gegen jedermann, zum Unterschied der anderen Dingos, die vor Fremden, wenigstens anfänglich, eine auffallende Scheu entwickeln. Die mittlerweile erwachsene Arta hat ihre hell-silbergraue Färbung stark verändert, aber in ganz anderer Weise, als die normale Dingofärbung ist. Ihre Farbe gleicht nämlich weitgehend dem

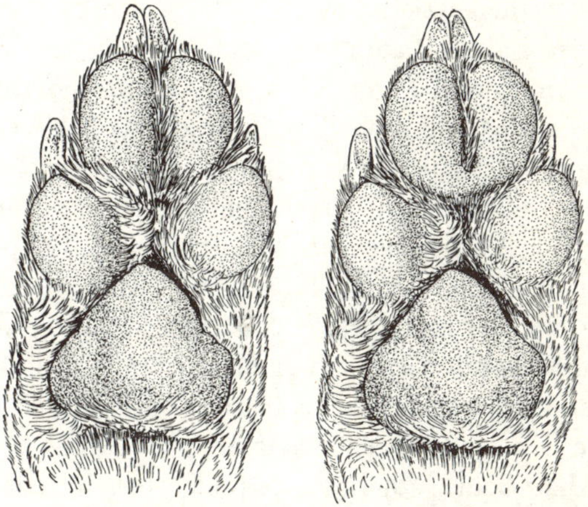

Vorderfußballen eines normalen Dingos (links) und der Inzucht-Dingohündin Arta (rechts), bei der, wie bei meinen Schakalen, die mittleren Zehenballen verwachsen sind.

»Apricot« der Pudel, das ja bei jenen auch eine eigene, erbliche Farbmutation ist. Auch sonst zeigt Arta Färbungseinzelheiten eigener Natur, auf die ich hier aber nicht weiter eingehen muß. Wichtig ist nur noch jene Verwachsung der mittleren Zehenballen.

Der zweite Wurf Tanilas bestand aus vier Welpen, und zwar aus einem Rüden und drei Hündinnen. Alle drei Hündinnen —

wieder ungewöhnlich klein — wiesen normale Welpenfärbung auf; der Rüde aber war wieder silbergrau!

Wir sehen also schon aus diesem Beispiel, daß durch ganz bestimmte Inzuchtmaßnahmen mutative Größenunterschiede, mutative Unterschiede einzelner körperbaulicher Merkmale, mutative Färbungsunterschiede und mutative Wesensunterschiede auftreten können.

Natürlich könnte man daran denken, daß dieses Auftreten von Veränderungen innerhalb so weniger Generationen durch die Ausgangsverbindung zweier unterschiedlicher Dingo-Schläge hervorgerufen worden ist. Dieser Gedanke kommt mir deswegen, weil ich in früheren Versuchen erlebt habe, wie schnell man aus einer Verbindung zwischen Labor- und Wildmaus derartige Mutationen erzielt.

Deswegen habe ich auch jene schon erwähnten Kreuzungen zwischen Dingo und Elchhund, sowie Dingo und Dorfbastard Strixi angestrebt, und deshalb will ich auch solche Verkreuzungen mit meinen Schakalen vornehmen. Hierzu führt mich auch ein anderer Gedanke: Jene Urzeitjäger, die erstmals auf den Gedanken gekommen waren, einen Wurf kleiner Welpen aufzuziehen und dann so schöne Erfolge damit hatten — sicher waren die jungen Hunde Spielgefährten der Kinder, die erwachsenen aber bemerkten auf Grund ihrer feinen Sinne das Nahen von Raubtieren oder fremden Menschen viel eher als die menschlichen Lagergenossen —, jene Jägersippe jedenfalls wird in der Nachbarschaft bald Nachahmer gefunden haben, und bald hatten sich auch weit entfernt lebende Sippen solche Welpen zugelegt und ihre eigene Hundezucht begonnen. Die neuere Archäologie hat uns schon viele Beispiele erschlossen, die bereits in so frühen Tagen der menschlichen Kultur einen unglaublich weit reichenden Austausch von Gegenständen aller Art erweisen. Und so ist es sehr gut vorstellbar, daß auch »Hauswölfe« von einem Gebiet in das andere gelangten und schließlich bei einem Völkerstamm landeten, in dessen Umgebung eine ganz andere Unterart des Wolfes beheimatet war. So mag es bereits in den ersten Tagen der Frühdomestikation zur Zusammenführung unterschiedlichen Blutes gekommen sein, und damit begann die

Entwicklung der Vielfalt von Erscheinungsformen des Hundes schon sehr bald.

Auch meine Dingo-Elchhund-Mischlinge zeigen eine von Generation zu Generation abnehmende Körperhöhe, wenn man die gerade Linie der Geschwisterverpaarungen betrachtet, und meine Stina wieder ist ein Beispiel dafür, wie schnell das gehen kann, wenn man die Mutter mit dem Mischlingssohn verpaart.

Nicht weniger auffallend ist die sehr unterschiedliche Färbung all dieser Nachkommen, von einem fast weißen bis zu einem fast schwarzen Fell reichend. Auch bestimmte Elemente der Wolfs- wie der Schakalzeichnung treten auf, und so manches mehr. Was es da alles zu sehen gibt, könnte bald ein eigenes Buch füllen. Ich nehme aber an, daß das Interesse meiner Leser doch mehr in Richtung des Verhaltens dieser Tiere geht, und so möchte ich lieber hierüber einiges sagen.

Von Stina habe ich schon berichtet. Ihre beiden Geschwister Sven und Dove sind sehr liebe Hunde, die gelegentlich gegenüber Fremden ein Scheuverhalten zeigen, das ein wenig an Stina erinnert. Aber ich hätte doch gedacht, daß Sven ein liebenswerter Heimhund sein könnte, und das dachte auch einer meiner Bekannten. Er war von dem fast schwarzen, durch silbergraue Zeichnungen geschmückten Rüden sehr angetan und wollte ihn unbedingt in Pflege nehmen. Ich brachte den Rüden — damals etwa ein Jahr und fünf Monate alt — ins Zimmer, und er war gegenüber meinem Bekannten bald recht zutraulich. So setzte er ihn in seinen Wagen und fuhr nach Hause.

Eine Woche später brachte er Sven wieder. In der fremden Umgebung zeigte er nämlich das gleiche Scheuverhalten wie seine Schwester Stina! Wieder in seinem alten Zwinger, sprang er höchst vergnügt umher, schleckte uns die Hand und war wieder der liebenswürdigste Hund.

Aber auch seine Schwester Dove zeigte bei Gelegenheit, daß sie scheu wie ein wildes Tier sein kann. Es gelang ihr einmal, auf den Dachboden zu kommen. Dort, zwischen viel Gerümpel und dem Balkenwald des riesigen Dachstuhles wurde sie von einer zur anderen Minute scheu. Sie hatte eine Stelle gefunden, die für mich unerreichbar war, und dorthin hatte sie sich zurückgezogen. So manche Stunde stand ich wenige Meter davor und versuchte, Dove aus ihrem Versteck hervorzulocken. Alles war umsonst, sie zog sich vor mir noch weiter zurück. Dieses Spiel währte drei Wochen. Da Dove einen Weg gefunden hatte, auf die Außenseite des Daches zu gelangen, so bot sich meinen Besuchern der äußerst seltene Anblick einer silberweißen, schwarzgesichtigen, spitzähnlichen Hündin, die in schwindelnder Höhe auf dem Dachfirst behaglich ausgestreckt in der Sonne lag.

Mir war nicht ganz wohl bei der Sache, denn ich wußte mir keinen anderen Rat, als Dove da oben auszuhungern. Sie sah mit großer Aufmerksamkeit von ihrer luftigen Höhe aus zu, wenn ich die Hunde fütterte — aber auch das lockte sie nicht herab. Sicher gab es am Dachboden viele Mäuse, aber ich glaube nicht, daß sie für Doves Ernährung ausreichten. Außerdem fürchtete ich, sie könnte einmal da oben auf den glatten Dachziegeln ausgleiten und in sausender Fahrt herabfliegen, was sie wohl kaum überlebt hätte. Aber Hundepfoten sind so gut wie die Kletterschuhe des Kaminfegers — Dove brachte es fertig, auf dem ganzen Dach umherzuwandern, und selbst meine Hunde sahen ihr staunend zu.

Genau nach drei Wochen — ich stieg wieder einmal die Treppe zum Dachboden hinauf — kam meine Dove angesaust, sprang an mir hoch und wedelte so fröhlich, wie das nur ein Hund tut, der sein Herrchen lange vermißt hat! Ich war sprachlos. So, als wäre nichts gewesen, ließ sie sich von mir in die Arme nehmen und zurück zu Sven setzen, den sie ebenfalls stürmisch begrüßte. Dove war tatsächlich sehr stark abgemagert — aber von einer physischen Schwäche war nichts zu merken. Ich gab ihr zunächst nur wenig Futter, um sie wieder an die normalen Ernährungsverhältnisse zu gewöhnen, und die Hündin ist freundlich wie eh und je.

Solche Erlebnisse zeigen schon, wie schwierig es ist, sichere Aussagen über das Wesen derartiger Hunde zu machen, aber auch, daß bei einer Mischlingszucht recht unterschiedliche Charaktere zum Vorschein kommen. Setzt man das vorige Beispiel von der so anschmiegsamen Dingohündin Arta hinzu, so mag es genügen, wenn ich noch eine letzte Hündin aus meiner Zucht erwähne, um die Vielfalt allein im Verhältnis zum Menschen genügend darzustellen. Es handelt sich dabei um eine Tochter von Stina, die Sven zum Vater hat. So scheu nämlich die Mutter und so scheu der Vater in bestimmten Situationen sein kann, so unkompliziert ist die Tochter als Heimhund; mein Bekannter, der Sven zurückgebracht hat, nahm an seiner Stelle sie und hat seine helle Freude an dem lebhaften, anhänglichen kleinen Hund (diese Stina-Tochter ist etwas größer als ihre Mutter), der auch dem dreijährigen Sohn ein liebenswerter Spielkamerad ist.

Wenn wir unter Wesen hier die angeborenen Eigenschaften verstehen wollen, die einen Hund zu einem guten oder schlechten Gesellschafter des Menschen befähigen, so grenzen wir das Wesen vom angeborenen Verhalten ab. Darunter fallen nun alle Ausdrucksmöglichkeiten im innerartlichen Verkehr, aber noch vieles andere, wovon so manches sich auch aus dem Blickwinkel der Wesensbeurteilung wiederfindet; es gibt da keine scharfe Grenze. Doch nicht darum geht es mir hier, sondern um die Frage, ob es durch meine Inzucht- und Kreuzungsmaßnahmen auch zu anderen Verhaltensänderungen gekommen ist.

Hier möchte ich, um die Frage zu bejahen, nur ein Beispiel herausgreifen, wobei es sich wieder um Tanila handelt, die wir schon kennen. Während etwa die Dingo-Hündin Sydney ihre Jungen mit so ruhiger Selbstsicherheit zur Welt bringt und betreut, daß ich einmal von dem Vorgang überhaupt nichts mitbekam, obgleich ich darauf gewartet hatte, gerät Tanila jedesmal in eine ungeheure Aufregung. Sobald die Welpen da sind, fängt sie zu heulen an, klagt zwischendurch, springt aufgeregt aus der Hütte, um sofort wieder zurückzueilen, wenn die Kleinen schreien, verprügelt dann wieder den kräftigen Motu derart, daß der sich nicht mehr zu helfen weiß und von mir aus dem Zwinger geholt werden muß, und spielt schließlich halb verrückt, wenn ich gar die Kleinen besichtigen will. Beim zweiten Wurf war das noch schlimmer als beim ersten, und bisweilen sieht es fast so aus, als würde sie vor lauter Geschäftigkeit und aufgeregter Fürsorge gerade das Gegenteil dessen erreichen, dem ihre übersteigerten Bemühungen gelten. Ähnliches kann man mitunter auch beim Menschen sehen!

So haben wir also schon eine recht gute Vorstellung, wie es zur Vielfalt der Individuen innerhalb der großen Hundesippe gekommen sein kann, gleichviel, ob man an Färbungen oder an Verhaltenseigenschaften denkt. Aber bislang war immer nur die Rede vom Kleinerwerden der Hunde, und so lautet die Frage: Woher kommen dann die großen Hunderassen, wie etwa Bernhardiner oder gar der Irische Wolfshund, der eine Schulterhöhe von 80 cm erreicht?

Ich erwähnte schon, daß es bei meiner Dingo-Zucht auch Ausnahmen gibt. Eine solche Ausnahme ist der Rüde Paroo, der an Größe seine Eltern und Großeltern ganz beachtlich übertrifft. Er ist mein schönster Dingo, ein kraftvolles, eindrucksvolles Tier mit ernstem Blick, der durch die Faltenbildung im Gesicht geprägt wird. Seine Eltern waren Aboriginal und Suki, also die Geschwister, mit denen ich ursprünglich meine Zucht begann. Sie waren bereits größer als ihre Mutter Gina, die schlanke Australierin, und natürlich viel größer als ihr Vater, der niederläufige (= da die Beine nicht ganz so lang wie bei anderen Dingos sind) Luxl aus Neuguinea. So zeigt Paroo deutlich, daß es im Zuge solcher Vermischungen mit nachfolgender Inzucht auch zu Größenzunahme kommen kann, und ich bin gespannt, ob es mir gelingen wird, dieses Größerwerden auch in folgenden Generationen weiterzuführen.

Wir dürfen bei allen diesen Beobachtungen und Überlegungen nicht übersehen, daß wir uns bislang ja nur auf einige wenige, ganz eng begrenzte Fälle konzentriert haben. Wenn wir uns darüber hinaus nun vorstellen, wie viele Wolfsunterarten im Laufe der Zeit bei der Haustierwerdung unserer Hunde zusammenkamen, und wenn wir uns weiterhin vorstellen, daß man da und dort sicherlich auch den Schakal eingekreuzt hat, dann erwächst uns nach dem wenigen, was wir jetzt wissen, bereits eine Ahnung von den sich nunmehr vervielfältigenden Möglichkeiten neuer Kombinationen und wechselseitiger Beeinflussungen des Erbgutes mit noch weitergehender Mutationsauslösung.

Wenn man all diese Möglichkeiten betrachtet, so wird schnell die Vielfalt unserer Hunde verständlich. Wir müßten uns eigentlich wundern, daß es »nur« 400 Hunderassen gibt. Und wir müssen uns unter solchen Umständen wundern, daß unsere Hunde im Vergleich zu dem, was erbmäßig alles passieren kann, immerhin noch eine ganze Menge sehr ursprünglicher Verhaltensweisen zeigen. Sieht man von einigen sehr extremen Züchtungen ab, dann ist es doch so, daß sich mit ein wenig Geschick und Glück aus den meisten unserer Haushunderassen, bzw. ausgewählten Exemplaren, ein sehr komplettes und urtümliches Verhaltensinventar durch Kombination wiedererzüchten ließe. Ich staune wirklich oft, was da noch unverbildet in den besten unserer Hunde steckt!

Weißes Fell und rote Augen

Jedermann kennt zumindest weiße Mäuse und jene rosa-äugigen Kaninchen mit dem schneeweißen Fell. Sich einen Hund in dieser Aufmachung vorzustellen fällt schwer, aber wer es sehen will, dem bietet sich dazu im Karlsruher Zoo Gelegenheit. Dem Leiter dieses Tiergartens, Birkmann, ist es nämlich gelungen, einen Stamm albinotischer Dingos zu züchten.

Das ist nicht nur aus allgemein zoologischer Sicht sehr interessant, sondern es bringt uns auf eine zusätzliche Möglichkeit, die Vielfalt der Hunde zu erklären. Ich habe mich früher schon mit Kreuzungszuchten befaßt, bei denen ich albinotische Labormäuse mit normalfarbigen Wildmäusen verpaarte. Bei nachfolgender Inzucht traten dann nicht nur alle möglichen Farbabänderungen auf – etwa schwarze Mäuse, gelbe Mäuse, braune Mäuse oder graue Mäuse –, ich konnte auch erhebliche Verhaltensänderungen erzielen. So etwa einen Mausstamm, der zunehmend aggressiver wurde und zuletzt aus so viel ungebändigter Aggression bestand, daß er ausstarb: die Geschlechtspartner bissen einander tot, anstatt sich zu paaren. Ich erzielte sogar Mäuse, die an den Hinterpfoten statt fünf nur vier Zehen hatten, bei völlig harmonischer Form des voll einsatzfähigen Fußes. Das erinnert ein wenig an Artas verbundene Zehenballen. Einmal habe ich mit Hilfe albinotischer und wildfarbener Goldhamster sogar einen mopsköpfigen Goldhamster erzüchtet, der allerdings nicht lange am Leben blieb.

So kann man alles nur Erdenkliche herausbekommen, wenn man Wildfarbe mit Albino verkreuzt und in der Folge engste Inzucht betreibt. Das sind spannende Dinge, und man bekommt dabei den Eindruck, daß es eigentlich schon genügen müßte, einen Albino von einer beliebigen Tierart zu haben, und schon könnte man auf diesem Wege alle Haustiererscheinungen erzüchten, die man bislang kennt.

Eine Zeitlang habe ich tatsächlich darüber nachgedacht, ob es nicht völlig ausreichen würde, das Auftreten von Albinos als Anstoß für alle Domestikations-Veränderungen anzunehmen. Solche Albinos können nämlich nicht nur auf züchterischem Wege — wie etwa in Karlsruhe — erzielt werden, es gibt sie auch in freier Natur. Man hat sogar schon albinotische Giraffen und Zebras gefunden, und längst kennt man den »weißen Hirsch«, albinotische Rehe, Marder, Eichhörnchen und Maulwürfe. Es gibt wohl keine Tierart auf der Welt, bei der nicht Albinos auftreten können; ja, es gibt sogar beim Menschen gar nicht so selten Albinos, was bei den Naturvölkern zumindest in früheren Zeiten dadurch verschwiegen wurde, daß man solche Säuglinge gleich nach der Geburt beseitigte.

Wie kommt es zu Albinos? Wir wissen heute, daß es sich um eine Mutation handelt, wir wissen einiges von den physiologischen Veränderungen beim Albino, über die Vererbung des Albinismus — aber wir wissen nichts darüber, was solche Mutationen auslösen könnte. Mag sein, daß hier engere Inzucht — wie sie gelegentlich bei kleineren, isoliert lebenden Populationen in freier Natur auch vorkommen kann — derartiges auslöst.

Aber wir wissen, daß albinotische Wildtiere schon immer das größte Interesse bei den Naturvölkern hervorgerufen haben, und selbst heute noch ist die Erscheinung des weißen Hirsches (der dann gewöhnlich noch ein dazugedachtes leuchtendes Kreuz zwischen den Stangen trägt) ein Relikt eines abergläubischen Mittelalters. Die alten Ägypter betrachteten — ähnlich wie die zuchtgewandten Chinesen — die weiße Maus als Glücksbringer, und das wieder mag in grauer Vorzeit bereits so gewesen sein. Der Besitz eines lebenden albinotischen Tieres muß jeden Medizinmann oder Schamanen in den Augen seiner Stammesgenossen zum Halbgott gemacht haben, und so wäre der Gedanke nicht von der Hand zu weisen, daß Albinos bei der Haustierwerdung auch unserer Hunde eine zumindest nicht unerhebliche Rolle gespielt haben. Da es nicht leicht gewesen sein wird, einen albinotischen Geschlechtspartner für den weißen Wolf des Schamanen aufzutreiben, mag ihm dieser einen wildfarbenen zugesellt haben — und schon haben wir alles, was wir brauchen.

Es kommt noch hinzu, daß albinotische Tiere mitunter viel leichter zahm werden als wildfarbene. Eine albinotische Hausmaus kann man bequem auf einem Wandbrett halten, sie wird nicht herabspringen; eine wilde, naturfarbene Hausmaus macht das sofort. Und wie ungewöhnlich zahm können albinotische Ratten werden — kurz, auch in dieser Richtung bieten sich Albinos geradezu für die Domestikation an.

Damit schneiden wir überhaupt ein interessantes Kapitel an, das für unser Verständnis für den Hund nicht unwesentlich ist. Es zeigt sich nämlich, daß nicht nur wildfarbene und albinotische Tiere im Verhalten grundsätzlich verschieden sind, sondern daß auch die in der Folge ihrer Verkreuzung auftretenden Farbmutanten markante Verhaltensunterschiede zeigen. Färbung und Verhalten sind zweifelsohne gekoppelt; eigentlich nicht verwunderlich, denn Nervensystem und Haut entstammen dem äußeren Keimblatt jener embryonalen Frühstufe, die man Gastrula nennt. Diese äußere Zellschicht entwickelt sowohl die Gehirnanlage und das übrige Nervensystem als auch die Haut mit ihren Haaren und Pigmenteinlagerungen. Man könnte sich vorstellen, daß die Färbung der sichtbare Ausdruck des ganzen »Nervenkostüms« ist.

Schäferhund-Kenner behaupten oft, daß die »pigmentreichen« Schäferhunde, also jene mit viel Schwarz im Fell, temperamentvoller seien als helle Hunde. Das erinnert an die schwarzen Panther, die besonders gefährlich sein sollen. So steht es wenigstens in Reisebüchern, und das wird auch bei jeder Zirkusvorstellung beteuert, in der solche Schwärzlinge auftreten. Wenn in einer Pferdegeschichte ein besonders temperamentvoller Hengst vorkommt, dann ist es gewöhnlich ein Rappe. Schwarze Tiere sind in unserem Denken immer irgendwie unheimlich; man lese nur in Goethes Faust nach, was da über den schwarzen Pudel steht. Der Gerechtigkeit wegen muß wohl dazugesagt werden, daß jenes Tier bestimmt nichts mit unseren modernen Pudeln zu tun hat, sondern wohl aus Goethes Kenntnis der scharfen, gefährlichen altdeutschen Schäferpudel — die im Wesen halbe Wölfe waren — von ihm gewählt worden ist.

Nun könnte man sagen, daß hier allein der Umstand in Rechnung zu stellen sei, daß die Farbe Schwarz von alters her stets mit unheimlichen, mystischen Dingen in Verbindung gebracht wird, vielleicht in Urerinnerung an die für den Frühmenschen so gefährliche »schwarze Nacht«. Das ist sicher möglich, aber daß an der Verbindung zwischen schwarzer Färbung und Temperament — zumindest bei unseren Hunden — etwas Wahres dran ist, konnte in jüngster Zeit sogar exakt bewiesen werden. Der Prager Verhaltensforscher Zdenko Martinek hat mittels einer von ihm entwickelten Methode Aktivitätsmessungen an Hunden vorgenommen, und es zeigte sich dabei, daß die schwarzen Exemplare einer bestimmten Zucht lebhafter waren als die andersfarbenen.

Nun kann man sich die Sache aber nicht so einfach machen und sagen, daß es genüge, die Farbe eines Hundes zu sehen, um zu wissen, wie sein Wesen beschaffen ist. Es können nämlich pigmentarme Hunde zum Beispiel rezessiv — also in nicht zum Vorschein kommenden Erbanlagen — den Faktor für Schwarzfärbung besitzen. Daher kann sich — wie ebenfalls die Versuche von Zdenko Martinek bewiesen haben — in solchen Fällen auch bei hellen Hunden das Temperament der »schwarzen Anlagen« äußern. Das klärt sich dann durch Weiterzucht mit einem ebenfalls rezessiv schwarzen Partner auf, denn zwei derart hochaktive helle Hunde bringen mit Sicherheit schwarze Nachkommen.

Wie die Albinos treten auch Schwärzlinge in der freien Natur auf — wir denken etwa an den schwarzen Panther. Aber wir kennen genauso Gelblinge aus freier Wildbahn, wie auch andere Farbmutanten, etwa vom Maulwurf, bei dem sogar alle möglichen Scheckungen bekannt geworden sind. Das, was meine zuvor erwähnten Mäuse-Experimente gezeigt haben, gibt es also auch in der freien Natur, ohne Eingreifen des Menschen. Wir sind gewohnt, von »Domestikations-Farben« zu sprechen, aber ich fürchte, wir werden umlernen müssen, oder wir müßten von einer »Selbst-Domestikation« im Sinne eines nicht durch züchterische Maßnahmen des Menschen entstandenen Auftretens von Domestikations-Erscheinungen in der freien Natur sprechen.

Weithin ist bekannt, daß vor allem Amseln in Großstadtanlagen in zunehmendem Maße eine weiße Scheckung zeigen, und kürzlich hörte ich sogar von einer, die rötlichgrau gefärbt war. Das bringt mich schließlich zu einem weiteren Thema, das viele Hundezüchter beschäftigt. So heißt es in den Standard-Vorschriften vieler Hunderassen, daß sie keine weißen Flecke auf der Brust, am Bauch oder sonstwo haben dürften, oder keine weiße Schwanzspitze und weiße Pfoten. Das wird als Fehler gewertet. Wenn das in den Rasse-Standards ausdrücklich gesagt wird, bedeutet das, daß derartiges gelegentlich einmal vorkommt oder doch vorgekommen ist.

Nun habe ich schon geschildert, daß meine Dingos derartige weiße »Abzeichen«, wie man das gewöhnlich nennt, haben. Ganz bewußt habe auch ich mich bemüht, diese Abzeichen wegzuzüchten, muß aber gestehen, daß ich damit noch nicht weit gekommen bin. Nur der prächtige Paroo scheint hier auf gutem Wege zu sein, denn er hat keine weiße Schwanzspitze, sein Brustfleck ist nur ganz klein und ebenso ist das Weiß an den Pfoten auf geringe Ausmaße beschränkt.

Auch derartige »teilalbinotische« Erscheinungen werden zu den Haustiermerkmalen gezählt, und es ist bekannt, daß sie schon sehr früh in der Domestikation auftreten. Aber wie schon die gescheckten Amseln zeigen, bedarf es offenbar auch hier nicht unbedingt des Eingreifens des Menschen. Ich habe selbst in einem kleinen, abgelegenen Moor in Mittelnorwegen einmal eine wohl recht isolierte Population von Wasserratten (die richtiger Schermäuse heißen) angetroffen, von denen die meisten Tiere zumindest weiße Krallen, wenn nicht weiße Zehen und ebensolche Schwanzspitzen zeigten; eines der von mir gefangenen Tiere hatte sogar einige weiße Haare auf der Stirn. Das wäre also auch so ein Beispiel von »Selbstdomestikation« in freier Natur.

Diese und andere Beobachtungen haben mich bezüglich der Abstammung des Dingos auf einen Gedanken gebracht, der möglicherweise unserer Hundeforschung neue Wege öffnen könnte. Ich gehe davon aus, daß die von den Ureinwohnern nach Australien gebrachten Dingos noch gar keine Haustiere waren, sondern Wildhunde. Sicher werden es nicht sehr viele gewesen sein; als sie sich im Verlaufe der vergangenen Jahrtausende mehr und mehr vermehrten, gab das natürlich extreme Inzucht, und damit Selbstdomestikation. So mögen also die »Haustiermerkmale« der Dingos auf diesem Wege entstanden sein.

Was für eine Art von Wildhunden mag es wohl gewesen sein, die in Neuguinea und in Australien damals »eingebürgert« worden ist? Wir wissen, daß die Ureinwohner von Südostasien gekommen sind. Dort gibt es aber eine Wildhundform, die kaum erforscht ist, den Rothund. Er wurde zu einer eigenen Gattung erhoben, weil der Erstbeschreiber glaubte, er habe nur 40 Zähne. So hält man bis heute an der Gattung »Cuon« fest, obgleich man sich leicht überzeugen kann, daß ihre Vertreter wie unsere Hunde, der Wolf und der Schakal, 42 Zähne besitzen. Die auf der Malaiischen Halbinsel, auf Sumatra, Java und Borneo lebende Form, der Adjag (*Cuon javanicus*), unterscheidet sich in Gestalt, Größe und Färbung kaum vom Dingo, und gleicherweise gibt es in diesen Gegenden Eingeborenen-Hunde, die unverkennbar vom Rothund abstammen. Diesen Rothunden sollte viel mehr Interesse zugewandt werden; wäre es doch bedauerlich, wenn die letzten ihres Stammes ausgerottet wären, ehe sich die Forschung dazu entschließt.

Wir sehen also, daß es eine ganze Menge von Möglichkeiten gibt, die das Zustandekommen einer erblichen Vielheit bei unseren Hunden erklären können. Dabei haben wir noch nicht einmal davon gesprochen, daß viele unserer heutigen Hunderassen dadurch entstanden sind, daß man zwei, drei oder mehr durchgezüchtete Rassen miteinander verkreuzt hat. Es ist schon eine ganz besondere Züchterkunst, auf diesem Wege eine erblich stabile neue Hunderasse zu gewinnen. Sehr viel Können, sehr viel Geduld und Zeit — und auch eine ganze Stange Geld gehören dazu! Aber diese Neuschöpfungen sind vergleichsweise leicht zu durchschauen und zu begreifen; sie haben im Grunde genommen mit Domestikationsveränderungen nicht viel zu tun, da als Ausgangsmaterial bereits bestehende Rassen herangezogen worden sind. Daß gerade sie aber sehr anfällig für oft sehr weitgehende Instinktausfälle sind, ist gut zu verstehen.

Eine weitere Quelle unterschiedlichen Hundeverhaltens ist die sogenannte Retardation oder Verjugendlichung. Wir werden sie besser verstehen, wenn wir uns mit der Jugendentwicklung des Hundes und seines Verhaltens eingehend genug befaßt haben.

Die Beobachtung der normalen Jugendentwicklung des Hundeverhaltens wird uns aber noch eine weitere Quelle von Verhaltensänderungen auftun, freilich solcher, die nicht erblich sind. Ich glaube aber sehr daran, daß sie an der bunten Individualität unserer Hunde noch viel einschneidender beteiligt sind als die erblichen. Wir wissen schon, daß selbst im Wolfsrudel gewisse Unterschiede unter den Individuen zu beobachten sind, von denen bestimmt auch nicht alle angeborenermaßen vorhanden sind, sondern erst während der Jugendzeit erworben werden. Das ist normal und wird sicherlich für das Wolfsrudel gewisse Vorteile bieten. Bei unseren Haushunden können aber auf diesem hier gewöhnlich weit übersteigerten Wege nicht nur sehr auffallende Verhaltensstörungen auftreten, sondern sogar eine Fülle von Neurosen. Es gibt schon eine umfangreiche Literatur über dieses traurigste Kapitel des ganzen Hundedaseins, und so mancher Tierarzt hat sich darauf spezialisiert. So habe ich mit wahrem Gruseln eine sehr umfangreiche Arbeit des Wiener »Hundepsychiaters« Ferdinand Brunner gelesen, die sich durch nichts von einem Bericht einer psychiatrischen Klinik der Humanmedizin unterscheidet. Ursache solcher bedauernswerter psychischer Störungen ist 99mal in 100 Fällen eine gestörte Jugendentwicklung.

Wir können gar nichts Besseres tun, als uns die normale, durch nichts gestörte Jugendentwicklung bei Hunden ohne Verhaltensabänderungen mit aller Sorgfalt anzusehen. Dieses Thema ist nicht nur eines der schönsten, die es für das Verhaltensstudium gibt, sondern es enthält auch den Schlüssel für alles, was den künftigen erwachsenen Hund ausmacht. Er ist nicht nur das Produkt seiner erblichen Anlagen, er ist auch das Produkt seiner Jugendentwicklung. Man kann ganz zweifelsfrei behaupten: Ein schlecht veranlagter Hund mit einer guten Jugendentwicklung wird ein besserer Hund sein als einer, der zwar über beste Erbanlagen verfügt, aber eine unzureichende Jugendzeit verlebte. Mag sein, daß das viele moderne Züchter, die mehr auf die Abstammungsnachweise und Prämiierungen schauen als auf den Hund selbst, nicht recht glauben wollen. Wer aber das, was ich von diesen Dingen berichten kann, aufmerksam verfolgt, wird mir am Ende recht geben.

Die ersten Lebenswochen

Die dem Schmetterlingsei entschlüpfende Raupe ist in Aussehen und Lebensweise von ihren flugbegabten Eltern grundverschieden; man kann ihre Verwandtschaft niemals durch einen Vergleich von Körperteilen oder Verhaltensweisen bestimmen. Wollen wir wissen, welcher Schmetterlingsart eine Raupe angehört, so müssen wir geduldig warten, bis die Raupe ausgewachsen ist, sich ein letztes Mal häutet und dabei zur Puppe wird, und bis aus dieser endlich der Falter schlüpft. »Metamorphose« nennt man diese im Insektenreich verbreitete Erscheinung des Nacheinanders unterschiedlicher Gestaltung ein und desselben Individuums.

Unter den Wirbeltieren sind es vor allem die Kröten und Frösche, die eine vergleichbare Umwandlung zeigen; ihre Kaulquappen genannten Jugendstadien unterscheiden sich in Körperbau und Lebensweise ebenfalls deutlich von ihren Erzeugern. Allerdings erfolgt die Umwandlung hier nicht so plötzlich: Die zunächst nur aus einem förmlich am Kopf angewachsenen Bauch und aus einem Ruderschwanz bestehende Kaulquappe entwickelt nach und nach erst die Vorderbeine und dann auch die immer länger werdenden Hinterbeine; schließlich bildet sich der Ruderschwanz zurück, und die winzige Kröte oder der kleine Frosch entsteigt dem Wasser, um fortan ein Landleben zu führen. Das ist also ein eher gleitender Übergang von einem zum anderen Jugendstadium. Erwachsen sind die Froschlurche erst nach Jahren, wenn sie fortpflanzungsfähig geworden sind.

An all diese Dinge wird man erinnert, wenn man einen neugeborenen Hund betrachtet.

Was da fürsorglich von der Hundemutter aus den Eihäuten herausgeknabbert und herausgeleckt wird, das hat mit einem stolzen Schäferhund oder einem eleganten Windspiel nicht die geringste Ähnlichkeit. Das ist eine plumpe Walze mit kurzen Stummelbeinen, einem viel zu großen, runden Kopf und einem unscheinbaren Schwänzchen. Während dieses noch kaum eine Funktion zu haben scheint, vollführt der breite Rundkopf immerhin Bewegungen: Er pendelt von einer Seite zur anderen. Kaum ist dieses seltsame Geschöpfchen trockengeleckt, erhebt es sich auch schon suchend über den Boden. Die Fortbewegung des ganzen Kerlchens erinnert aber eher an das Kriechen eines Salamanders. Es ist ungemein unbeholfen, als könnten die

Zwei Ansichten von einem neugeborenen Dingo-Welpen.

Beinchen den schweren Rumpf und den großen Kopf nur unter Aufbietung aller Kraft vorwärtsschieben. All das ändert sich in den nächsten vierzehn Tagen überhaupt nicht.

Wie anders ist das bei einem neugeborenen Pferd oder Kalb! Diese Tiere stimmen zwar in ihren Proportionen nicht ganz mit den Eltern überein, aber man erkennt auf den ersten Blick das kleine Pferd oder das kleine Rind — so groß ist hier schon die Ähnlichkeit. Nach einer halben Stunde, nach kurzer Übung der etwas lang geratenen Beine, läuft das Füllen genau wie ein Pferd, das Kalb wie eine Kuh, und auch all die anderen Bewegungsweisen gleichen grundsätzlich denen der Eltern.

Wir sehen hier zwei verschiedene Prinzipien der Natur, die als Anpassungen an bestimmte Lebensbedingungen zu deuten sind. Pferd und Rind sind Herdentiere, die als Pflanzenfresser oft große tägliche Wanderungen unternehmen. Ihre Jungen werden in diesen langsam dahinziehenden Herdenverband hineingeboren und sind gezwungen, so bald als immer nur möglich seine Ortsveränderungen mitzumachen, wollen sie nicht eine leichte Beute von Raubtieren aller Art werden. Nur inmitten der großen Herde sind sie geborgen und sicher. So also kommen sie gut genug ausgerüstet zur Welt, um es den erwachsenen Artgenossen gleichtun zu können.

Ganz anders ist das bei den hundeartigen Raubtieren, den Wölfen, Schakalen, Kojoten, Rotwölfen, Füchsen und wie sie alle heißen. Sie leben in kleinen Sozialverbänden, viele überhaupt nur paarweise. Die Jungen werden in einem sicheren Versteck — gewöhnlich in einer selbstgegrabenen Erdhöhle — zur Welt gebracht, und darin bleiben sie eine gewisse Zeit.

Man muß dabei bedenken, daß sich ein flüchtige Beute jagendes Raubtier keine allzulange Tragzeit leisten kann. Würde eine Wölfin ihre fünf oder sechs Jungen so lange austragen, bis sie groß genug sind, um die Mutter auf den Beutezügen begleiten zu können — die arme Wölfin wäre bald so unbeweglich, daß sie nicht einmal einer Maus auflauern könnte. Warum begnügen sich diese Raubtiere aber nicht mit einem einzigen Jungen, wie das die pflanzenfressenden Herdentiere tun? Das wieder liegt in der Natur des Raubtier-Daseins; Raubtiere können keine Herdengemeinschaft bilden, für sie ist der Tisch nicht so reich gedeckt wie für die Pflanzenfresser der Steppen. Für einen Kleinverband ist der Daseinskampf aber unvergleichlich härter und verlustbringender. Die größere Nachkommenzahl sichert hier den Bestand der Art, das »Mehrkindersystem« ist also auch als Anpassung zu verstehen.

Wie notwendig eine Welpenzahl von mindestens fünf ist, erweist eine auf genauen Beobachtungen aufgebaute Berechnung des russischen Forschers Sewerzow aus dem Jahre 1941 über die Sterblichkeit junger Wölfe. Demnach gehen 45% der Welpen im ersten Lebensjahr zugrunde, weitere 32% im zweiten Lebensjahr; das sind zusammen also 77% aller Jungwölfe! Da Wölfe erst mit etwa 22 Monaten zur Fortpflanzung gelangen, so ist die Wahrscheinlichkeit, daß bei einem nur dreiköpfigen Wurf ein Tier zur Erhaltung der Art beiträgt, verschwindend gering. Im übrigen bekommt man bei solchen Zahlen eine gute Vorstellung davon, wie scharf die Auslese auf Lebenstüchtigkeit unter diesen Tieren sein muß!

Es ist also wohl die beste Lösung — wie es sich im Leben der hundeartigen Raubtiere eingespielt hat —, daß die Welpen möglichst bald zur Welt kommen und die Mutter nicht auf ihren Jagdzügen behindern. Es ist jedem Hundezüchter recht gut bekannt, daß man der Hündin während der ersten 30 bis 35 Tage der Tragzeit so gut wie nichts anmerkt; die Keimlinge wachsen also zunächst nur ganz langsam heran und behindern sie nicht weiter. Die restlichen 35 oder 30 Tage zeichnen sich durch ein sehr rasches Wachstum der Foeten aus; trotzdem wird die Hündin, die fünf oder sechs Welpen trägt, kaum merklich dicker, und sie ist keinesfalls in ihren Bewegungen behindert. Länger aber wäre es ihr wohl nicht zumutbar, und so wird für den Welpen der beschützende Mutterleib durch ein ebensogut schützendes Lager vertauscht.

Wir müssen uns dieses Lager einmal ansehen, um die Ausrüstung des neugeborenen Welpen besser verstehen zu können. Der Moskauer Zoologe Ognew schreibt: »Sehr einfache Lager haben die Wölfe. In den Torfgebieten und nördlichen Breiten suchen sich die Wölfe paarweise trockene Stellen in den sumpfigen, schwer zugänglichen Gegenden. Der Kessel selbst ist eine einfache, flache Vertiefung, ohne jede weiche Unterlage. In der Steppe bauen die Wölfe ihr Lager am Grunde von Schluchten und am Fuß steiler Abhänge und Steilufer, wo es unter Unterholz und Schlingpflanzen versteckte Orte gibt. Interessant ist, daß in Wüstengebieten und in der Halbwüstensteppe die Wölfe manchmal auch in Höhlen leben, wobei sie, wie zum Beispiel in der Baikalsteppe, die Höhlen der Tarbagans (innerasiatische Murmeltiere) benutzen.«

Wir sehen also, daß die Wölfe erstens ein sicheres Versteck suchen, zweitens in diesem Versteck eine flache Mulde anlegen.

Im sicheren Versteck kann man die kleinen Welpen für Stunden alleinlassen, um Beute zu machen. Jetzt bewährt sich die unvollkommene Ausrüstung der Babywelpen: Sie sind gar nicht in der Lage, das Nest zu verlassen und sich damit in die Gefahr zu bringen, ein Opfer anderer Raubtiere zu werden. Die Form der Mulde bringt die Welpen immer wieder in ihrer Mitte zusammen, sie können sich nicht verlaufen. Auch sonst sind sie an dieses Höhlenlager so gut angepaßt, daß ihnen jeder Aufenthalt außerhalb von ihm sogar äußerst unangenehm ist. Sollte so ein Welpe wirklich einmal durch irgendeinen Zufall ins Freie gelangen, so quäkt er ganz jämmerlich und alarmiert so seine Eltern, die ihn dann zurückbefördern.

So kann man eigentlich gar nicht sagen, daß der Welpe »unvollkommen« sei. Er ist vielmehr sehr vollkommen an seinen ersten Lebensabschnitt und dessen Bedingungen angepaßt — genau wie die Kaulquappe an ihr Leben im Tümpel. Wenn die Hündin ihre Jungen nicht — wie Pferd und Rind — bis zur vollen Entwicklung austrägt, so bedeutet das nicht, daß sie als halbe Embryonen den schützenden Mutterleib verlassen. Die Natur hat sie vielmehr mit all dem ausgestattet, was sie in den ersten Lebenstagen benötigen, damit sich ihre weitere Entwicklung sicher vorbereiten kann.

Ich will nun an zwei Beispielen von Hundegeburten, die recht unterschiedlich verlaufen sind, erläutern, was bereits die ersten Lebensminuten eines Welpen erkennen lassen.

Die eine Geburt liegt mehr als zwanzig Jahre zurück und war die erste, die ich in meinem Leben beobachten konnte. Die Schäferhündin »Xanthi« hatte zwar ihren Namen nach der berüchtigten Gattin des Sokrates erhalten, war aber alles andere als eine »Xanthippe«, sondern ihrem Manne Xingu treu ergeben. Weich und anschmiegsam, wie sie war, hatte sie — nachdem ich den aufgeregt schnuppernden Rüden entfernt hatte — überhaupt nichts dagegen, daß ich in ihrer schweren Stunde bei ihr war. Und sie lohnte meine geduldige Nachtwache schließlich mit sechs gesunden Welpen. Ich hatte damals in solchen Angelegenheiten ebensowenig Erfahrung wie die erstmals werfende Hündin, aber im Unterschied zu mir »wußte« sie ganz genau, wie man die sich krümmenden Welpen aus den Eihäuten kunstgerecht befreit und vorsichtig abnabelt. Ich war so gebannt, daß ich mich kaum zu bewegen wagte, und das war bestimmt auch besser so — ich hätte doch nur gestört. Da lagen also nach gut drei Stunden die sechs trockengeleckten Welpen, die Hündin hatte ihre Geburtswege gesäubert, und alles war gutgegangen.

Ich stand aber vor einer schweren Frage. Es war damals in Wien üblich, daß nur vier Welpen eines Wurfes Anwärter auf die so begehrten Stammbaum-Papiere sein konnten; außerdem meinten erfahrene Züchter, daß man einer erstgebärenden, verhältnismäßig jungen Hündin grundsätzlich nicht mehr als vier Welpen zumuten sollte. Was also tun? Nach welchen Gesichtspunkten auswählen?

Man soll es in den ersten Lebensstunden tun. Wie aber kann ich wissen, ob nicht die Welpen, die meine durch nichts begründbare Entscheidung trifft, gerade die besten und schönsten Hunde geworden wären?

Gewiß, die Wahl ist leicht, wenn der Wurf Welpen enthält, die gewisse Fehler aufweisen, wie etwa große weiße Flecken. Es kommt auch vor, daß Welpen verkrüppelt sind, deformiert oder besonders klein — auch da ist das Selektieren kein Problem. Aber sechs gesunde Welpen, von denen einer aussieht wie der andere — was soll man tun?

Während ich vor dieser Frage stand, beobachtete ich die kleinen Dinger der Reihe nach und sah, wie sie sich mühten, die warme Bauchseite der immer wieder ihre Kinder ableckenden Mutter zu erreichen und die stumpfen Schnäuzchen zwischen die Haare zu schieben; da und dort half die Mutter mit der Nase ein wenig nach, und bald hingen vier der Welpen behaglich schmatzend an den Zitzen. Nur zwei lagen noch daneben; sie bewegten zwar die Köpfe hin und her, sie streckten auch ab und zu ein Vorderbeinchen aus, stießen ein Hinterbein nach hinten, schienen aber nicht so hungrig zu sein wie ihre Geschwister. Das eine und das andere hatte schon nach den Milchquellen gestrebt, ehe alle versammelt waren; aber die Hündin hatte sie zu dieser Zeit noch abgewehrt, weil die Geburten sie noch zu sehr beschäftigten. Eines der beiden nicht saugenden Jungen war das zuletztgeborene, das andere war das zweite oder dritte gewesen, ein Rüde.

Kopf eines neugeborenen Schäferhund-Welpen.

Da kam mir blitzartig ein Gedanke: Wenn die beiden noch nicht an den Zitzen sind, dann hat ihr Leben noch gar nicht so richtig begonnen! Und schon nahm ich sie und trug sie, von der sehr beschäftigten Hündin offenbar unbemerkt, aus dem Zimmer . . .

Die zweite Geburt war zwanzig Jahre später. Wieder ein Erstlingswurf, diesmal von der Dingohündin Buna. Als Buna mit den Vorbereitungen zur Geburt begann, stand ich mit fünf

Personen im Raum. Natürlich wollte jeder dabeisein, bis ich klipp und klar zum Ausdruck brachte, daß die Hündin dadurch nur gestört sein würde. So liest man das in allen Büchern über Hundezucht: Die werfende Hündin braucht unbedingt Ruhe. Zögernd wollte nun die einsichtigste Person den Raum verlassen — doch da sprang Buna aus der Wurfkiste und leckte ihr die Hand, winselte und zeigte deutlich, daß sie Wert darauf legte, daß sie dablieb. Dasselbe geschah, als ein anderer sich entfernen wollte, dann beim dritten, vierten — da gaben wir es auf, und es blieben alle bei der nun völlig zufriedenen Hündin. Ich diktierte meiner Mitarbeiterin den Geburtsverlauf und machte eine Blitzlichtaufnahme nach der anderen. Innerhalb von 59 Minuten brachte Buna drei Welpen zur Welt. Der zweite Welpe hatte vier Minuten nach seiner Geburt und 21 Minuten vor der Geburt des letzten eine Zitze der Mutter erreicht und saugte. Man hörte ihn schmatzen.

Und die beiden anderen Jungen? Sie suchten ein wenig, aber sie fanden keine Zitze. Wir legten sie an, doch sie saugten nicht. Um 18 Uhr 55 wog der erste Welpe 312 g, der zweite 310 g und der dritte 305 g. Das war zwölf Minuten nach der Geburt des letzten Welpen. Um 24 Uhr betrugen die Gewichte (in derselben Reihenfolge) 309, 310 und 295 g. Weitere zwölf Stunden später 298, 327 und 285 g. Um die Mittagsstunde des übernächsten Tages erlöste ich das dritte Jungtier — es hatte nur noch 235 g — und einige Zeit später das erste, das nur noch 242 g wog.

Der zweite Welpe — heute Tanila genannt und selbst schon Mutter — hatte es um diese Zeit schon auf 402 g gebracht, also seit der Geburt um 92 g zugenommen. Tanila entwickelte sich zur lebhaftesten Dingohündin, die ich kenne. Sie wurde ein unglaublich wendiges, geschicktes und munteres Geschöpf voll unermüdlicher Lebensenergie.

Damit sind wir aber beim Kern der Sache angelangt. Tanilas Lebensenergie ist nicht das Produkt einer besonders ausgeklügelten, mit Hilfe von Vitaminen und raffinierter Diät unterstützten Aufzucht. Tanila ist genauso herangewachsen wie alle meine anderen Hunde — ohne Präparate, ohne irgendwelche der hochgepriesenen Vitamine, ohne jeglichen Versuch, das von der Natur hervorgebrachte Geschöpf durch menschliche Kunst zu verbessern. Nein, Tanilas Lebensenergie ist einzig und allein das Produkt einer glücklichen Kombination der Erbanlagen ihrer Eltern. Und diese Lebensenergie war bereits in den allerersten Minuten von Tanilas Erdenleben deutlich sichtbar.

Nicht allein diese beiden Beispiele, sondern viele andere Hundegeburten, die ich beobachten konnte, haben mich zu folgendem Schluß gebracht: Jene ersten Lebensminuten der Welpen bringen klar zum Ausdruck, was »in ihnen steckt«. Bedenken wir noch einmal, daß der neugeborene Welpe kein »kleiner Hund« ist, sondern ein eigenes, zeitlich abgegrenztes Lebensstadium mit eigenen Sonderanpassungen. Wir können und dürfen seine Lebensäußerungen nicht mit jenen Maßstäben messen, die wir bei einem zwei bis drei Monate alten Junghund und noch weniger mit jenen, die wir bei einem erwachsenen Hund anlegen. Wir müssen daher einen Maßstab finden, der seiner Sonderanpassung an dieses eigentümliche Zwischenstadium der einfachen Masse-Vermehrung entspricht.

Das Erbgut eines Welpen ist nicht nur einfach eine Mischung väterlicher und mütterlicher Eigenschaften, sondern beider Erbgut kann sich in mancherlei Weise beeinflussen. Sehr häufig geschieht das bei unseren hochgezüchteten Rassehunden, mit denen man engere Verwandtschaftszucht betreibt, in einem recht negativen Sinne. Es kommt leicht zu Degenerationserscheinungen, die selbst gewöhnlich wieder vererbt werden, da es sich um Schädigungen des Genbestandes handelt.

Es wäre keine große Kunst gewesen, die Welpen Bunas künstlich aufzuziehen. Nehmen wir an, ich hätte das getan, weil Buna einer zur Zeit gerade sehr gängigen Hunderasse angehört, deren Welpen sich zu Höchstpreisen verkaufen lassen. Nehmen wir an, ich wäre ein kalt rechnender Kaufmann und hätte mir gesagt, daß ein einziger gesunder Welpe viel zuwenig einbringt. Dann hätte ich drei Welpen verkauft, die alle prächtig ausgesehen hätten und die alle einen Stammbaum mit auf den Lebensweg bekommen hätten ...

Kein Mensch hätte geahnt, daß ich ein Betrüger bin. Ein Betrüger gegenüber dem Käufer, der glaubt, einen vollwertigen, gesunden Rassehund zu erwerben, und ein Betrüger gegenüber dem Hund!

Wenn ein Welpe nicht bereits innerhalb der ersten Lebensminute alles daransetzt, eine mütterliche Zitze zu erreichen, dann ist er erbgeschädigt. Äußerliche Ursachen kann man dafür nicht verantwortlich machen. Ich habe Hundegeburten im warmen Zimmer erlebt und bei mehreren Minusgraden; es gab keine Verhaltensunterschiede bei den Welpen. Waren sie gesund, existierte für sie nichts anderes als ein übermächtiges Streben nach den Milchquellen, sobald die Füßchen am Boden aufsetzen konnten.

Der neugeborene Welpe ist ein quicklebendiges Geschöpf, dem man es förmlich ansieht, wie froh es ist, endlich auf der Welt zu sein. Bei meinen braven Dingohündinnen, die als unverbildete Naturhunde eine Geburt als nichts besonders Aufregendes betrachten, konnte ich schon einige Male ganz genau den Austritt der Frucht beobachten und fotografieren. Dabei kam es vor, daß die Eihäute schon aufgerissen wurden, ehe das Junge ganz ausgetreten war. Schon in dieser Sekunde kann dann das Welpenköpfchen umherpendeln, als suchte es bereits nach den Zitzen. Sofort darauf wird das Mäulchen weit aufgerissen, und — die Hinterbeine sind noch in ein Eihautstück eingewickelt — da erklingt auch schon der erste dünne Schrei. Natürlich will die Mutter das Junge nun auch trockenlecken, aber das wird von ihm offenbar so ähnlich empfunden wie von vielen Menschenkindern das lästige Waschen. Es versucht, sich mit allen Kräften der mütterlichen Zunge zu entziehen und dem warmen Körper zuzustreben.

Es muß also schon während der Geburt, vielleicht sogar schon zuvor, die Umstellung auf die äußere Welt vollzogen worden sein; der Welpe liegt nicht überrascht oder schockiert da. Alles deutet darauf hin, daß er vielmehr diesen Augenblick kaum mehr erwarten konnte; alle innere Energie ist hochgestaut und wartet nur auf den befreienden Dammbruch, um frei werden zu können, damit all das getan werden kann, was jetzt sinnvoll ist. Ich könnte mir vorstellen, daß der Welpe schrecklichen Hunger hat und seinen Magen füllen möchte. Seine Beinbewegungen sind zwar noch recht unbeholfen und unkoordiniert, aber es gelingt ihm trotzdem, sehr zielgerichtet an den Mutterkörper heranzukommen. Er hat offensichtlich ein sehr ausgeprägtes Wärmeempfinden und einen Trieb, der Wärme für ihn zunächst als das Erstrebenswerteste in seinem neuen Lebensabschnitt bezeichnet. Der kleine Welpe hat aber auch einen sehr ausgeprägten Tastsinn, der ihn veranlaßt, seine Nase tief in das mütterliche Fell zu bohren, sobald er an es herangekommen ist. Bei diesem Umherwühlen im mütterlichen Fell findet er schließlich auch eine Zitze, für die er ebenfalls ein angeborenes Empfindungsvermögen hat. Genauso »weiß« er, was er nun tun muß; denn kaum berührt er mit der Nase die Zitze, saugt er sie auch schon tief in sein Saugmaul und fördert schmatzend die Milch hinein.

Er besitzt aber noch zwei weitere Erbkoordinationen, wie der Verhaltensforscher solche angeborenen Bewegungseinheiten nennt. Da ist einmal der Milchtritt, ein alternierendes Treten der Vorderpfoten gegen die Milchdrüse; es regt ihre Tätigkeit an. Daneben versteht er sich darauf, die Hinterbeinchen kraftvoll gegen den Untergrund zu stemmen, um den Schnauzenstoß auszuführen, der ebenfalls dazu dient, die Milchproduktion anzuregen.

Das alles lernt der neugeborene Welpe nicht, das kann er bereits. Was nützt aber ein Können, wenn man es nicht ausübt? Das Ausüben bedarf eben eines Anreizes. Und woher kommt der? Man hat früher einmal gedacht, daß alles, was ein Tier macht, nichts anderes sei als eine Reaktion auf äußere Reize. In unserem Falle würde das bedeuten, daß der neugeborene Welpe nur auf die Reize reagiert, die ihm der mütterliche Körper setzt.

Ein ganz einfacher Versuch belehrt uns aber, daß das nicht so ist. Nehmen wir nämlich einen neugeborenen Welpen und setzen ihn in eine »reizlose Kammer«, also in eine Box, die nichts aufweist, was irgendwie mit den Gegebenheiten des mütterlichen Körpers, dessen Gesäuge usw., Ähnlichkeit hat, dann wird der Welpe dennoch alles tun, was ich vorhin geschildert habe. Das Umhersuchen, das Heben und Seitwärtspendeln des Kopfes, das so weit gesteigert wird, daß der ganze Vorderteil des Körpers einmal nach links, einmal nach rechts gekrümmt wird, das Abstemmen mit den Hinterbeinen — alles das ist da, einschließlich des immer lebhafter werdenden Quäkens. Weniger deutlich, aber nach einiger Zeit auf jeden Fall sichtbar, ist das Saugen »im Leerlauf« und der Milchtritt. Diese beiden Bewegungsformen sieht man am mütterlichen Körper deutlicher. Um sie voll zur Entfaltung zu bringen, bedarf es doch noch eines entsprechenden Außenreizes.

Das bedeutet also, daß es innere Antriebskräfte sind, die den Welpen veranlassen, diese für sein Fortkommen so wichtigen Bewegungen auszuführen. Nun haben die Forschungen der Verhaltensphysiologie, vor allem jene von Konrad Lorenz und Erich von Holst, ergeben, daß derartige angeborene Bewegungsformen von einer endogenen Erregungsproduktion angetrieben werden. Das ist so zu verstehen, daß in bestimmten Nervenzentren Impulse erzeugt werden, die zur Ausführung der einzelnen Erbkoordinationen treiben. Bei einem neugeborenen Welpen stehen diese Zentren unter Hochspannung; er muß das einfach alles tun, ohne daß es eines äußeren Reizes bedarf. Die äußeren Reize, wie etwa die Wärme, der er sich zuwendet, spielen nur eine steuernde Rolle.

Saugen und Milchtritt zeigen sich erst dann stärker, wenn der Welpe entweder die Milchquelle gefunden hat oder wenn er sehr lange weggesperrt wird. Das kommt daher, daß bei diesen Instinktbewegungen höhere Zentren eine Blockade bilden, die die Erregungsproduktion erst dann freilassen, wenn wirklich ein Außenreiz gegeben ist. Der Außenreiz wirkt dann wie ein Schlüssel, der ein Schloß aufsperrt: Nun werden die Energien frei, die sichtbare Bewegung erfolgt. Findet sich allerdings lange Zeit kein solcher Schlüssel, so kann es zu einem Erregungsstau kommen, der so übermächtig wird, daß er die Blockade durchbricht — die Bewegung läuft dann im »Leerlauf« ab.

Das ist in einfachen Worten das Prinzip der Erbkoordinationen, jener angeborenen Verhaltenselemente, deren Zusammenspiel man als Instinkt zu bezeichnen pflegt.

Man bedenke, daß hinter jedem einzelnen Bewegungselement eine Erbanlage steht, also ein Informationsträger. Ist dieser, wie das gerade bei unseren Haustieren infolge Überzüchtung sehr leicht vorkommen kann, geschädigt, dann funktioniert die Bewegung nicht richtig, oder die Erregungsproduktion für sie ist zu gering. Geschädigte Gene lassen sich aber nicht mehr heilen, sie können bestenfalls durch entsprechende Zuchtmaßnahmen zurückgedrängt und ausgemerzt werden.

Daher also halte ich die ersten Lebensminuten für so wichtig. Von keiner Lebenserfahrung gefördert, einzig und allein auf das gestellt, was ihm erbmäßig mitgegeben ist, wird der Welpe von der ihm innewohnenden Antriebskraft in Bewegung gesetzt. Die Stärke dieser Kraft können wir mit einer gewissen Sicherheit abmessen, denn sie äußert sich eben in diesen ersten Lebensminuten durch die Lebhaftigkeit der Bewegungen des neuen Erdenbürgers, durch seine Energie sowie durch die Schnelligkeit, mit der er eine Zitze findet und zu saugen beginnt. Hier also äußern sich bereits innerhalb der Geburtsstunde die Unterschiede zwischen den einzelnen Wurfgeschwistern. Das sind individuelle Verschiedenheiten, die nicht umweltbedingt sind, die nicht von äußeren Zufälligkeiten, von Lernen und Erfahrungen, abhängen, sondern einzig und allein vom Erbgut. Die ersten Lebensminuten bieten uns eine nie mehr nachzuholende Möglichkeit, die angeborene Lebenskraft der Welpen und künftigen Hunde genau zu beurteilen.

Wer für diese Lebenskraft des Welpen ein hübsches Fremdwort haben will, dem empfehle ich das von G. Ewald geprägte Wort »Biotonus«; es erscheint mir sinnvoller als die strapazierten Begriffe »Temperament«, »Aktivität« oder »Vitalität«. Wie immer man das aber auch nennen mag — es gehört mit zu dem eindrucksvollsten Erleben, das man als Beobachter haben kann.

Geburtsgewicht

Der neugeborene Welpe bringt also ein sehr ausgeprägtes Verhalten mit, dessen Antriebskräfte im Nervensystem produziert werden. Wir können dabei individuelle Unterschiede bereits in den ersten Sekunden nach der Befreiung aus den Eihäuten erkennen. Bisher sprach ich nur von erblich festgelegten Unterschieden im Biotonus und vertrat den Standpunkt, daß eine Abschwächung des Biotonus als Degenerationsanzeichen aufzufassen sei.

Könnte es aber nicht auch sein, daß infolge einer starken Wurfgröße – wie bei manchen Hunden, die es auf zwölf Welpen pro Wurf bringen – oder infolge eines schlechten Gesundheitszustandes der Mutter die Ungeborenen einfach nur schlechter entwickelt sind? Der eine oder der andere Welpe kann deswegen etwas schwächlicher geraten sein, weil er im Mutterleib an einem ungünstigeren Platz gelegen hat; das ist natürlich kein erblicher Schaden. Schließlich muß man noch bedenken, daß im Verlauf der Hitzeperiode einer Hündin die befruchtungsfähigen Eier nicht auf einmal in die Eileiter gelangen, sondern nach und nach in einem Zeitraum von einer Woche. So ist es bei mehrmaliger Deckung der Hündin möglich, daß die neugeborenen Welpen einen Altersunterschied aufweisen. Auch hier also die Möglichkeit unterschiedlicher Entwicklungsgrade, die nicht erblich vorgegeben sind.

In allen solchen Fällen wäre dann auch zu erwarten, daß das postnatale Verhalten einen verminderten Biotonus zeigt, der eben nicht erblicher Natur ist, sondern nur entwicklungsbedingt.

Die Prüfung des Geburtsgewichtes zusammen mit der Kontrolle des Biotonus hat mir aber gezeigt, daß das nicht so sein dürfte. Ich habe Welpen erlebt, die nach der Geburt wesentlich leichter als ihre Geschwister waren, jenen aber in der Stärke des Biotonus keinesfalls nachstanden; diese Welpen holen dann in kurzer Zeit ihr Untergewicht auf, falls es sich nicht um Tiere handelt, die anlagemäßig kleiner als ihre Geschwister bleiben. Auch das kommt sehr häufig vor, und es ist dann natürlich in der ersten Lebensstunde nicht zu entscheiden, um was es wirklich geht. In einem solchen Fall wird man zweckmäßigerweise das Wachstum durch regelmäßige Wägungen kontrollieren. Ist so ein Welpe nach zwei oder drei Wochen immer noch deutlich leichter als seine Geschwister, wird er deren Vorsprung wohl nie mehr aufholen. Man wird ihn, um das vorgeschriebene Größenmaß der Rasse zu erhalten, von der Weiterzucht ausschließen.

Ich bin oft gefragt worden, ob man einen neugeborenen Welpen überhaupt anfassen darf. Meine Antwort darauf: Fragen Sie Ihre Hündin — wenn sie beißt, will sie das nicht. Leider gibt es wirklich viele Hündinnen, die in der Stunde der Geburt und oft noch Tage danach einen übersteigerten Verteidigungstrieb entwickeln und sehr bösartig werden, wenn man sich mit ihren Welpen beschäftigen will. Erstaunlicherweise ist das gerade bei den hochgezüchteten Rassen häufiger der Fall als bei den primitiveren. Meine Dingohündinnen haben noch nie etwas dagegen gehabt, wenn ich ihnen die Kleinen sofort nach der Geburt wegnahm. Sie waren zwar sehr besorgt und bestrebt, das Kleine wiederzubekommen, aber sie sind niemals böse geworden.

Geschlechtsunterschiede (Björn und Bente im Alter von zwei Tagen).

Ich glaube, daß das Vertrauensverhältnis zwischen Hund und Mensch so groß sein sollte, daß es keine Schwierigkeiten geben dürfte, wenn man die Welpenkontrolle durchführt. Hündinnen, die selbst ihr Herrchen oder Frauchen beißen, wenn es sich den Welpen zuwendet, sind in meinen Augen nicht normal, sondern hysterisch; man sollte mit ihnen nicht weiterzüchten, um diese unglückliche Veranlagung einzudämmen.

Gehen wir also davon aus, daß wir bei der Geburt der Welpen dabei sind und einen Welpen nach dem anderen auf die vorbereitete Waage legen können. Das kann eine einfache Küchenwaage sein — eine Genauigkeit auf Gramm genügt völlig.

Wie man männliche und weibliche Welpen unterscheidet, dürfte allgemein bekannt sein; wer sich vorsichtshalber noch mal orientieren will, findet hierzu zwei Zeichnungen. Die weitere Unterscheidung der Welpen kann schwierig sein; so etwa, wenn alle einheitlich schwarz sind. Man kann sich helfen, indem man mit einer feinen Schere an geeigneten Stellen kleine Fellmarken anbringt. Sind nur zwei Rüden im Wurf, oder nur zwei Hündinnen, genügt natürlich die Markierung eines der beiden Tiere. Hat man drei gleichgeschlechtliche Tiere, dann bleibt eines unmarkiert, eines wird links und das letzte rechts gekennzeichnet; es macht wirklich keine besondere Mühe!

Selbstverständlich haben wir uns längst eine Tabelle vorgezeichnet, auf der wir nun alles schnell eintragen können: Datum und Name der Hündin ganz oben. Es ist zweckmäßig, für jeden Welpen ein eigenes Blatt zu haben. Hier haben wir nicht nur für alle späteren Wägungen genügend Raum, sondern auch für folgende Dinge: Uhrzeit seiner Austreibung — Bewertung seines Biotonus — besondere Kennzeichen (oder Markierung) — das Geburtsgewicht.

Die Uhrzeit seiner Austreibung brauchen wir nicht für sein Horoskop; wir halten das fest, weil wir daraus ersehen können, in welchen Abständen die einzelnen Welpen zur Welt gekommen sind. Das sagt uns nämlich einiges über den Zuchtwert der Hündin. (Mehr davon im letzten Kapitel dieses Buches.) Die Bewertung des Biotonus können wir nach einem einfachen Notensystem vornehmen. Wenn ein Welpe sofort nach der Befreiung aus den Eihäuten lebhaft nach der Milchquelle sucht oder gar schon in den Eihäuten zappelt, dann verdient er eine Eins. Eine Zwei erhält der Welpe, der erst einmal ein Weilchen liegen bleibt, ehe er aktiv wird. Eine Drei bekommt der Welpe, der zwar zum mütterlichen Körper strebt, aber nicht in der Lage ist, die Zitzen zu finden und erst angelegt werden muß, ehe er zu saugen beginnt. Oder der nur ein wenig saugt und dann wieder aufgibt. Eine Vier – nun, die brauchen wir gar nicht erst hinzuschreiben, ein derart inaktiver Welpe wird von jedem vernünftigen Züchter ausgemerzt; er würde ohnehin innerhalb von 24 Stunden eingehen.

Nun tragen wir die Geburtsgewichte ein und vergleichen sie untereinander. Differenzen von zehn oder zwanzig Gramm brauchen wir nicht zu beachten – sie sagen wirklich nichts und sind völlig normal. Es sei denn, wir züchten winzige Zwerghunde mit einem Geburtsgewicht von 50 g. Da kann ein solcher Unterschied schon bedeutsam sein; aber wer das schafft, ist ohnehin schon ein Hundezuchtmeister, dem ich nichts zu erzählen brauche.

Haben wir nun innerhalb eines Wurfes sehr große Differenzen im Gewicht, werden wir natürlich überlegen, ob wir Welpen mit zu geringem Geburtsgewicht am Leben lassen sollen. Wiegen zum Beispiel fünf der Welpen eines Wurfes zwischen 395 g und 430 g, der sechste Welpe aber nur 315 g, dann brauchen wir nicht lange zu überlegen, auch wenn unsere Bewertung des Biotonus günstig ausgefallen ist. So ein untergewichtiger Welpe muß ausgemerzt werden.

Aber sehen wir uns doch einmal einen ganz konkreten Fall an. Ich habe ihn nach meinen Protokollen ausgewählt, weil er in vieler Hinsicht sehr lehrreich ist (beigefügte Gewichtstabelle). Es handelt sich um den vierten Wurf der damals vierjährigen Elchhündin Binna. Vater war wieder einmal ihr von dem Dingo Abo gezeugter Sohn Björn. Die Geburt der 3 : 3 Welpen erfolgte zwischen 12 Uhr 55 und 15 Uhr 18. (Man schreibt vor dem Doppelpunkt stets die männlichen, hinter ihm die weiblichen Welpen – das ist eine in der Tierzucht übliche Schreibweise.) Die gesamte Geburtsdauer betrug also 2 Stunden und

23 Minuten, eine für Binna übliche Zeit. In der Tabelle scheinen allerdings zunächst nur vier Welpen auf — zwei habe ich nämlich sofort nach der Geburt eingeschläfert, weil ich natürlich eine gewisse Auslese betreibe.

Die verbliebenen Tiere wurden nach zwölf Stunden nochmals gewogen. Mit Ausnahme von Nr. 115 hatten alle um einige Gramm abgenommen. Das ist eine durchaus übliche Erscheinung. Erstens sind die Welpen bei der ersten Wägung noch naß, bei der zweiten trocken — das macht schon eine ganze Menge aus. Außerdem kommt hinzu, daß durch die leicht abführend wirkende Kolostralmilch, die die Hündin in den ersten beiden Tagen erzeugt, bei kräftigen Welpen viel vom Darmpech — den Rückständen im Darm aus der Zeit im Mutterleib — abgegeben wird. Nur eine ungewöhnlich starke Milchaufnahme oder aber eine verzögerte Darmentleerung kann schon jetzt eine Gewichtszunahme bewirken.

Am nächsten Tag, etwa zwölf Stunden später, hatten drei Welpen zugenommen, nur die zweite Hündin war noch 5 g unter dem Geburtsgewicht. Nun, sie hatte auch zunächst am meisten von allen abgenommen, sie brauchte eben etwas länger; das war noch kein Anlaß zur Sorge.

Da mir bei diesem Wurf eine besonders genaue Kontrolle wichtig erschien, wog ich am gleichen Tag nochmals, etwa 36 Stunden nach der Geburt. Da zeigte es sich nun, daß zwar die beiden Rüden und die zweite Hündin zufriedenstellend zugenommen hatten, Hündin Nr. 1 aber gleich um 11 g weniger wog als bei ihrer Geburt. Das reicht bei mir aus, um einen Welpen einzuschläfern. Entsprechend meinen Notizen hätte diese Hündin auch nur eine Biotonus-Note von minus Zwei erhalten. Mir ging es aber darum, einmal zu verfolgen, wie das mit einem derartigen Welpen weitergeht. Nun, die Hündin überschritt ihr Geburtsgewicht erst am vierten Tag, nahm dann in der Folgezeit immer viel weniger zu als ihre Geschwister, hatte am siebenten Tag ihr Höchstgewicht erreicht, sank und stieg und war am elften Tag wieder auf 433 g herabgesunken, hatte also nur acht Gramm mehr als bei der Geburt! Sie lag völlig hilflos neben ihren großen Geschwistern, sah aus wie am Tag

Beispiel für Gewichtsveränderungen bei vier Welpen eines Wurfs

Haustierkundliche Forschungsstelle Grubmühle – 16. Juni 1970.
4. Wurf von Elchhündin BINNA nach Mischlingsrüden BJÖRN.

Zuchtbuch-Nr. und Geschlecht	R 113	R 115	H 117	H 118
Geburtszeit	13^{45}	15^{08}	12^{55}	13^{07}
Geburtsgewicht	412	349	425	366
Biotonus	1^{+}	1	– 2	1
12 Stunden	408	353	415	348
24 Stunden	419	376	426	361
36 Stunden	439	397	414	377
2. Tag	463	422	420	387
3. Tag	511	483	420	414
4. Tag	573	530	427	450
5. Tag	617	580	454	492
6. Tag	652	644	450	534
7. Tag	717	682	479	584
8. Tag	789	765	447	642
9. Tag	830	807	468	687
10. Tag	879	857	474	714
11. Tag	939	906	*433!*	764
12. Tag	1012	972	–	817
13. Tag	1102	1034	–	870
14. Tag	1227	1127	–	922
15. Tag	1255	1195	–	957
16. Tag	1362	1289	–	1050
17. Tag	1366	1368	–	1097
18. Tag	1454	1429	–	1152
19. Tag	1564	1509	–	1243
20. Tag	1630	1610	–	1280
21. Tag	1702	1678	–	1325

Zuchtbuch-Nr. und Geschlecht	R 113	R 115	H 117	H 118
22. Tag	1787	1789	–	1412
23. Tag	1840	1822	–	1477
24. Tag	1870	1905	–	1525
25. Tag	Gewichtskontrolle entfallen			
26. Tag	1997	1975	–	1605
27. Tag	Gewichtskontrolle entfallen			
28. Tag	2057	2059	–	1692

R = Rüde, H = Hündin.
Der Welpe H 117 ist nach dem Wiegen am 11. Lebenstag eingeschläfert worden.

der Geburt und hatte überhaupt keine Lebenschancen mehr; sie bewegte sich nur ganz wenig; setzte man sie an eine Zitze, so machte sie zwei, drei Saugbewegungen, aber völlig kraftlos, und sank dann wieder herab – ein jämmerlicher Anblick; ganz gewiß wäre sie innerhalb der nächsten 24 Stunden gestorben, wenn ich sie nicht schon jetzt erlöst hätte.

Ich habe zu Anfang dieses Kapitels gesagt, daß der Welpe bis zum Ende der ersten Lebensphase sein Geburtsgewicht vervierfacht. Überprüfen wir das nun an diesem Wurf. Rüde eins erreichte die verlangten 1648 g wohl noch am Abend des 20. Tages, Rüde zwei seine 1396 g schon zwischen dem 17. und 18. Tag und die Hündin vier ihre errechneten 1464 g am 23. Tag.

Erinnern wir uns daran, daß der Rüde zwei ein sehr niederes Gewicht zu Beginn seines Lebens hatte; seine Biotonus-Bewertung war aber sehr gut, und so kletterte er auch recht eilig mit seinem Gewicht hinauf, um seinen Bruder einzuholen, was ihm bereits am 14. Tag zumindest vorübergehend gelungen war und ihm vom 17. Tag an immer besser möglich wurde. Das bestätigt also sehr schön, was ich zu der Gewichtsdifferenz bei der Geburt sagte: Ein gesunder Welpe holt seine Geschwister ein, wenn die Differenz nicht allzu groß war. Umgekehrt beweist wieder die Hündin, daß sie die Absicht hat, verhältnismäßig klein zu bleiben, wie das bei einer derartigen Mutter-Sohn-Verbindung durchaus gegeben ist. Freilich, so ein Zwerg wie Stina, die bekanntlich derselben Verbindung entstammt, ist sie nicht geworden.

Die vegetative Phase

Es empfiehlt sich, die weitere Entwicklung des Welpen in »Phasen« einzuteilen, wenn ich auch mit dem Leser übereinstimme, daß das weder schön noch sprachlich sehr glücklich ist. Aber es ist praktisch, und das Wort Phase hat sich nun einmal bei den Hundefachleuten, die sich mit der Jugendentwicklung des Hundes beschäftigt haben, eingebürgert. Selbstverständlich sind alle in diesem Zusammenhang genannten Zeitangaben nur als Durchschnittswerte anzusehen, die sich nach oben oder unten verschieben können, je nachdem, ob es sich um spät- oder frühreife Hunde handelt.

Wenn wir die Verhaltensweisen der Hunde nicht nur dem Namen und dem Bewegungsablauf nach kennenlernen, sondern wirklich verstehen wollen, dann ist es am sinnvollsten, die Entwicklung vom Welpen zum erwachsenen Hund zu verfolgen. So gelangen wir nicht nur vom Einfachen zum Komplizierten, sondern wir erkennen gleichzeitig, wie wir uns dem heranwachsenden Hund gegenüber verhalten müssen, was wir von ihm in den einzelnen Lebensabschnitten verlangen können und was nicht — und wir werden dann dem erwachsenen Hund das sein können, was jeder Hundefreund sein möchte: ein Herrchen oder Frauchen, an dem der Hund seine helle Freude hat.

Wir werden uns auf diesem Wege auch genau ansehen, wie sich die Hundeeltern ihren Kindern gegenüber verhalten, denn gerade daraus können wir sehr viel lernen. Ich betone, daß ich Hündin *und* Rüde meine. Meine Welpen leben alle in einer richtigen Hundefamilie. Das ist aber sehr ungewöhnlich, denn fast alle unsere Rassehunde wachsen in einer vaterlosen Familie auf. Selbst erfahrene Hundezüchter, die sahen, wie in meinen Zwingern die Rüden mit den Welpen spielen, haben mich gefragt, ob denn der Rüde die Kinder nicht auffresse. Diese Vorstellung hat sich offenbar so festgesetzt, daß mir manche Leute auch dann nicht glauben können, daß das gutgeht, wenn sie es hier mit eigenen Augen sehen.

Da der Züchter normalerweise die Welpen schon mit acht Wochen abgibt, ist es für ihre weitere Entwicklung nicht tragisch, wenn sie in der vaterlosen Familie aufwachsen. Allerdings nur dann, wenn der Mensch nun sein Verhalten dem anpaßt, was normalerweise vom Vater geleistet wird. Ganz gewiß ist es so, daß die meisten der althergebrachten Regeln für die Erziehung der kleinen Hunde recht gut mit dem übereinstimmen, was ich als »Erziehungsverhalten« der Hundeeltern bezeichnen möchte. Das sind für gewöhnlich Regeln, die von erfahrenen Hundeleuten gegeben werden, weil sie sich am besten bewährt haben. Die Beobachtung der vollständigen Hundefamilie lehrt uns nun darüber hinaus, warum man es so und nicht anders machen soll, und außerdem sehen wir noch so manches, was wir vielleicht noch besser oder zusätzlich tun könnten. Aber selbst dann, wenn wir gar nichts daraus lernen könnten, ist die Beobachtung einer richtigen Hundefamilie dermaßen spannend, daß allein dieses Vergnügen den Aufwand überreich lohnt. Wenn ich zusehe, wie mein guter Björn auf dem Hüttendach liegt, den Blick interessiert auf seine kleine Tochter gerichtet, die versucht, seinen sehr gezielt pendelnden Schwanz zu haschen — in solchen Augenblicken kann ich sehr leicht vergessen, daß ich eigentlich Verhaltensforschung betreiben will, die sich ihren strengen Regeln nach vor jeder »Vermenschlichung des Tieres« hütet; denn ich sehe nur einen freundlichen Vater und eine spielende Tochter.

Was für die ersten Wochen im Dasein des Welpen wichtig ist, hat die Natur vollständig ausgebildet, alles andere ist mehr oder weniger ausgespart. Vierzehn Tage lang — das ist die Dauer der ersten Phase — verändert sich hierin nichts, sieht man von der Größen- und Gewichtszunahme ab. Seine körperliche und verhaltensmäßige Ausrüstung ergänzt die mütterliche Fürsorge und ist dem Aufenthalt im muldenförmigen Lager bestens angepaßt.

Trinken und Schlafen sind die beiden Hauptfunktionen des Welpen. Er muß sich also so viel und so gut bewegen können, daß er zum Trinken kommt. Hierfür stehen ihm einige ganz bestimmte Bewegungsweisen zur Verfügung. Sie sind, wie ich schon erläutert habe, alle von Geburt an vorhanden.

Zu den Bewegungsarten des Welpen gehören die Bauchlage und die Orientierung vorn—hinten, und endlich die Fähigkeit, nach beiden Richtungen zu kriechen. Es wäre ja völlig widersinnig, wenn der Welpe so einfach drauflos kriechen würde — das könnte ihn in die falsche Richtung bringen. So hat er dagegen eine doppelte Sicherung. Die eine ist das Kreiskriechen. Ein Welpe bewegt sich nicht schnurgerade fort, sondern er kriecht in einem kleinen Kreisbogen, der ihn so ungefähr wieder zum Ausgangspunkt seiner Wanderung zurückbringt, falls er unterwegs nicht auf den mütterlichen Körper stößt. Bei der Enge des Wurflagers ist die Wahrscheinlichkeit, daß er die Mutter nicht findet, verhältnismäßig gering; sicherlich bewährt sich dabei auch die Mulde, die es ihm erschwert, sich vom Mittelpunkt des Lagers fortzubewegen. — Wir würden den natürlichen Gegebenheiten besser gerecht werden, wenn wir Wurflager nicht mit einem völlig ebenen Boden ausstatten würden, sondern die flache Mulde nachahmten. Mit Hilfe der heutigen warmhaltenden Kunststoffe ist das gar kein Problem.

Die zweite Sicherung für die rasche Erreichung des Zieles stellt der Suchautomatismus dar. Der Welpe pendelt ziemlich regelmäßig mit dem Kopf nach links und nach rechts, wie ich

Die pendelnden Suchbewegungen eines neugeborenen Dingo-Welpen, der noch nicht trockengeleckt ist.

das nach drei Fotos, direkt von oben aufgenommen, hier aufgezeichnet habe. So »sondiert« der Welpe immerhin ein ganzes Stück seiner engeren Umgebung, und da die seitlich liegende Hündin den größten Teil des Lagers einnimmt, genügt dieses Suchpendeln zumeist schon, um an irgendeine Stelle des mütterlichen Körpers zu geraten.

Der Welpe besitzt also für seine Bewegungen eine ganz beachtliche Ausrüstung; all diese Bewegungsmöglichkeiten bieten uns die Kontrolle für das, was wir als Biotonus benoten wollen. Es geht darum, wie aktiv der Welpe von diesen Möglichkeiten Gebrauch macht. Wenn wir die Welpen in der Wurfkiste beobachten, ergibt sich aber vielleicht kein exaktes Bild; es kann bei dem einen Welpen so sein, daß er Glück hat und so dicht beim Gesäuge liegt, daß er nur zufassen muß, während der andere eine weitere Wegstrecke bewältigen muß. Diese Zufälligkeiten lassen sich durch einen Test ganz leicht ausschalten. Ich lege zu diesem Zweck den Welpen nach dem Wiegen auf den Tisch und sehe zu, was er macht. Kriecht er lebhaft umher, zeigt er ein ausgeprägtes Kopfpendeln in vertikaler und horizontaler Richtung, dreht er sich schnell wieder um, wenn ich ihn auf den Rücken lege, und weicht er vor der Berührung mit kaltem Glas oder Metall lebhaft zurück — nun, dann ist alles in Ordnung. Einer, der liegenbleibt und darauf wartet, bis er abgeholt wird, ist nicht lebensfähig.

Aber da wir ihn gerade vor uns auf dem Tisch haben, wollen wir gleich noch etwas anderes versuchen. Wir bringen ein auf 30 bis 40 Grad erwärmtes Heizkissen in seine Nähe. Ein gesunder Welpe wird sofort mit aller Kraft darauf zustreben; das bedeutet, daß er Wärme wahrnehmen kann, und außerdem, daß auch der Antrieb, der Wärme zuzustreben, voll entwickelt ist.

Sobald er mit der Nase das Heizkissen berührt, werden wir noch eine weitere Verhaltensweise kennenlernen, nämlich das Fellbohren. Der Welpe drückt seine Nasenkuppe an das Heizkissen und führt sie ein Stück weit senkrecht hoch; diese Bewegung wird ständig wiederholt. Er führt sie auch an unserer Hand aus, wenn sie warm ist; dabei können wir deutlich die Kraft spüren, die er dabei aufwendet, vor allem dann, wenn wir ihm etwa die Falte zwischen Daumenwurzel und innerer Handkante hinhalten. Nehmen wir aber eine glatte, harte Fläche — etwa angewärmtes Metall oder Holz —, wird er dieses Fellbohren nicht ausführen; hier ist es also der Tastsinn, der ihn den

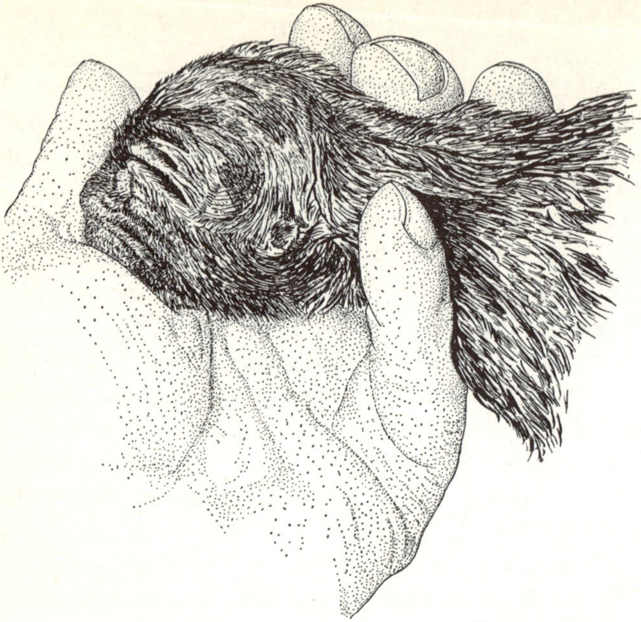

Fellbohren eines neugeborenen Dingo-Welpen: Seine Nase schiebt sich von unten nach oben in die Hautfalten zwischen Daumen und Zeigefinger.

weichen Körper erkennen läßt. Die Bedeutung dieser Bewegungsform wird sofort klar, wenn wir den Welpen am Körper der Mutter beobachten. Durch das Aufwärtsführen der Nase, die fest in das Fell gebohrt wurde, hebt er die Haare an; so kann er sich auch eine im Fell verborgene Zitze (wie das bei der ersten und zweiten stets der Fall ist) freilegen. Auch Kraftaufwand und Intensität des Fellbohrens ist uns ein wertvoller Fingerzeig für die Erbgesundheit des Welpen. Hat der Welpe die Zitze der Mutter im Mund, beginnt er auch schon zu saugen. Jede seiner Saugbewegungen werden von einem Automatismus gesteuert, dessen Zentrum dicht hinter dem Gehirn — dem »verlängerten Rückenmark« — liegt.

Man möchte meinen, daß in diesem Stadium das Riechen so überflüssig ist wie Sehen und Hören. Aber der russische Physiologe Troschinin konnte mit einem sehr einfachen Versuch beweisen, daß Welpen doch bald nach der Geburt riechen können. Troschinin hat einigen Hündinnen kurz vor dem Werfen das Gesäuge sorgfältig abgewaschen und danach mit Mentholöl eingerieben. Die erfahrungslosen Neugeborenen saugten dann an den so behandelten Zitzen. Nachdem sie ihren ersten Hunger gestillt hatten, wurde der Duftstoff wieder abgewaschen. Als nun die Welpen wieder Hunger bekamen, konnten sie die Zitzen nicht finden. Das bedeutet also, daß beim ersten Saugen das Geruchsbild der mütterlichen Zitzen geprägt wird; es findet eine Assoziation zwischen »Saugbefriedigung« und »Zitzengeruch« statt. — Eine Zitze, die nicht riecht, kann keine Zitze sein. Welchen Geruch sie hat, ist beim Welpen noch nicht vorgeprägt; Hauptsache, sie hat einen deutlichen Geruch. Sonst wäre es wohl auch nicht möglich, neugeborene Welpen an einen Gummisauger zu gewöhnen. Umgekehrt darf aber der Geruch auch nicht zu aufdringlich oder unangenehm sein; konzentriertes Anisöl zum Beispiel mag ein Welpe gar nicht, er wendet sich angewidert ab und will weg; bei einem vorgehaltenen Fisch hingegen probiert er, ob es da mit dem Saugen geht. Es gibt also ein gewisses Differenzierungsvermögen für Gerüche.

Wenn wir an Riechen denken, dann ist das in unserer Vorstellung mit Geschmacksempfindungen gekoppelt; wie geschmacklos das beste Essen sein kann, wenn man einen gewaltigen Schnupfen hat und die Nase damit außer Gefecht gesetzt ist, hat wohl schon jeder erfahren. Beim Hund ist das entsprechend seiner feinen Nase noch ausgeprägter der Fall; sein Geschmacksempfinden scheint vorwiegend von der Geruchswahrnehmung bestimmt zu sein. Hunde ohne Riechvermögen können Brotstückchen von gleichartig geformten Lehmstückchen geschmacklich nicht unterscheiden. Neugeborene Welpen dürften auch kaum ein Geschmacksempfinden haben, denn sie saugen aus der Flasche abwechselnd süße Milch oder bitteren Tee und was man ihnen sonst vorsetzt. So haben sie also auch kein angeborenes Geschmacks- und Geruchsempfinden für Hundemilch und dürften sich auch nicht auf einen bestimmten Geschmack prägen. Dadurch wird es leicht, die kleinen Welpen künstlich aufzuziehen, ob vom ersten Lebenstag an oder irgendwann einmal später, nachdem sie eine Zeitlang von der Mutter gesäugt worden sind. Die Schwierigkeit besteht dann nur darin, sie von der mütterlichen Zitze auf den Gummischnuller umzugewöhnen, da diesem ja der vertraute Geruch fehlt.

Nun müssen wir uns noch die Möglichkeiten ansehen, mit denen sich der Welpe gegen Bedrohungen schützen kann. Ich habe schon erwähnt, daß er sich vor gewissen unangenehm anzufühlenden oder riechenden Dingen zurückzieht. Für den Selbstschutz wichtig ist natürlich auch ein Schmerzempfinden. Ein Welpe hält zwar viel aus und sein Schmerzempfinden ist gewiß nicht übermäßig ausgeprägt, aber wenn man ihn zu hart anfaßt, dann spürt er das und versucht nicht nur zu entkommen, er läßt auch seine Stimme erschallen. Sie dient als Notsignal für die Mutter, als Ausdruck des Unwillens und des Schmerzes, möglicherweise auch der Zufriedenheit.

Die Stimme ist an den Atmungsapparat gebunden. Hier ist etwas nachzutragen: Unmittelbar nach der Befreiung aus den Eihüllen sehen wir, wie der Welpe sein Mäulchen ganz weit aufreißt und wie die Zunge dabei weit hervorkommt und seitliche Bewegungen macht. Das kann ein- oder zweimal wiederholt werden. Es ist das erste Lufthōlen, dem sich dann auch schnell die ersten dünnen Laute anschließen. Sicher werden auf diese Weise die Atemwege freigemacht. Danach atmet der Welpe durch die Nase, da er sein Mäulchen hauptsächlich zum Trinken braucht.

Das Saugen

Wir dürfen den Begriff »Saugen« nicht zu wörtlich nehmen. Bei den Hunden handelt es sich nämlich um ein »Lecksaugen«, um ein Lecken mit der Zunge, die zu diesem Zweck wie eine Rinne im Mund liegt und der Zitze von unten und an den Seiten angeschmiegt ist. So drückt die Zunge massierend die Zitze aus, und zwar etwa 20mal in der Sekunde.

Es handelt sich dabei um einen angeborenen Rhythmus im

Kopfstudie eines zweitägigen Saugwelpen mit offenem Maul, Zungenlage des »Saugmauls«.

Saugautomatismus, der auf die Milchergiebigkeit der Hundezitze abgestimmt ist. In diesem Zusammenhang sind — besonders seitens amerikanischer Wissenschaftler — viele Versuche durchgeführt worden; am interessantesten erscheinen mir die Ergebnisse von D. M. Levy. Er hatte Collie-Welpen eines Wurfes in drei Gruppen aufgeteilt; die erste Gruppe blieb bei der Mutter, die zweite wurde mit einer Flasche aufgezogen, deren Sauger ein sehr kleines Loch hatte, die dritte ebenfalls mit der Flasche, doch mit einem Sauger, der ein großes Loch aufwies. Es zeigte sich nun, daß die Welpen der letzten Gruppe ihren Saugautomatismus nicht abreagiert hatten; sie lutschten nämlich an allen möglichen, für sie erreichbaren Gegenständen; so etwa am vorgehaltenen Finger oder an den Ohren ihrer Geschwister. Das bedeutet, daß die Anzahl der Leckbewegungen und der Sättigungsgrad angeborenermaßen aufeinander abgestimmt sind. Wird der Welpe durch das zu große Saugerloch, das zuviel Milch auf einmal hindurchtreten läßt, zu früh satt, so bleibt eben ein ungestillter Rest an Lecksaugbewegungen übrig, der nun im »Leerlauf« bzw. an Ersatzobjekten abreagiert wird.

Bekanntlich hat Freud den Zusammenhang zwischen Befriedigung des Saugtriebes und dem Daumenlutschen der Kleinkinder aufgezeigt, das besonders bei Flaschenkindern stark ausgeprägt sein kann. Neuere Untersuchungen, wie sie zum Beispiel Detlev Ploog angestellt hat, zeigten, daß die bei zu großem

Saugerloch viel zu schnell erreichte Sättigung zur Folge hatte, daß die Säuglinge im Leerlauf weitersaugten und zu schreien begannen und erst dann zufrieden waren, wenn sie ihren Nachholbedarf an Saugbewegungen an der leeren Flasche abreagieren konnten.

Die Abstimmung zwischen Saugautomatismus des Welpen und aufgenommener Milchmenge bzw. Zitzendurchlässigkeit gewinnt für uns praktische Bedeutung, wenn wir einen Welpen künstlich mit der Flasche aufziehen müssen. Es ist denkbar, daß es zu verhaltensmäßigen Dauerschäden kommt, wenn wir es ihm zu leicht machen. Es läßt sich aber einfach prüfen, ob sein Saugbedürfnis gestillt ist: Halten wir ihm nach dem Trinken die Fingerkuppe an das Maul, so wird er an ihr kein Interesse haben, wenn Milchmenge und Lecksaugen übereinstimmten. Ist die Sättigung infolge eines zu großen Saugerloches zu früh eingetreten, dann wird er bestrebt sein, an der Fingerkuppe zu saugen. Leerlaufsaugen kann — wie das beim Daumenlutschen der Kinder so deutlich wird — zu üblen Gewohnheiten führen, wie zum »Luftschlecken«, das solche Hunde zeigen, auch wenn sie längst erwachsen sind. Es muß nicht, aber es kann so sein.

Wichtig im Zusammenhang mit dem Saugen ist noch eine andere Verhaltensweise der Welpen, von der wir bereits gehört haben, nämlich der Milchtritt. Saugende Welpen treten mit den Vorderpfoten abwechselnd gegen die Umgebung der Zitze und massieren so ununterbrochen die Milchdrüsen. Das ist so eng mit dem Saugen selbst gekoppelt, daß man sagen kann, es gibt beim Hund kein Saugen ohne Milchtritt.

Milchtritt und Euterstoß würden dem Welpen schwerfallen, wenn er sich nicht mit den Hinterbeinen fest gegen den Boden stemmen würde. Dieses Abstemmen ist ebenfalls eine für den Welpen sehr charakteristische Bewegungsform; ist der Boden glatt, sind die dicken Hinterbeinchen in ständiger Aktion, um Halt zu finden. Sie schieben den ganzen Welpen fest gegen den Bauch der Hündin und tragen entscheidend dazu bei, diese Stellung zu behalten — und zu behaupten. Auch das kann man sehen, dann nämlich, wenn die Geschwister einander beim Kampf um die Zitzen bedrängen. Das wirkt oft recht brutal und rücksichtslos, und manchmal wird einer der Welpen durch die tretenden Bewegungen bei den Abstemmversuchen zur Seite geschoben.

Natürlich kann man nicht von Rücksichtslosigkeit sprechen. Diese kleinen Welpen ahnen ja noch gar nichts von der Existenz ihrer Geschwister; sie können sie nicht wahrnehmen. Ich würde sagen: Je »brutaler« so ein kleiner Kerl sich innerhalb der ersten vierzehn Lebenstage verhält, um so beruhigter können wir in die Zukunft sehen. Gerade die starken und kräftigen, gesund aufwachsenden Hunde werden nämlich die sozialsten Hunde. Der Eifer, mit dem das Saugen vollzogen wird, ist wieder so ein sichtbarer Ausdruck der inneren Spannkraft der Welpen.

Nun noch kurz zum Saugverhalten der Mutter. In den beiden ersten Tagen rührt sie sich kaum aus dem Wurflager und ist ununterbrochen um die Kleinen bemüht. Die Welpen saugen zunächst etwa alle zwei Stunden, und wehe, man gibt der Hündin keine Gelegenheit, rechtzeitig zu ihren Kindern zurückzukehren, wenn man sie etwa auf einen Spaziergang mitgenommen hat! Sie bringt sich halb um vor Eifer, auf dem schnellsten Wege zu den Kleinen zurückzukommen, damit sie ja nicht zu lange auf ihre Nahrung warten müssen. Die Welpen verhalten sich übrigens während der Abwesenheit der Mutter vollkommen ruhig. Geht die Mutter fort, drängen sie sich dicht aneinander — man nennt das Kontaktliegen — und schlafen. Sie rühren sich nicht eher, als bis die Wölfin — oder Hündin — zurück ist. Bleibt die Wölfin lange fort, dann krabbeln die Welpen nicht etwa laut schreiend im Lager herum. — Auch wieder eine von den bewundernswerten Einrichtungen. Denn so wird das Lager nicht verraten; und sollte die Mutter gar nicht mehr kommen, dann sterben die Kleinen ohne Qual, denn sicher geht der Schlaf bald in einen Dämmerzustand oder in Bewußtlosigkeit über. Erst wenn die Welpen älter sind und das Lager bereits verlassen können, melden sie sich, wenn sie Hunger haben. Aber dann sind sie auch schon so weit, daß sie auf verdächtige Geräusche oder Annäherungen sofort reagieren und sich verstecken können.

Im übrigen hat die Hündin überhaupt viel zu tun in dieser ersten Entwicklungsphase der Welpen. Immer wieder beschnuppert sie jeden Welpen von allen Seiten, um zu sehen, ob alles in Ordnung ist. Dann reinigt sie das Fell der Kleinen mit der Zunge. Schließlich massiert sie die dicken Bäuche und regt so die Verdauung an, deren flüssige und feste Produkte sie sogleich auch verzehrt, denn das Lager muß ja sauber bleiben.

Die Welpen unter sich

Welpen sind Nesthocker, und Nesthocker sind ausgeprägte Egoisten, weil es in ihrer Welt eben nichts anderes gibt als die eigenen Bedürfnisse. Ein solches Bedürfnis ist auch der Schlaf. Blicken wir in das Lager, sehen wir, daß für gewöhnlich alle Welpen gleichzeitig schlafen. So ruhen die Geschwister friedlich im Lager. Es ist ganz still, nur die Hündin seufzt manchmal tief im Schlaf auf, und ab und zu läßt einer der Kleinen ein mißmutiges Quäken hören, weil er unversehens vom Bauch der Mutter herabgerutscht ist und seine neue Lage unbequem findet. Nach einer Weile erwacht aber einer der Welpen, streckt sich gähnend und schiebt sich an das Gesäuge heran. In der uns schon bekannten Weise findet er eine Zitze und beginnt laut schmatzend zu saugen. Blicken wir eine Minute später in die Wurfkiste, sehen wir, wie alle Welpen an den Zitzen hängen. Wie kommt diese Gleichzeitigkeit zustande? Man spricht gewöhnlich von einer Übertragung der Saugstimmung. Das will ich gern für Welpen gelten lassen, die bereits soziale Kontakte untereinander aufgenommen haben, und das geschieht, wie wir noch sehen werden, nicht vor dem Ablauf der ersten drei Lebenswochen. Bei einem neugeborenen bis vierzehntägigen Welpen zumindest gibt es keinerlei Beziehung zu seinen Geschwistern. Er weiß nichts von Geschwistern, von Artgenossen, er ist ein beziehungsloses Solitärwesen.

Für das gleichzeitige Trinken bieten sich zwei Erklärungen an. Die erste ist die der Kettenreaktion. Der Welpe, der als erster erwacht, arbeitet sich an die Zitzen heran. Er strampelt so heftig, daß er mit Sicherheit mindestens eines seiner Geschwister aus dem Schlaf weckt. Da alle Welpen möglichst nahe, wenn nicht halb am Bauch der Mutter schlafen, tritt er mit ziemlicher Sicherheit beim Abstemmen mit den Hinterbeinchen gegen einen anderen Welpen. Der nächste aufgeweckte Welpe verspürt natürlich auch bereits wieder Hunger und arbeitet sich ebenfalls an die Zitzen heran, weckt mindestens einen weiteren auf . . .

Die zweite Erklärung ist der Milchgeruch, der wahrscheinlich mit dem gegenseitigen Wecken zusammenwirkt.

Auch das schon erwähnte Kontaktliegen der Welpen ist keine soziale Verhaltensweise, sondern es entspringt lediglich einem Anlehnungsbedürfnis des Welpen — was beweist, daß er sich auch mit jedem geeigneten Ersatzobjekt zufriedengibt.

Gewiß mag bei dieser Gruppenruhe auch ein Wärmebedürfnis des Welpen mitspielen, aber man muß daraus nicht schließen, daß Welpen unbedingt sehr warm gehalten werden müssen. Sie kommen bereits mit einer sehr niederen Körpertemperatur zur Welt, die Anzahl ihrer roten Blutkörperchen ist weitaus geringer als beim erwachsenen Hund, sie sind — fast wie Reptilien, nur nicht so ausgeprägt — »wechselwarm«. Ohne Schaden zu nehmen, können sie stark abkühlen, wenn die Mutter das Lager verlassen hat, um nach ihrer Rückkehr wieder erwärmt zu werden; ihre Eigenproduktion an Wärme ist sehr gering. Bei starker Abkühlung sinkt ihre Aktivität herab, sie schlafen.

Alfred Seitz fand eines Morgens vor der Hütte, in der das Wurflager einer seiner Dingo-Hündinnen war, einen kleinen Welpen leblos im Schnee liegen. Er legte ihn der Hündin in das Lager, der Welpe »taute« wieder auf und war gesund und munter wie seine Geschwister. Meine Beobachtungen von Hundegeburten bei Minusgraden in einfachen Erdmulden und andere Erfahrungen bestätigen, daß das absolute Wärmebedürfnis der kleinen Saugwelpen sehr gering ist und daß das Wärmen durch den mütterlichen Körper völlig ausreicht, um ihr Gedeihen zu sichern. Wenn es anders wäre, würden Hunde schützende Nester bauen, wie das etwa Mäuse machen, die ihre Jungen bei Kälte mit Nistmaterial abdecken, wenn sie das Nest verlassen.

Die Übergangsphase

Den Übergang vom ersten Welpenstadium zum Junghund bezeichnet das Erwachen des Gehör- und des Gesichtssinnes. Aus dem nesthockenden Saugwelpen wird zunächst ein Hundekind, das so weit entwickelt ist, wie das zur ersten Aufnahme echter Kontakte mit der Umwelt notwendig ist. Wie bei vielen biologischen Prozessen ist auch hier eine scharfe Grenzziehung kaum möglich. Deshalb spricht der amerikanische Soziobiologe und Hunde-Verhaltensforscher J. P. Scott von einer Übergangsphase zwischen beiden Lebensstufen. Physiologische und verhaltensmäßige Entwicklung führt in dieser Zeit zu einer allmählichen Umwandlung, wobei die einzelnen neuen Fähigkeiten nicht nur beim Individuum zeitlich abgestuft zu beobachten sind, sondern auch von Individuum zu Individuum verschieden sind.

Für den einzelnen Welpen können wir den Eintritt in diese Übergangsphase mit dem Öffnen der Lidspalte festlegen. Auch das ist ein Vorgang, der sich über 24 Stunden hinziehen kann, wobei ein Auge bisweilen früher als das andere geöffnet ist. Wie groß die individuellen Schwankungen hier sein können, beweisen die Angaben im Schrifttum. Ihnen zufolge gibt es Hunde, die bereits mit 9 Lebenstagen die Augen öffnen, während andere sich damit bis zum 19. Tag Zeit lassen. Beide Daten sind natürlich Extreme; wohl in den häufigsten Fällen werden die Augen zwischen dem 12. und 15. Tag geöffnet. Eisfeld beobachtete bei zwei Schakalwürfen das Augenöffnen am 10. und 11. Tag, bei zwei anderen am 14. Tag.

Wir dürfen bei solchen Angaben nie vergessen, daß die Welpen eines Wurfes gewöhnlich nicht gleich alt sind, sondern eine verschieden lange Tragzeit hinter sich haben können — es kann hier Altersunterschiede bis zu 8 Tagen geben. Das macht sich in den ersten beiden Lebenswochen noch bemerkbar. Daher muß ein Welpe, der erst am 15. oder 16. Tag die Augen öffnet, kein Spätentwickler sein, er kann jedoch einer sein. Auf jeden Fall notieren wir derartige Einzelheiten genau und beobachten die weiteren Fortschritte im Verhalten während der Übergangs-

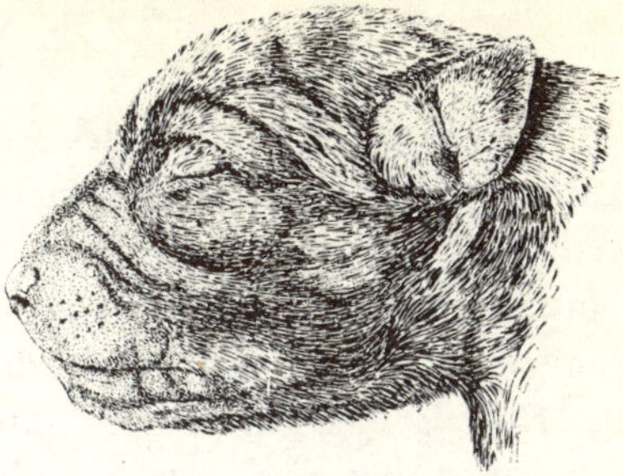

Kopf eines neugeborenen Dingowelpen: Augenlider und äußere Gehöröffnung sind noch verwachsen.

phase sorgfältig. In Verbindung mit den regelmäßigen Gewichtskontrollen gewinnen wir dadurch viele Einblicke in die Veranlagung unserer Welpen.

Wenn die Augen offen sind, bedeutet das noch keine Sehfähigkeit, aber der Pupillenreflex ist schon vorhanden. Auch können die noch blaßbläulich schimmernden Augen bewegt werden. Dies geschieht aber recht unkoordiniert; meist schielen die Welpen entsetzlich und haben dann einen ausgesprochen »blöden« Ausdruck. Wenn man das zum erstenmal sieht, glaubt man, daß es sich um eine Fehlentwicklung handelt. Wir können den Eintritt der Sehfähigkeit am besten mit Hilfe einer Taschenlampe prüfen, die wir dicht vor den Augen des Welpen aufleuchten lassen; wenn er Rückwärtsbewegungen beim Anleuchten zeigt oder sonst mißfällig reagiert, wissen wir, daß er jetzt sehen kann. Bis zum 21. Lebenstag muß die Sehfähigkeit auf jeden Fall voll entwickelt sein.

Auch das Gehör ist in der Regel nicht wesentlich vor dem 21. Lebenstag entwickelt. Erst dann reagiert der Welpe auf Geräusche, entweder durch Ohrenbewegungen, oder, weit deutlicher, durch Erschrecken und Angstreaktionen (Verkriechen). Wir sollten immer bedenken, daß jedes neue Geräusch — Knall, Ruf, Wasserrauschen usw. — für einen Welpen, der aus der Gehörlosigkeit in die Welt des Schalles überwechselt, zunächst unheimlich sein muß. Wir wollen ihn nicht wissentlich erschrekken, denn die Gefahr, daß in dem Tier für immer eine Angst vor einem bestimmten Geräusch entsteht, ist durchaus gegeben. Unverarbeitete Jugenderlebnisse — im Sinne von Schockwirkungen — gibt es beim Hund ebenso wie beim Menschen.

Die Nase

Am frühesten entwickelt sich wohl das Riechvermögen. Schon am 16., 17. oder 18. Tag können wir beobachten, wie der Welpe seine Geschwister beschnuppert; er schnuppert auch an unserem Finger, wenn wir ihn dicht vor seine Nase halten. Damit beginnt also die Wahrnehmung der Umwelt, und daß es gerade die Nase ist, die zuerst in Funktion tritt, ist bei einem »Riechtier« eigentlich nicht verwunderlich. Auch für den erwachsenen Hund besteht die Welt weit mehr aus geruchlichen als aus optischen oder akustischen Eindrücken. So wie wir Augentiere sind, so ist der Hund ein Nasentier und bezieht die meisten Informationen über den Luftstrom, der an den Riechfeldern seiner Nasenschleimhäute vorbeizieht.

Normalerweise offenbart die Nase dem Hund so viel von seiner Umwelt wie uns das Auge zusätzlich Fernglas und Lupe. Aber wie viele unserer nur auf Schönheit – oder was man dafür hält! – gezüchteten Rassehunde haben viel von der wichtigsten Fähigkeit, dem Riechvermögen, eingebüßt. Ein Hund mit verkümmertem Riechvermögen erlebt nichts mehr. Er geht wie ein fast erblindeter Mensch durchs Leben; letzterer ist besser daran, weil er ein hoch entwickeltes Gehirn hat, dessen Vorstellungskraft und Phantasie ihm die Welt immer noch nahebringen kann. Für den Hund dagegen schrumpft die Umwelt auf einige wenige grobe Einzelheiten zusammen; gewiß bleiben ihm die Augen und die Ohren; aber selbst wenn diese absolut leistungsstark geblieben sein sollten, können sie ihm nicht ein derartig vielfältiges Umweltbild bieten wie die Nase. Das ganze Hundegehirn ist darauf angelegt, die Wahrnehmungen des Geruchssinnes in den höheren Zentren zu verarbeiten und daraus das eigentliche Erleben – das wir dem Hund wohl zubilligen dürfen – zu formen. Auge und Ohr haben Hilfsfunktionen wie bei uns Ohr und – stark verringert – Nase. Wir sind, wie man das ausdrückt, optisch orientiert; unsere ganze Vorstellungswelt ist auf bildhaften Elementen aufgebaut. Der Hund ist olfaktorisch orientiert; was in ihm vorgeht, beruht auf »Riechbildern«, so wie es bei Delphinen auf »Hörbildern« aufgebaut ist. Wie tief diese unterschiedlichen Gehirnleistungen von den jeweiligen Sinnesleistungen geprägt sind, beweist schon, daß wir von Riech-»Bildern« sprechen müssen; wir können trotz unseres überragend hoch entwickelten Gehirnes gar keine andere Vorstellung zum Ausdruck bringen. Selbst der blinde Mensch, der seine Welt mit dem Tastsinn meistert, verarbeitet seine Eindrücke bildhaft, weil er ein Gehirn hat, das eine Entsprechung des Gesichtssinnes, der optischen Orientierung ist.

Warum wissen Jäger soviel von erstaunlichen Intelligenzleistungen ihrer Hunde zu erzählen? Lassen wir das Jägerlatein am Stammtisch bei den Sonntagsjägern und glauben wir ruhig dem alten Forstmann, der schließlich auf die Leistung seines Hundes angewiesen ist. Alle Jagdhunde sind sozusagen auf Nase gezüchtet; es wird allergrößter Wert darauf gelegt, daß die Leistungsfähigkeit des Geruchssinnes im vollen Umfange entwickelt ist. Bei solchen Hunden können wir dann aber auch erwarten, daß sie ihr Gehirn zu einsichtigem Verhalten nutzen können, das mitunter wirklich erstaunlich ist.

Ein Hund mit einer einigermaßen entwickelten Nase, der den ganzen Tag in der Wohnung lebt, deren Geruchsspuren er bis zum Überdruß auswendig kennt, der nur zu den notwendigen Zeiten schnell einmal um die Ecke geführt wird, hat nichts vom Leben. Wir haben Arbeit und Probleme, wir gehen ins Kino, sitzen vor dem Bildschirm, lesen Zeitung, Bücher, wir telefonieren mit Bekannten, treffen Freunde. Aber wie viele Hunde leben in Kerkern, die praktisch eine »reizlose Umwelt« sind, in der es kaum etwas gibt, das einem Erleben Nahrung bietet. Gewiß, der Hund braucht körperliche Bewegung, seinen Auslauf, die Spaziergänge – aber noch viel mehr braucht er die geistige Bewegung. Ihm ist ein Spaziergang viel weniger deswegen wichtig, weil er sich auslaufen kann, sondern weil er auf ihm so viel erleben kann; die Welt ist so voll Witterungen, ein herrlicher, bunter Teppich voll leuchtender Duftlinien, Duftkreise, Duftwellen, Duftkanten und wie das für einen Hund sonst aussehen bzw. riechen mag.

Vielleicht bringen wir uns hier einmal einige der bekannten Zahlen in Erinnerung, die wir den eingehenden Forschungen der Sinnesphysiologie beim Hund verdanken. Zunächst zeigt es sich, daß der Hund als Fleischfresser für animalische Stoffe ein weit besseres Riechvermögen hat als für vegetabilische Stoffe. Ein Hund kann zum Beispiel noch die winzige Menge von 2 Milligramm ausgepreßtem Fleischsaft erkennen, und ebenso reagiert er auf 5 mg Urin einer Hündin. Essigsäure kann er in einer 100millionenfach verdünnteren Lösung wahrnehmen, als der Mensch das kann. Das sind Leistungen, denen gegenüber wir geradezu »riechblind« sind.

Dementsprechend kompliziert ist natürlich die Struktur des Riechorgans beim Hund. Das im oberen Nasenteil liegende Riechfeld der Nasenschleimhaut, in das die feinen Verzweigungen der Riechnerven vordringen, nimmt beim Menschen eine Fläche ein, die etwa so groß ist wie die Schmalwand der Lade einer Streichholzschachtel (5 qcm). Bei einem Schäferhund hingegen ist sie so groß wie 9 Streichholzschachtel-Etiketten nebeneinandergelegt (durchschnittlich 160 qcm). Auch die Dicke der Riechschleimhaut ist beim Hund mit 0,1 mm wesentlich größer als beim Menschen, bei dem sie nur 0,006 mm beträgt. Das sind also einige der anatomischen Gegebenheiten, die den Hund zum Makrosmaten (wörtlich: Großriecher) machen.

Erbkoordinationen und Lernen

In der Fortbewegung geht die Entwicklung vom bisherigen Kriechen am Bauch über das Kriechlaufen zum richtigen Laufen. Hier können wir wieder einen aufschlußreichen Blick in das Reifen von Instinktbewegungen werfen, denn hier reifen zunächst einmal im Zusammenhang mit der allmählichen Ausbildung des Bewegungsapparates die dazugehörigen Erbkoordinationen der Fortbewegung aus; hinzu kommt dann noch die Übung. Während die Welpen bisher kaum etwas anderes kannten als Trinken und Schlafen, zeigt sich in der dritten Woche ein zunehmendes Bewegungsbedürfnis. Die Welpen beginnen im Lager planlos umherzulaufen – man kann das freilich nur deswegen Laufen nennen, weil man weiß, daß es das sein soll und in Bälde einmal sein wird. Es ist eben noch kein Meister vom Himmel gefallen. Aber es würde aus diesem Anfang niemals ein wirkliches Laufen werden, wenn nicht die Impulse des Nervensystems den Welpen dazu treiben würden, die erwachende Fortbewegungsfähigkeit zu erproben und zu üben.

Nicht anders ist das mit anderen Betätigungen. Was der entscheidende Antriebsmotor hier ist, das nennt man die Neugierde. Die Neugierde ist der Ansporn für alles Lernen. Im natürlichen Dasein bleibt dem Hund die Lernfreudigkeit zeitlebens erhalten — sie muß erhalten bleiben, denn sie ist eine Bedingung für das Überleben.

Diese Neugier erwacht nun also um den 16. bis 18. Lebenstag herum, offenbar im Zusammenhang mit dem Riechen. Wäre er nicht darauf neugierig, wie etwas riecht, würde der kleine Welpe seine Nase erst gar nicht einsetzen. Nun ist es doch so: Je größer die Neugier, um so mehr lernt man, um so tiefer dringt man in die Einzelheiten und Zusammenhänge der Umwelt ein. Deswegen kann uns das Verhalten des Welpen gegen Ende der dritten Lebenswoche bereits einiges davon verraten, ob er eine »Koryphäe« wird als Hund, oder ob er sich mit der Umschreibung »dumm geboren und nichts dazugelernt« begnügen muß. Natürlich kann er auch ein Spätentwickler sein, dem erst in der nächsten Woche das berühmte »Licht« aufgehen wird. Wann das eintritt, ist vielleicht nicht so wichtig, es kommt mehr darauf an, welche Intensität das Neugierverhalten zeigt.

Darauf werden wir also unser Augenmerk richten und werden bald auch eine ganze Menge zu sehen bekommen. Zunächst wird alles beschnuppert: Mutter, Geschwister, Wurfkiste, die vorgehaltene Hand. Danach tritt die Zunge in Aktion, die alles zu belecken versucht — auch die eigenen Pfoten. Schließlich beißt der Welpe in alles, in das man beißen kann. Er lernt so unter anderem, daß es gar keinen Sinn hat, vor der Kistenwand zu sitzen und an ihr herumzubeißen — diese glatte Fläche kann man nicht in den Mund nehmen. Sehr gut geht das aber beim Ohr oder bei der Nase des Brüderchens.

Und dabei lernt man schon wieder etwas Neues: Die Geschwister machen es ebenso, und wenn man ein Ohr ganz fest hält, dann fängt sein Besitzer an, alle möglichen Dinge zu tun. Er versucht das Ohr wegzuziehen, er tappt mit der Pfote, schließlich schreit er ärgerlich. Man lernt, daß man selbst am Ohr gehalten wird und daß dies unangenehm ist. Spannend ist es, wenn man Nase an Nase sitzt und das Mäulchen ganz weit aufreißt. Ist man selbst schneller als der andere, dann erwischt man seine Nase und der schreit. Reißt er aber gleichzeitig das Maul auf, dann kann man versuchen, den Unterkiefer zu fassen; da der Partner das gleiche versucht, gibt es ein amüsantes Rangeln. Solange man dabei nicht vom anderen erwischt wird, macht das Spaß.

Einander »anbeißende« Welpen im Alter von 23 Tagen.

Erstmals wird jetzt Freude deutlicher signalisiert: Das noch kurze Schwänzchen wackelt wie der Bürzel einer Ente hin und her — daraus wird einmal ein richtiges Wedeln werden.

Alle jene Bewegungen — das Bepföteln, die ersten Anfänge des Beißspieles, das schnuppernde Untersuchen — werden noch in ausgesprochenem Zeitlupentempo ausgeführt und wirken sehr drollig und bedächtig. Auch das Auge reagiert noch recht langsam; so fixiert der Welpe lange einen ihn interessierenden Punkt, ehe er auf ihn zutappt. Es ist eben alles noch ungeübt und unausgereift.

Was die stimmlichen Äußerungen angeht, so ist das Quäken

nun seltener zu hören, wohl auch als Folge der vermehrten Bewegungsfähigkeit, die den Welpen erlaubt, unangenehmen Situationen aus dem Wege zu gehen. Erstmals kann man am Ende der dritten Woche das Knurren vernehmen, wenn auch noch kein Bellen. Hat man sich nicht bereits mit den Kleinen vertraut gemacht, dann hört man sie jetzt aus dem hintersten Winkel der Kiste sehr böse und gefährlich knurren, wenn man den Kopf in die Hütte steckt, um nach ihnen zu sehen. Ein sehr groteskes Verhalten, denn man verbindet natürlich Knurren mit jenem Drohen, das im nächsten Augenblick in Zubeißen übergeht, wenn man nicht nachgibt. Die Welpen aber können ja noch gar nicht beißen, und greift man nun nach ihnen, dann drücken sie sich ganz flach in den Winkel und verfallen in eine Art von Schreckstarre, oder sie schreien gellend.

Am Ende der dritten Lebenswoche beginnt der Welpe an allem möglichen herumzukauen, denn jetzt sind seine Schneidezähne und auch die anfänglich nadelspitzen Milch-Fangzähne hervorgekommen, was man deutlich spüren kann, wenn man ihm einen Finger in den Mund steckt. Die Welpen kauen auch schon fest an Fleischstückchen, freilich sind sie noch nicht in der Lage, sie auch wirklich zu fressen. Dafür erbricht die Mutter halb vorverdaute Nahrung, die sie begierig aufschlecken. Es scheint mir wertvoller, in dieser Zeit der Mutter ausgesuchtes Futter zukommen zu lassen, als mit einer Zusatzfütterung der Welpen zu beginnen. Es gibt zwar recht gutes Welpenfutter im Handel, und wer eine Hündin hat, deren Pflegeinstinkte in diesem Punkte versagen, sollte darauf zurückgreifen. Aber der von der Hundemutter erzeugte Nahrungsbrei ist nun einmal das von der Natur vorgesehene Zusatzfutter für die Kleinen. Bieten wir ihr daher eine vielseitige, vor allem aber eiweiß- und fetthaltige Kost. Gerade Fett ist für die Hunde offensichtlich sehr wichtig. Ich habe beobachtet, daß eine Hündin — eine instinktsichere Dingohündin! — nicht mehr sehr frisch riechenden rohen Ponyspeck frischem Pferdefleisch vorzog und ihn ihren Welpen als Nahrungsbrei servierte. Als ich selbst den damals schon 24 Tage alten Welpen kleine Fleischstückchen und solche gelben Speckstückchen vorlegte, knatschten sie begeistert an letzteren umher. Rinderfett ist ebenfalls sehr geeignet, ebenso das von kleineren Tieren (Schafe, Kaninchen, Hühner). Auch Innereien, wie Herz, Leber und Nieren, verarbeitet die Hündin zu einem vorzüglichen Futterbrei. Mit Kohlenhydraten gehe man – wie übrigens immer, wenn man Hunde füttert – sehr sparsam um. Sie ergeben nicht wohlgenährte, sondern fette Welpen. Eigentlich sollte die Hündin jetzt viele Kleintiere wie etwa Mäuse zu fressen bekommen, denn das entspräche am ehesten den natürlichen Gegebenheiten. Aber es ist vielleicht nicht jedermanns Sache, mit dem Kampfruf »Zurück zur Natur« ein Hunde-Rousseau zu werden ...

Das Vorwürgen des Nahrungsbreies stellt eine neue Beziehung nicht allein zur Mutter, sondern auch zum Vater dar. Es ist wohl kaum bekannt, daß sich der Rüde am Füttern beteiligt und daß es dabei oft zwischen den Eltern zu einem förmlichen Wetteifern kommen kann. Fast rührend ist es, zu lesen, wie die etwa zehn Monate alten Wolfsgeschwister Trigger und Lady, die das Forscherehepaar Crisler in Alaskas einsamsten Gegenden frei aufgezogen hatte, wildfremde Welpen versorgten. Als die beiden in dieser Hinsicht doch völlig unerfahrenen Jungwölfe die Neuankömmlinge betrachteten, erwachte in ihnen sofort ein Pflegeinstinkt, wie ihn nur sozial ungemein hochstehende Tiere haben können. Bis zu dreißig Kilometer sind sie gelaufen, um Futter für die Kleinen aufzutreiben! Jedes der beiden Tiere wollte dabei stets das erste sein, das den Welpen Futter vorwürgte. Erik Zimen hat mir erzählt, daß seine erste Wölfin bereits im Alter von vier Monaten jüngere Wolfswelpen auf diese Weise versorgte; auch sie konnte es nicht gelernt haben, da sie bereits in sehr früher Kindheit von der Mutter weggekommen und mit der Flasche aufgezogen worden war. Dieses Instinktverhalten ist bei vielen unserer Hündinnen bereits verlorengegangen, und noch mehr wohl bei den Rüden.

Die Welpen – Wolfswelpen, Schakalwelpen wie Hundewelpen – veranlassen ihre Eltern durch eine Bettelgebärde, ihnen das Futter vorzuwürgen: Sie stoßen mit ihren Nasen immer wieder gegen die Mundwinkel von Vater oder Mutter. Hundewelpen tun das etwa ab dem 22. Tag.

Interessant ist dabei, daß das Bettelstoßen nicht gegen eine beliebige Stelle des Maules geführt wird, sondern gerade gegen die Mundwinkel. Möglich, daß es da einen Zusammenhang mit dem Gähnreflex der Welpen gibt. Wenn man einem Welpen von drei oder vier Wochen Alter mit dem Finger ganz leicht über einen Mundwinkel streicht, öffnet er sein Mäulchen und gähnt herzhaft. Es könnte also so sein, daß der Reiz, den die Welpennasen an den elterlichen Mundwinkeln hervorrufen, diese zum Maulöffnen und Futtervorwürgen veranlaßt.

Mundwinkelstoßen und Futtervorwürgen haben für die Entwicklung des Welpen zum sozialen Lebewesen eine ganz bestimmte Bedeutung, die im nächsten Kapitel eingehender betrachtet werden soll. Gegen Ende der Übergangsphase ist das Bettelstoßen der Welpen bereits als eine soziale Reaktion aufzufassen; es ist ein Fordern, dem entsprechend ein Geben folgt. Dieses Verhalten unterscheidet sich vom völlig erfahrungsunabhängigen Milchtritt oder Euterstoß, die völlig einsichtslos verlaufen. Übrigens ist es durchaus denkbar, daß das Bettelstoßen nichts anderes ist als eine Umwandlung des Euterstoßes zu einer gerichteten, von Erfahrung gelenkten und ergänzten Verhaltensweise. Von einer ähnlichen Umwandlung des Milchtritts wird noch zu sprechen sein.

Die Prägung fürs Leben

Mit dem ersten Verlassen des Lagers beginnt ein neuer Lebensabschnitt, der bis gegen Ende des dritten Lebensmonats dauert. Während die ersten drei Wochen in der Geborgenheit des Lagers eine Art Fortsetzung des Werdens im Mutterleib darstellten, wenn auch unter ganz neuen Bedingungen, so beginnt jetzt für den Welpen die aktive Auseinandersetzung mit der Welt. Jetzt erst erblickt er wirklich das »Licht der Welt«.

Allerdings stellt dieser erste Ausflug in die große Welt für die Welpen kein reines Vergnügen dar. Der Vaterrüde lehrt sie nämlich, daß es in dieser Welt nicht so gemütlich ist wie im sicheren Wurflager. Zwar meint er es nicht ernst und ist äußerst vergnügt — aber die Wirkung ist groß. Er hüpft mit freudigster Spielstimmung von Welpe zu Welpe, er packt jeden am Kragen und wirft ihn wie einen Ball umher, bis er gellend schreit und sich auf den Rücken wirft. Läßt der Alte daraufhin von ihm ab, krabbelt er eilends der Hütte zu — dort ist der kleine Welpe vor den derben Spielmethoden des Vaters sicher. Bald sind alle Welpen nach diesem ersten Ausgang wieder im Lager vereint. Wehe aber dem Welpen, der in dieser Stunde Zeichen von Lebensschwäche erkennen läßt; sei es, daß er die angeborenen Verhaltensweisen der Unterwerfung nur unausgereift oder gar nicht besitzt, sei es, daß er nicht klug genug ist, nicht kräftig genug, dem Spieltrieb des Vaters zu entkommen und sich in die Hütte zurückzuziehen — er ist verloren! Der Vater spielt so lange mit ihm, bis den Kleinen die letzten Kräfte verlassen. Er wird von der Mutter nicht geholt: Ein Welpe, der nicht zum

Saugen zurückkommt, wird von ihr nicht mehr anerkannt. Für manchen Welpen ist der 21. Lebenstag der letzte seines Lebens. So tritt an diesem entscheidenden Lebenstag eine Auslese ein, die sicher einen ganz wesentlichen Einfluß auf die Gesunderhaltung des Erbgutes der Art hat.

Dieser Eintritt in die große Welt bedeutet, auch wenn er zunächst täglich nur eine kurze Stunde währen sollte, eine völlige Neuorientierung. Bis jetzt wurde das Dasein gleichsam »automatisch« geregelt, der Rhythmus zwischen Nahrungsaufnahme und Ruhe vollzog sich wohlgeordnet durch die angeborenen Verhaltensweisen und die Pflegehandlungen der Mutter. Nun auf einmal, fast schlagartig, dringen tausend neue Dinge gleichzeitig auf den Welpen ein. Er findet die übriggebliebenen Knochen einer Beute, tote Blätter, Holzstücke, Steine, Sand; er spürt den Wind und die Regentropfen, die Wärme der Sonne; Schatten bewegen sich genau wie die Geschwister, aber man kann sie nicht fangen. Die Eltern kommen und gehen, ruhen und lassen mit sich spielen. Das alles und noch viel mehr gelangt durch alle Sinnesorgane in das kleine Gehirn und will verarbeitet sein. Im Freileben — davon müssen wir ja ausgehen, wollen wir etwas über den Ursprung des Hundeverhaltens erfahren — gibt es nun aber auch die großen Gefahren. So wie man als erstes gelernt hat, vor dem Vater zu fliehen, um sich in Sicherheit zu bringen, so wird es jetzt notwendig, vor Gefahren zu fliehen und grundsätzlich auf der Hut zu sein.

So gilt es, um nur ein Beispiel herauszugreifen, auch auf das Verhalten der Eltern zu achten. Die kleinen Hunde verstehen von Anfang an, was es bedeutet, wenn die Alten einen leisen, niesenden Laut von sich geben: Alarm! Nun nichts wie 'rein in das Versteck!

Das »Warnniesen« hat Eisfeld zwar als »Schnaufen« bezeichnet, beschrieb es aber als »ein kurzes, scharfes Niesen« beim Schakal, und genau das machen meine Dingos auch, sooft ein Fremder an ihren Zwinger tritt; in der nächsten Sekunde sind die Kleinen auch schon verschwunden. Die Kopfbewegung erinnert dabei an echtes Niesen, wie es durch einen unangenehmen Reiz an den Nasenschleimhäuten ausgelöst wird. So ein

Reiz mag auch im übertragenen Sinne der Geruch eines gefährlichen Tieres — etwa eines Bären — sein; man niest ihn aus der Nase, und so entsteht ein signalisierender Ausdruck. Im Gegensatz zum Reflexniesen ist dieses Warnniesen richtungsgebunden, also adressiert. Die Kopfbewegung deutet dem Artgenossen an, woher dieser »eklige Nasenreiz« kommt.

Das ist so ein Beispiel dafür, daß die Welpen nun mit völlig neuen Gegebenheiten konfrontiert werden. Um diese Konfrontation überhaupt bewältigen zu können, müssen sie eine ganze Reihe von angeborenen Verhaltensweisen mitbringen; denn wenn nun alles erst gelernt werden müßte, dann könnte bereits der erste Ausflug in die Welt tödlich enden. So erscheint es ausgeschlossen, daß etwa die Bedeutung des Warnniesens erst gelernt werden muß. Die Erfahrung, was dieser komische Laut der Eltern bedeutet, wäre gefährlich, wenn nicht tödlich. Dieses Niesen löst beim Welpen ganz »automatisch« die Flucht in das Versteck aus, wo er sich in den hintersten Winkel verdrückt. Diese Reaktion kann er auch nicht von den Eltern absehen, denn sie laufen für gewöhnlich der Gefahr entgegen und »verleiten« — d. h. sie lenken durch auffallendes Flüchten — den Feind auf sich und locken ihn so vom Lagerversteck weg. Dieses Verhalten kann man selbst unter den beengten Verhältnissen eines Zwingers noch erkennen; auch hier setzen die Alttiere »bei Gefahr« alles daran, die Aufmerksamkeit auf sich zu lenken, und laufen auf keinen Fall zur Hütte.

Es ist also gleich zu Beginn der vierten Lebenswoche beim Welpen auf einmal eine ganze Reihe von bislang nicht zu beobachtenden Verhaltensweisen vorhanden. Gleichzeitig wird aber auch in zunehmendem Maße gelernt, und zwar vieles mit einer erstaunlichen Schnelligkeit. Wir wissen — vornehmlich durch die Arbeiten von Irenäus Eibl-Eibesfeldt —, daß es eine »angeborene Lerndisposition« für Dinge gibt, die im Leben eines Tieres eine wichtige Rolle spielen. Es ist also bereits anlagemäßig eine besondere Befähigung ausgebildet, solche lebensnotwendigen Dinge mit Leichtigkeit und sehr schnell zu lernen. Meist ergänzen solche spezifischen Lernbegabungen bereits vorhandene Erbkoordinationen und erweitern deren Wirkungsbereich.

Für den Beobachter bieten diese Fähigkeiten insofern Schwierigkeiten, weil er nur allzuleicht diesen schnellen Lernvorgang übersehen kann und in ihm der Eindruck entsteht, daß hier eine komplette Instinkthandlung vorgegeben ist.

Mit Ausnahme der Verhaltensformen des Paarungsverhaltens zeigen sich bereits in der vierten oder fünften Lebenswoche des Welpen nahezu alle Verhaltensweisen des Hundes. Ich könnte deshalb bereits im folgenden Kapitel einen kompletten Verhaltenskatalog zusammenstellen. Damit würde aber das Besondere dieses Lebensabschnittes in der Fülle des Stoffes untergehen, während sich die weiteren Entwicklungsphasen des Junghundes durch eine verhältnismäßige Leere dürftig hintanreihen würden. So möchte ich versuchen, in den jeweiligen Entwicklungsphasen immer die Verhaltensweisen herauszuarbeiten, die gerade da eine wesentlichere Rolle als vorher oder nachher spielen. Dies sei vorausgeschickt, damit der Leser am Ende des folgenden Abschnittes nicht meint, ich hätte die Hälfte von dem, was man in diesen Wochen sehen kann, übergangen. Man nennt in der neueren Literatur den Zeitraum vom ersten Verlassen des Lagers bis zum Ende des dritten Lebensmonats die Zeit der Sozialisierung. Aber der erste Abschnitt dieser

Beispiel eines vierwöchigen Dingos: Tanila beim Versuch, von der Tischkante herunterzuspringen.

Phase, etwa bis zum Ende der siebenten Lebenswoche, zeichnet sich deutlich durch ein besonderes Lernphänomen aus — ebenso übrigens durch die angeborenen Lerndispositionen —, daß ich ihn gesondert betrachten möchte. Die Sozialisierung nach der genannten Zeit erfolgt dann doch schon viel aktiver vom Welpen her, sein Lernen in dieser Hinsicht ist schon weit mehr auch vom Lehren, vom Belehren durch Artgenossen bestimmt, daß mir diese Trennung gerechtfertigt erscheint. So will ich also eine »Prägungsphase« (vierte bis einschließlich siebente Woche) von der eigentlichen »Sozialisierungsphase« (achte bis einschließlich zwölfte Woche) unterscheiden.

Die Prägungsphase

Mancher Leser, der mit den Ausdrücken der Verhaltensforschung nicht vertraut ist, wird sich vielleicht unter dem Wort Prägung in diesem Zusammenhang nichts Rechtes vorstellen können. Geprägt werden Münzen; die beiden Seiten des Metallstückes tragen dann unveränderbar den Eindruck des Münzstempels. Wenn sich ein bestimmter Eindruck einprägt, dann bedeutet das im üblichen Sprachgebrauch, daß man ihn nicht so leicht mehr vergißt.

Konrad Lorenz hat schon vor sehr langer Zeit alle möglichen Vögel, so auch Graugänse, von Hand aufgezogen. Das ist die beste Möglichkeit, angeborene Verhaltensweisen zu erkennen. Der eben dem Ei entschlüpfte Jungvogel, der nie zuvor oder danach einen Artgenossen zu sehen bekommt, kann also von seinesgleichen nichts gelernt haben; was er dennoch kann, muß angeboren sein. Wenn etwa das dem Ei entschlüpfte Küken ohne jede Anleitung Körner aufpickt, dann ist das nach allgemeinem Sprachgebrauch ein Instinktverhalten.

Nun zeigte es sich — insbesondere bei den Graugänsen —, daß solche vom Ei ab aufgezogenen Vögel den Menschen als Artgenossen betrachten, und das auf Lebenszeit. Ein isoliert aufgezogener Graugänserich wird es niemals begreifen, daß eine

Graugans sein Artgenosse ist; er bleibt an den Menschen gebunden und erkennt Artgenossen nicht. Ich kannte einen isoliert aufgezogenen Truthahn, der sich nur mit Menschen paaren wollte und Truthennen tötete. Diese Vögel haben also kein angeborenes Bild vom Aussehen des Artgenossen; sie brauchen das auch nicht, denn normalerweise sind es die Altvögel, die der schlüpfende Jungvogel als erste zu Gesicht bekommt. Damit er sich das aber zeitlebens merkt, hat ihm die Natur eine besondere Lernbegabung mitgegeben, die noch viel wirksamer ist als jene angeborenen Lerndispositionen, von denen ich zuvor sprach. Das Bild der Altvögel prägt sich dem Jungvogel innerhalb der ersten Lebensstunden so fest ein, daß er sich später niemals irren kann, selbst wenn er einem Vogel begegnen sollte, der seiner eigenen Art weitgehend ähnlich ist.

Wenn nun unvorhergesehenerweise der Mensch das erste Lebewesen ist, das der eben geschlüpfte Vogel zu Gesicht bekommt, dann prägt er sich ihm eben dessen Aussehen ein – und diese Prägung ist nie mehr rückgängig zu machen. Lorenz spricht von der »Irreversibilität« der Prägung und nennt sie ein wesentliches Kriterium für den Begriff »Prägung«.

Bei Fischen und Vögeln konnte man noch viele Beispiele solcher irreversibler Prägungen beobachten; nur bei den Säugetieren, da war das nicht so klar. Vorsichtig spricht der Verhaltensforscher hier von »prägungsähnlichen« Lernvorgängen. Zieht man einen Hund von Geburt an isoliert auf, dann betrachtet auch er den Menschen als Artgenossen; bekommt er niemals einen Hund zu sehen, dann ist er es zufrieden, und er wird dem Menschen eines Tages auch seine Heiratsanträge machen. Aber von der Stunde an, in der er einen Hund kennenlernt, wird er ihn als Artgenossen betrachten. Die Prägung wird hier also rückgängig gemacht, und damit entspricht diese Form der Prägung nicht der strikten Definition.

Lorenz selbst hat die Erklärung dafür gefunden, warum das bei den Säugetieren anders ist. Eine Witzzeichnung in einer Tageszeitung hat ihn darauf gebracht. Sie zeigte einen Dackel, der um einen Baum herumgeht und dabei seinem eigenen Hinterteil »begegnet«; er schnuppert und stellt enttäuscht fest, daß er das selber ist! — Und das ist die Lösung: Säugetiere sind, im Gegensatz zu den rein optisch orientierten Vögeln, vorwiegend Nasentiere. Sie können sich selbst beschnuppern. Ein Vogel kann sich nicht selbst betrachten, daher kann ein Vogel nicht wissen, wie er als Vertreter seiner Art aussieht. Ein Säugetier aber weiß, wie es als Vertreter seiner Art riecht. Der Mensch, den der isoliert aufgezogene Hund bislang allein gekannt hat, riecht anders als er. Der erste Hund, den er trifft, riecht ganz vertraut, ganz ähnlich wie er selbst. Und deshalb zieht es ihn von nun an zu dem vertraut riechenden Artgenossen.

Prägung auf den »Artgenossen« Mensch

Es gibt auch beim Hund eine Extremprägung, die nicht umkehrbar ist. Auch das ist ein Sonderfall, denn so wie die Natur es nicht vorgesehen hat, daß es Brutkästen und Verhaltensforscher gibt, so hat sie es auch nicht vorhergesehen, daß Mensch und Hund einmal eine innige Gemeinschaft bilden werden. Allerdings ist dieser Sonderfall nur mit negativem Vorzeichen gegeben: Wenn keine Prägung auf den Menschen stattfindet, dann kann es niemals mehr zu einer wirklichen Gemeinschaft zwischen dem Hund und dem Menschen kommen.

Ich will das konkret ausführen: Ich habe absichtlich einen Dingowurf so aufwachsen lassen, daß er in der Zeit zwischen der dritten und der siebenten Lebenswoche keinen Kontakt mit Menschen hatte. Die Welpen konnten sie zwar sehen, aber niemand berührte sie oder spielte mit ihnen. Ihre Eltern waren ungemein anhängliche Hunde, und mit denen wurde auch vor den Augen der Welpen immer wieder gespielt. Der Erfolg: die Welpen entwickelten sich zu vollkommen scheuen Wildhunden, die sich schon verstecken, wenn man auf zehn oder fünfzehn Meter an ihren Zwinger herankommt. Alle Versuche, nach der siebenten Woche mit ihnen Kontakt zu bekommen, scheiterten. Es wäre nur noch möglich, sie mit sehr viel Geduld wie Wildtiere zu zähmen. Zu erreichen wäre also nur noch, daß die Hunde die

Angst vor dem Menschen verlieren; eine echte Gemeinschaft, wie sie normalerweise Mensch und Hund verbindet, kann nicht mehr entstehen.

Ein anderes Beispiel sind meine Schakale. Bekannterweise können sehr jung aufgezogene Schakale so vertraut und anhänglich wie Hunde werden. Meine Schakale wurden in einem Zwinger geboren, der Naturboden hatte. Bereits im Alter von fünf Wochen hatten sich diese extrem frühreifen Tiere einen eigenen unterirdischen Gang gegraben, der am Ende der sechsten Lebenswoche eine Länge von zweieinhalb Meter erreicht hatte. In diesem Gang verschliefen sie den Tag und kamen erst nachts zu ihrer Mutter, auf diese Weise jede Begegnung mit Menschen vermeidend. Als sie mit genau sechs Wochen von uns geholt wurden, war es schon zu spät. Es konnte zwar mit Hilfe unseres Schäferhundes Sascha so viel erreicht werden, daß sie den Anblick des Menschen ertragen, daß sie nicht sofort scheu verschwinden, wenn man sich ihnen nähert — aber anfassen lassen sie sich nicht. Versucht man es trotzdem, beißen sie wild um sich.

Man wird nun sagen, das sind alles Wildhunde, da ist das eben so. Ich habe aber den Dingoversuch nicht von ungefähr gemacht, sondern angeregt durch eine Beobachtung, die man an ungezählten Hunden in den Vereinigten Staaten gemacht hat. Es gibt in Bar Harbor (Maine) ein wissenschaftliches Institut namens R. B. Jackson Memorial Laboratory, das sich mit den psychischen Leistungen von Hunden beschäftigt. Dort hat man unter anderem auch einige große Gehege, in denen Rassehunde ohne Eingreifen des Menschen leben und ihre Welpen aufziehen. Es handelt sich um Fox-Terriers, Beagles, Collies und Basenjis. Alle dort aufwachsenden Welpen verhalten sich genauso wie meine Dingos — sie sind scheu und bleiben es auch. Von diesem Ergebnis war ich bei meinem Dingoversuch ausgegangen. Durch weitere Versuche hoffte ich, ein noch deutlicheres Bild zu gewinnen.

Der nächste Versuch verlief nun folgendermaßen: Eine Dingohündin, die drei Monate bei ihrer Mutter im Zwinger gelebt hatte, ohne daß wir sie nach dem zwanzigsten Lebenstag angefaßt hatten, wurde von uns ins Haus genommen und mit sehr vertrauten – jüngeren, gleichaltrigen und älteren – Welpen zusammengehalten. Der ganze Kindergarten durfte täglich zu uns ins Zimmer, wo auch herzhaft mit Onkel Sascha gespielt und getobt wurde. Die Dingohündin aber blieb scheu, sie versteckte sich, sie raste davon, wenn man sie fangen wollte, sie war auch unter diesen Verhältnissen des engeren Zusammenlebens mit uns nicht mehr zahm zu bekommen. Sie wich teilweise sogar den anderen Welpen aus, die jeden Kontakt mit dem Menschen wirklich von Herzen genossen.

Zuletzt möchte ich noch einen dritten, etwas anders gelagerten Fall schildern. Die bei sibirischer Kälte in einem Erdloch geborenen Welpen Kor und Kira haben wir zwar bis zum 50. Lebenstag gewogen, aber vom 20. Tag an nur noch insgesamt viermal. Sonst beschäftigten wir uns mit den Tieren nach dem 20. Tag nur fallweise und nahmen sie dann im Alter von sieben bis acht Wochen zweimal ins Haus, damit sie mit den anderen Welpen und mit Sascha spielen konnten. Im Alter von 10 Wochen holten wir sie dann täglich einmal hierzu aus dem Zwinger, und zwar eine Woche lang. Als sie fünf Monate alt wurden, durften sie für ganz ins Haus. Wie ist nun ihre Einstellung zum Menschen? Nun, sie wedeln freundlich, aber sie deuten eine Begrüßung nur an, indem sie nahe herankommen und den Schnauzenstoß in die Luft ausführen. Ein kleiner individueller Unterschied ist überdies dadurch gegeben, daß Kira sich gelegentlich ganz heranwagt und scheu einmal mit der Zunge über die hingehaltene Hand leckt, was Kor nicht macht. Nach dieser intendierten Begrüßung ziehen sich die Tiere, weiterhin freundlich, aber mit tiefgehaltenem Schwanze wedelnd, ein wenig zurück und warten ab, was weiter geschieht. Setzt man sich nun ruhig in den Stuhl, dann nehmen sie bald ihre Spiele mit den anderen Welpen wieder auf, kommen gelegentlich und beiläufig bei uns vorbei, um uns ihre Unterwürfigkeit auszudrükken, und Kira wagt vielleicht noch einen Nasenstupser gegen die Hand. Außerdem unterscheiden Kor und Kira deutlich zwischen meiner Assistentin Eva und mir. Da Eva, weil sie sie füttert, »positiv getönt« ist, und da sie natürlich weitaus öfter mit ihnen zusammenkommt, ist die Zuwendung zu ihr um einige Grade intensiver; Kira gestattet es ihr auch oft, sie zu streicheln.

Ich konnte durch weitere Versuche alle Übergänge von völliger Kontaktlosigkeit über mehr oder weniger ausgeprägte Kontaktscheu bis zu nicht mehr zu überbietender Kontaktfreudigkeit bei den Hunden erzielen. Es kommt allein und ausschließlich darauf an, ob und wieviel man sich mit den Welpen in einem bestimmten Alter beschäftigt. Ich kann nicht mit Sicherheit genaue Zeitabgrenzungen angeben; hierzu sind weitere Versuche notwendig. Fest steht jedenfalls, daß die kritische Phase um den 18. Lebenstag herum beginnt und daß sie nicht wesentlich über die siebente Lebenswoche hinausgeht, wozu allerdings noch das Phänomen der Menschenbild-Erweiterung, wie ich das nennen möchte, kommt.

Das ist so zu verstehen, daß der Welpe zu Beginn der kritischen Phase wohl erst den Pfleger, jene erste Person, mit der er in Berührung kommt, als Sozialisierungspartner betrachtet. Vor anderen Personen, die danach in Erscheinung treten, hat er zunächst Angst, überwindet diese aber sehr schnell, wenn sie zu einem frühen Zeitpunkt der Prägungsphase viel mit ihm spielen. Treten sie erst ab der achten Lebenswoche in sein Leben, so ist eine Anpassung durchaus noch möglich —, aber sie wird nicht so weit gehen, als das grundsätzlich möglich ist, wenn der Welpe schon früh Erfahrungen mit mehreren Menschen hat. Welpen mancher Hunderassen dürften überhaupt an ihren ersten Pfleger gebunden bleiben, wenn sie über einen Zeitraum von zwölf oder mehr Wochen keine weiteren Kontakte zu Menschen aufnehmen konnten — ihr Menschenbild ist dann auf diese Person beschränkt und kann nicht mehr erweitert werden. Das mag von Rasse zu Rasse verschieden sein; so ist bekannt, daß zum Beispiel Schäferhunde sich zeitlebens sehr leicht anderen Personen anschließen, jedenfalls leichter, als das viele andere Hunderassen tun. Trotzdem bleibt die Prägungszeit hierfür zumindest mitbestimmend, wenn nicht sogar ausschlaggebend. Für gewöhnlich lernen Welpen schon innerhalb der ersten acht Wochen mehrere Personen kennen und erfahren so, daß es viele Menschen gibt, mit denen man spielen kann, daß also der Mensch schlechthin eine andere Erscheinungsform von Artgenosse ist.

Darum geht es bei dem Ganzen nämlich: Es erfolgt eine schrittweise Prägung von *dem* Menschen zu *den* Menschen, die sich innerhalb jener sehr entscheidenden Wochen vollzieht.

Hunde, die sich verlaufen haben, suchen den Kontakt mit ihnen fremden Menschen, sie »laufen zu«, wie man sagt. Auf den Polizeirevieren und in den Tierschutzheimen treffen täglich Meldungen ein: »Mir ist ein Hund zugelaufen.« In allen diesen Fällen handelt es sich um Hunde, die in ihrer Sozialisierungsphase ihr Menschenbild ausreichend erweitert hatten. Zu eng geprägte Hunde laufen kaum zu, wenn sie vielleicht auch nicht ausweichen, wenn man sie lockt. Hier gibt es natürlich, je nach den Jugenderfahrungen, alle Übergänge, wie aus dem oben Gesagten hervorgeht. Die enger geprägten Hunde neigen dazu, ausschließlich ihren Herrn zu suchen und schließen sich im Extremfalle keinem anderen Menschen an. Werden sie eingefangen, wenn sie ihn nicht finden, und kommen sie zu neuen Besitzern, werden sie jede Gelegenheit zum Davonlaufen nützen.

Ich habe vor vielen Jahren einmal einen schwarzen Schäferhund aus dem Tierheim zu mir geholt. Er durchbrach die Regel vom Allerweltsfreund, denn auch nach vier Wochen zeigte der etwa dreijährige Hund keinerlei wirkliche Kontaktbereitschaft — er akzeptierte mich als Futterspender, das war alles. Dafür war ich andauernd unterwegs, um ihn in der näheren und weiteren Umgebung zu suchen, bis ich ihn eines Tages nicht wieder auffand. Es sei ausdrücklich betont, daß der Schäferhund offenbar einen guten Kontakt zu einem Menschen gehabt haben mußte, denn er kannte alle Kommandos, die im allgemeinen üblich sind, wenn er sie auch mir gegenüber — der ich für ihn ein Fremder blieb — nur ungern befolgte. Die Ausführung selbst zeigte aber sehr deutlich, daß er eine gute Beziehung zu seinem Herrn gehabt haben mußte, denn es war nichts von Unterwürfigkeit in seinen Bewegungen. Viele Schäferhunde, die einen zu harten, verständnislosen Ausbilder hatten, knicken förmlich in sich zusammen, wenn sie ein Kommando hören, auch dann, wenn es ihnen ein Fremder gibt oder es gar nicht ihnen, sondern einem anderen Hund gilt.

Zu diesem ganzen Thema stehen noch viele Fragen offen; aber soviel zeichnet sich doch als gesichert ab: Die ersten Erfahrungen mit Menschen sind entscheidend für die künftige charakterliche Entwicklung des Hundes. Da wir nicht wissen, was hier wirklich vererbt und was in jenen Wochen geprägt wird, mag auch viel von dem dadurch berührt sein, was man als das »Wesen« eines Hundes zu bezeichnen pflegt.

Welpenkauf

Wer sich mit der Absicht trägt, einen kleinen Hund anzuschaffen, der suche nach einem Züchter möglichst in erreichbarer Nähe, der eben einen neuen Wurf beim Zuchtverband angemeldet hat oder in Kürze einen erwartet. Man setze sich mit ihm in Verbindung und besuche die Welpen bereits in jener beginnenden Prägungsphase, um ein wenig mit ihnen zu spielen. Sieht man, daß die Welpen bei dem Züchter ausreichend Gelegenheit haben, ihr Menschenbild zu erweitern und Kontakte zu vertiefen, dann ist es nicht unbedingt notwendig, öfter als einige Male die Beziehungen mit den Welpen fortzusetzen, bis man den erwählten dann schließlich nach Hause nehmen kann. Ist das nicht der Fall, sollte man sich bemühen, möglichst oft vor der achten Lebenswoche den Kontakt mit den Welpen aufzunehmen. Ich würde niemals bei einem Züchter einen Welpen kaufen, der bei meiner Annäherung davonläuft. Richtig menschen-sozialisierte Welpen stürzen einem fremden Besucher ohne jedes Zeichen von Scheu und mit allen Anzeichen der Freude entgegen. Der Welpe, der einem dabei als erster ins Gesicht springt, um den Schnauzenstoß und das Lecken anzubieten, der ist es dann!

Ich glaube, daß aus dem Vorstehenden deutlich genug hervorgeht, daß man einen Hund, der ein Freund fürs Leben sein soll — wenn auch meist nur für sein eigenes, viel zu kurzes Leben —, mit viel Wissen über all diese Dinge anschaffen soll, und daß damit der Weg zum guten Freund nur über einen guten Züchter führt. Einen anderen Weg gibt es nicht — es sei denn, man züchtet selber.

Es gibt leider viele Menschen, die sich über diese Dinge niemals Gedanken gemacht haben und die meinen, einen Hund kauft man genauso wie einen Markenartikel, dessen Qualität die Erzeugerfirma gewährleistet. Bei der Anschaffung eines Wagens für die nächsten drei oder vier Jahre prüfen und überlegen, probieren und studieren die meisten Leute viel und eingehend, ehe sie sich zum Kauf entschließen. Einen Hund kaufen sie aber nach den berühmten Papieren, aus denen hervorgeht, daß er reinrassig ist und etliche Ausstellungssieger unter seinen Ahnen hat. Dann kommt die beiläufige Frage, ob der Hund auch bestimmt gesund sei, man läßt sich bestenfalls noch ein Impfzeugnis vorlegen, nimmt nun das Geschöpf einfach unter den Arm und trägt es nach Hause.

Es gibt Züchter, die sich weigern, solchen Leuten einen Hund zu verkaufen. Ein echter Züchter ist sehr stolz auf seine Welpen, und er wird sich freuen, wenn das Interesse des künftigen Käufers schon vor dem Tag offenkundig ist, an dem er das Tier abholt. Ich glaube wirklich nicht, daß es da Schwierigkeiten geben könnte, wenn man meinen Rat befolgt. Schlimmstenfalls suche man eben nach einem anderen Züchter, der das Interesse teilt und gutheißt. Man wird es nicht bereuen.

Das Pfötchengeben

Die Hündin säugt während der Prägungsphase ihre Welpen nicht mehr ausschließlich im Lager, sondern weit häufiger im Freien. Man sieht sie nun oft dabei sitzen, und bald steht sie auch, wie die Kapitolinische Wölfin. Die Welpen müssen nun, genau wie die Gründer Roms, mit den Köpfen nach oben saugen. Den kleinen Welpen fällt es schwer, beide Vorderpfoten

Im Sitzen saugender Welpe, Milchtrittbewegung einer Pfote.

gleichzeitig nach oben zu halten, und so begnügen sie sich bald mit einem einpfotigen Milchtritt, während die andere Pfote zum Abstützen dient.

Ich beschreibe das deswegen so genau, weil es uns nicht nur zeigt, wie aus einer infantilen Verhaltensweise – dem Milchtritt – eine ganz spezifische Verhaltenskomponente des heranwachsenden und schließlich erwachsenen Hundes werden kann, sondern weil wir auch dadurch wieder etwas tiefer in das Ausdrucksverhalten des Hundes eindringen können.

Meine Schäferhündin Rana hat eine ziemlich lästige Angewohnheit. Sooft sie in das Zimmer herein darf, stürzt sie auf mich zu und legt mir ihre Pfote zumindest auf die Knie, wenn nicht noch höher hinauf. Das macht sie sehr nachdrücklich, wiederholt es und wechselt vor Begrüßungseifer dabei auch die Pfoten. Meist kommt sie vom Hof, und dementsprechend sind dann die Spuren auf meiner Kleidung. — Ich habe lange gezögert, ihr diese Unart, die sie von klein auf zeigte, abzugewöhnen. Die Verhaltensforschung verlockt einen oft, genau das zu unterlassen, was jeder normale Hundebesitzer selbstverständlich tun würde. Damit kann ich auch immer, wenn es ratsam ist, entschuldigen, daß meine Hunde ausgesprochen »ungezogen« sind. Aber dieses nicht angelernte, intensive »Pfötchengeben« Ranas hat mich wirklich interessiert. Das Pfötchengeben ist bei Rana entschieden ein Zeichen der Unterwürfigkeit, d. h. der prophylaktischen Beschwichtigung einer etwaig bösen Gesinnung ihr gegenüber.

Fast alle Hunde, die ich kannte, haben diese Pfotenbewegung ausgeführt, wenn man Grund hatte, sie einmal gehörig auszuschimpfen. Es wirkt im Verein mit dem schuldbewußten, ergebenen Hundeblick wirklich sehr beschwichtigend und ist so rührend menschlich. Dabei ist es eine Verhaltensweise, die unter Hunden ebenso vorkommt und den gleichen Sinn hat, die also nicht vom Menschen anerzogen wurde. Es gibt kaum einen Hundebesitzer, der seinem Hund nicht bereits im frühen Welpenalter das Pfötchengeben beigebracht hat. Er meint dann natürlich, daß sein Hund, der ihn zu beschwichtigen versucht, einfach dieses angelernte Pfötchengeben sinngemäß anwendet, und freut sich wieder einmal, wie gescheit doch gerade sein Hund ist!

Aber dazu gibt es noch andere Auffassungen. So erzählte mir einmal ein Bekannter, seine brave Pudelhündin habe das gelernte Pfötchengeben auf ihre Kinder vererbt. Der Mann wurde recht unwillig, als ich ihm sagte, das sei doch ein alter, längst widerlegter Aberglaube. Als »Beweis«, daß er doch im Recht sei, führte er an, daß alle seine Pudelwelpen das Pfötchengeben von sich aus könnten, ohne daß er es sie hätte lehren müssen.

Meine Antwort darauf: Alle Hunde können es von Natur

aus; man braucht ihnen nicht beizubringen, *wie* man es tut, sondern nur, *wann*, d. h. auf welches Kommando hin. Dazu kann man ihnen noch beibringen, daß es — wie es die Menschen machen — mit der rechten Pfote getan werden muß.

Ich zitiere dazu Eisfeld: »Diese Bewegung zeigt Unterwerfung bei freundlicher Stimmung an.« Es ist damit noch nicht eine direkte Berührung des artgleichen Partners gemeint, sondern nur eine Geste, die von diesem durchaus verstanden wird. Sie ist aber wohl aus dem »Bepföteln« hervorgegangen, das ich bei meinen Hunden oft beobachten kann. Hier kommt es zur direkten, meist im Kopf- und Halsbereich durchgeführten Berührung, und zwar sowohl zwischen Rüden und Hündinnen, wenn sie Zärtlichkeiten austauschen, als auch seitens der Welpen gegenüber den erwachsenen Hunden. Vor allem Dingoväter erziehen ihre Kinder zu unbedingter Unterwerfung, so zärtlich sie sonst auch mit ihnen spielen. Fährt nun so ein Hundevater seinen Sprößling böse an, dann wirft sich dieser laut schreiend auf den Rücken (man denkt, jetzt wird er aufgefressen!); sobald der Vater seine Drohung einstellt und der Welpe wieder Mut bekommt, erlebt man mit größter Sicherheit ein ganzes Beschwichtigungszeremoniell, bei dem das Pfötchengeben bzw. das Bepföteln eine wichtige Rolle spielt.

Der Welpe erreicht also damit »gutes Wetter« bei seinen Erzeugern, und in diesem Sinne wendet es eben auch der Hund gegenüber dem Menschen an. Ich betone das Wort »erreichen« — es führt uns jetzt nämlich zum Milchtritt zurück.

Das klingt im ersten Augenblick vielleicht erstaunlich, aber es ist leicht zu erklären. Wir brauchen dazu nur einmal einen Welpen beobachten, der — etwa in der sechsten, siebenten Woche — an der stehenden Hündin saugt. Dabei kann er seinen Milchtritt nicht mehr so ausführen wie beim Liegen in der Wurfkiste — aber er führt ihn noch aus. Immer wieder hebt er eine Pfote und schlägt mit ihr gegen das Gesäuge, und nun erkennt man genau die Bewegung des Pfötchengebens wieder — nur wird hier etwas anderes erreicht, nämlich das Fließen der Milchquellen!

Auch wenn die Mutter Nahrung zu den Welpen bringt, kann

man das Pfötchengeben als Bettelgebärde erkennen, als Aufforderung, das Futter herzugeben. Das ist also aus dem Milchtritt des Nestlings geworden. Im übrigen sind Bettelbewegungen als Gebärde der Beschwichtigung im Tierreich weit verbreitet, und man kann selbst das beschwichtigende Handheben beim Menschen daraus ableiten. Eibl-Eibesfeldt schreibt dazu: »Schimpansen geben sich die Hände, ähnlich wie wir. Die Initiative geht vom Rangniederen aus, der in einer Bettelbewegung die nach oben offene Hand dem Ranghöheren reicht. Auf diese ursprünglich wohl infantile Geste der Kontaktsuche reicht der Ranghohe seine Hand, was den anderen beruhigt.«

Das Nasenstupsen

Es gibt noch eine andere Verhaltensweise des kleinen Welpen, die wir mit neuer Funktion im späteren Leben des Hundes wiederfinden können. Das ist das Fellbohren, mit dessen Hilfe der Nestling die Zitzen an der Mutter sucht und findet. Aus dem Fellbohren des Lagerwelpen wird das uns allen wohlvertraute Nasenstupsen, mit dem uns der zärtlich gestimmte Vierbeiner zum Streicheln auffordert. Ein verhaltenskundlich interessantes Übertragen einer Ausdrucksbewegung in einen anderen Funktionskreis und überdies ein Ergebnis mangelhafter Erziehung ist es ferner, wenn der Hund mittels Nasenstupsen nachdrücklich zum Ausdruck bringt, daß wir ihm von unserem Mahl etwas abgeben sollten. Auf jeden Fall will also der Hund etwas, wenn seine kalte Nasenkuppe gegen unsere Hand stößt, er fordert uns zu etwas auf. So ein Nasenstupsen — wir können es deutlich spüren — erfolgt von unten nach oben, genau wie das Fellbohren; im Falle eines Streichelbedürfnisses vermag der Hund damit sogar unsere Hand über seinen Kopf zu schieben, oder er schiebt umgekehrt seinen Kopf unter unsere Hand, nachdem er sie mit der Nase angehoben hat.

Meine Elchhündin Binna, die äußerst glücklich ist, wenn man sich mit ihr beschäftigt, übt diese Streichelaufforderung mit meisterhafter Geschicklichkeit, wobei ihr die Fähigkeit zustatten kommt, die eingeknickten Ohren so dicht nach hinten zu legen, daß sie fast im dicken Nackenfell versinken; mit treuen Hundeaugen präsentiert sie so ihren »Streichelkopf«, wobei sie mehr einer Robbe als einem Hund gleicht. Man kann sich dann ihrem Nasenstupsen einfach nicht entziehen.

Sonst bevorzugen diese Art von Kopfstreicheln eigentlich mehr die hängeohrigen Hunde, vor allem Dackel und Spaniels; ein anständiger Schäferhund – meine Rana ist bezeichnenderweise eine Ausnahme – hingegen hat es gar nicht so gern, wenn man ihm mit der flachen Hand von der Nase aus nach hinten über den Kopf fährt. Man kann da deutlich die Charaktere unterscheiden: Ein Schäferhund, der diese Art von Streicheln mag, ist betont unterwürfig, ein hingebungsvoller Sklave seines Herrn, willenloses Werkzeug jeder Art von Herrschsucht und bereit, jedem Fremden zu folgen, der freundlich zu ihm ist. Ich spreche vom erwachsenen Rüden. Bei einer Hündin darf man es – vor allem, was ihr Verhalten gegenüber dem männlichen Betreuer angeht – etwas weniger genau nehmen, am allerwenigsten dann, wenn sie ihre Liebeszeit hat. Ich habe kürzlich von einem Schäferhundfachmann, einem Richter bei Schutzhundprüfungen, gehört, daß er das Streicheln über den Kopf strikt verbietet. Ich glaube, er ist nicht deswegen dagegen, weil ein Hund, der mit angelegten Ohren seinem Herrn bei Fuß sitzt, ein unschönes Bild abgibt; der Hauptgrund besteht wohl darin, daß ein stehohriger Hund nur dann wachen kann, wenn seine »Schallfänger« unbehindert sind. Ein richtiger Schutzhund kann sich gar nicht wohl fühlen, wenn seine Sinnesorgane – Nase, Augen, Ohren – gehindert sind, ständig die Umwelt zu erfassen. Ein Schäferhund aber, dessen Ohren nach hinten gepreßt sind, der seine Nase und seine Augen beständig nach dem Gesicht des Hundeführers richtet, der hört und sieht und riecht nur ihn und nichts anderes.

Natürlich können wir ein übereifriges Nasenstupsen ruhig einmal abwehren, dann etwa, wenn es zur ungeduldigen Aufforderung wird, weil wir, die Leine in der Hand, uns mit dem Fortgehen zu lange Zeit lassen. So viel Rudelführer müssen wir unserem Hund gegenüber schon bleiben, daß wir den Zeitpunkt des Spaziergangs selbst bestimmen. Es bedarf aber des entschiedensten »Pfuis«, wenn der Hund einen Anteil unseres Mittagessens mittels Nasenstupsen fordert — da hört jedes Verständnis auf.

Jeder normale Hund begreift sehr schnell und leicht, daß sein Nasenstupsen in jenem Funktionskreis zu bleiben hat, dem es ursprünglich angehört; die freundschaftliche Kontaktsuche wird uns nur freuen.

Diese soziale Verhaltensweise war, wie ich schon sagte, ursprünglich nicht auf den Umgang mit dem Menschen abgestimmt, sondern auf den Artgenossen gemünzt. »Kontakte in der Kopf-, Hals- und Schulterregion durch zartes Nasenstupsen und Schnuppern« gehören — wie es Alfred Seitz bei Schakalen und Kojoten beobachtete — dem Funktionskreis des Paarungsverhaltens an. Die gleiche Beobachtung konnte R. Schenkel bei Wölfen machen. Und nicht anders verhalten sich meine Hunde: Rüde und Hündin bohren ihre Nase in das Fell der Kopfseiten und des Halses bis herab zu den Schultern, wobei es alle Übergänge von einem kurzen Stupsen bis zu einem langanhaltenden, fast genüßlich wirkenden Wühlen im Fell des Partners gibt. Bei diesem Wühlen kommt noch ein deutlich hörbares Schnuppern hinzu, das aber ursprünglich mit dem Stupsen nichts zu tun hat. Das Beriechen der Kopf- und Halsseiten wird uns später noch beschäftigen, weil es mit einem Verhalten des Hundes in Zusammenhang steht, das schon manchem Hundebesitzer Kummer gemacht hat.

Das Nasenstupsen unter Hunden kann endlich auch noch den Charakter der Spielaufforderung tragen, und zwar im allgemeinen zu jener Art von Spiel, die sich aus dem Zärtlichkeitsverhalten bei der Paarbildung entwickelt hat. Vor allem miteinander sehr vertraute Hunde, wie Mutter und Tochter, Geschwister und seit langem zusammenlebende, sich gut vertragende Hunde, fordern sich durch Stupsen mit der Nase zu spielerischen Schnauzenzärtlichkeiten auf, bei denen dann gewöhnlich der Fang des Stupsenden sanft in den Fang des Partners genommen wird. Es gehört unter Hunden schon sehr viel Vertrauen dazu, die so empfindliche Nasen-Mund-Partie zwischen den starrenden Zähnen des anderen zu belassen.

Wie beim Nasenstupsen unsere Hand als Ersatz für unser Gesicht oder unseren Hals genommen wird, so wird auch das »Schnauze-in-den-Fang-nehmen« gern mit unserer Hand gemacht. Gewöhnlich ist dieses sehr behutsame (bei jungen Hunden mangels Erfahrung und wegen ihrer spitzen Zähne nicht immer angenehme) Festhalten unserer Hand unter kaum spürbaren Kaubewegungen ein Ausdruck von Zärtlichkeit. Wird es aber ein wenig fester, dann trägt es Aufforderungscharakter, der Hund will spielen. Das ist dann so ähnlich wie bei Welpen, die zunächst mit Schnauzenzärtlichkeit beginnen und dann zum spielerischen Beißkampf übergehen; so wird festeres Handhalten und weiterhin Ziehen an der Hand zur Spielaufforderung, mitunter auch zur Aufforderung, nun doch endlich den gewohnten Spaziergang zu unternehmen.

Wenn Binna oder Rana mittels Nasenstupsen zu Zärtlichkeiten auffordern, dann ahme ich oft das Beißen in den Fang mit eingekrümmten Fingern nach; man muß es so sanft machen, daß der Hund seinen Fang jederzeit durch Wendungen an den Fingerkuppen reiben kann, dann versteht er es auch im richtigen Sinne. Warum sollte nur der Hund des Menschen Verhalten lernen und begreifen; wir können ruhig auch einmal in der »Sprache des Hundes« uns versuchen, ohne daß uns ein Stein aus der Krone fällt.

Schlafen

Wir wollen uns jetzt eine ganz elementare Verhaltensweise ansehen, nämlich das Schlafen, das in diesem Lebensalter immer noch eine große Rolle spielt. Blicken wir zunächst einmal zurück in das frühe Welpenalter.

Die anatomischen Gegebenheiten des Welpen – die stark seitwärts gerichteten Beinchen – bedingen, daß er in einer einfachen Bauchlage schläft. Allerdings will er dabei unbedingt den

Kontakt mit dem mütterlichen Körper oder doch zumindest mit seinen Geschwistern. Ein Welpe, der sich nicht an etwas Warmes, Weiches, Fellähnliches anschmiegen kann, schläft nicht, sondern quäkt laut und unermüdlich.

Das enge Kontaktliegen ist nicht nur ein Verhalten der frühen, sondern auch der späteren Kindheit und verliert sich langsam im Verlaufe des ersten Lebensjahres. Der erwachsene Hund mag beim Schlafen keinen Körperkontakt, auch nicht mit einem ihm sehr eng verbundenen Hund. Die acht Wochen alte Rana hatte sich sehr schnell mit dem damals etwa eineinhalbjährigen Sascha angefreundet. Der Rüde ist, wie bereits erwähnt, überaus welpenfreundlich und zeigt oft ein fast mütterliches Verhalten. Er nahm sich der kleinen Schäferhündin ganz rührend an und spielte mit ihr, so oft und so lange sie immer wollte. Legte sich Rana aber, vom Spiel müde geworden, nach Kinder-

Kontaktliegende Wölfinnen – eine Ausnahmesituation, die sehr enge Bindung anzeigt.

art zu ihm, so ertrug er das nicht länger als wenige Minuten; dann stand er auf, ließ die schlafende Rana allein und legte sich einen Meter neben ihr ab. Rana ist jetzt fast zehn Monate alt; sie hat ab und zu immer noch das Bedürfnis, sich beim Schlafen an Sascha zu schmiegen. Die beiden Hunde sind ein Herz und eine Seele, aber Sascha steht still auf und legt sich abseits.

Die übliche Schlafstellung des erwachsenen Hundes ist das Kreisliegen: Der Körper liegt halb auf der Seite, halb auf dem Bauch und bildet einen geschlossenen Kreis, wobei die Schnauze im Bereich der Schwanzwurzel aufliegt; der Schwanz selbst wird um den Kopf gelegt. Auf diese Weise wird die Körperoberfläche verkleinert, die empfindlicheren Körperteile sind gut geschützt. Das ist eine sehr praktische Stellung, die gegen Wind und Wetter schützt (meine Elchhund-Dingo-Abkömmlinge lassen sich — wie die Schlittenhunde — oft beim Kreisliegen einschneien).

Das Halbseitenliegen ist der Schlafstellung kleiner Nestwelpen ähnlich: Der Rumpf liegt bäuchlings am Boden auf und der Kopf ruht zwischen den nach vorn gerichteten Vorderpfoten. Nur wird hier ein Hinterschenkel seitlich untergeschoben, die beiden Hinterbeine weisen also nach einer Seite. Es gibt aber auch viele Hunde, deren Ruhestellung völlig der Welpenschlafstellung gleicht, bei denen also der Bauch völlig flach dem Un-

Kreisliegen der Schäferhündin Rana.

tergrund aufliegt und die Hinterbeine zur Seite, schräg nach hinten, gerichtet sind. Meine Binna praktiziert diese »Bettvorlegerstellung« vorzugsweise, ebenso einige ihrer dingovermischten Nachkommen. Wer keinen Laikahund hat, diese Stellung aber einmal sehen möchte, braucht nur in den Zoo zu gehen. Alle Bären — insbesondere die Eisbären — pflegen sie mit Ausdauer.

Dies sind also die drei typischen Liegestellungen des Hundes. Binna kennt noch eine vierte: Sie liegt sehr gern auf dem Rükken, die Wirbelsäule ein wenig gekrümmt, die Beine abgewinkelt, und bringt es sogar fertig, in dieser Stellung zu schlafen. Hunde können überhaupt mitunter groteske Liegestellungen einnehmen, von denen man sich als Mensch nur schwer vorstellen kann, daß sie bequem sind.

Der kleine Welpe begnügt sich in den ersten zehn Tagen mit der Eisbärenstellung; es wäre für ihn mit seinen noch unausgebildeten und tolpatschigen Beinchen recht schwierig, aus einer anderen Ruhestellung wieder hochzukommen. Er darf auch noch mit seiner Mutter »kontaktliegen«. Und noch etwas läßt sich bei einem schlafenden Welpen beobachten: Er zuckt gelegentlich mit den Pfoten, manchmal sogar mit den winzigen Ohren.

Beim erwachsenen Hund hat das sicher schon jeder gesehen; häufig kommen dazu noch stimmliche Äußerungen, die wie ein verstümmeltes Bellen oder Jaulen klingen. Auch ein Mensch, der im Schlaf spricht, redet nur selten besonders deutlich; nicht anders mag das beim Hund sein, und nichts anderes mag auch die Ursache sein, nämlich ein Traum.

Die »Bettvorlegerstellung« Binnas.

Sicherlich träumt ein Hund ganz ähnlich wie wir Menschen, freilich auf seine Welt bezogen, und möglicherweise spielen in seinen Träumen Gerüche eine wichtige Rolle. Manchmal kommt es vor, daß ein Hund ganz tief in solche Träume verstrickt ist. Man wecke einmal einen Hund auf, der ganz offensichtlich hinter der Katze des Nachbarn her ist: Wenn man genau beobachtet, erkennt man, daß er tatsächlich erst aus dem Traum in die Wirklichkeit zurückfinden muß. Freilich geht das beim Hund wesentlich schneller als bei den meisten Menschen, denn die Sinne eines Hundes sind auch im Tiefschlaf niemals so ausgeschaltet wie bei uns. Der Hund merkt beispielsweise unsere Annäherung bereits im Schlaf, und ich halte es sogar für möglich, daß er das mit dem Traumgeschehen unmittelbar verknüpft. Ich weiß aus eigener Erfahrung, wie man das Rasseln des Weckers noch schnell in den Morgentraum einbaut, bevor man erwacht. Solche Traumabläufe sind bekanntlich wesentlich schneller als unser waches Denken. Der Hund muß also schon sehr intensiv träumen und unsere Annäherung muß fast unmerklich erfolgen, damit dieser Augenblick der Verblüffung über die plötzlich andersartige Situation zustande kommt. Im übrigen wird der, dem das Verhalten seines Hundes seit Jahren sehr vertraut ist, mit ziemlicher Sicherheit erkennen, wovon sein Hund gerade träumt. Beweisen läßt sich das freilich nicht — aber es macht Spaß.

Das Schlafen ist nicht nur eine angenehme, sondern auch eine sehr nützliche Beschäftigung, der ein dranghafter Zustand, den wir Schlafbedürfnis zu nennen pflegen, vorausgeht. Dieses Schlafbedürfnis bewirkt, daß der Hund sich auf die Suche nach »schlafauslösenden Reizen« begibt. H.-D. Schmidt nennt das eine »gelernte Appetenz, die auf Örtlichkeiten gerichtet wird, deren Eigenschaften den Tieren aus früheren Erfahrungen bekannt sind«. Mit anderen Worten: Unser Hund hopst auf die Couch, weil er aus Erfahrung weiß, wie gut man dort schläft. Oder er tut das nicht, weil er sich daran erinnert, daß ihm das verboten ist und er einen eigenen Schlafplatz hat, der einzige Ort, wo er weder ein böses »Pfui« entgegengeschleudert bekommt noch sonst in irgendeiner Weise gestört wird. Manche Hunde hören von ihrem Herrchen sogar ein erlösendes Aufatmen, wenn sie sich nach stundenlangem Umhertollen endlich, endlich dorthin begeben.

Am Schlafplatz angekommen, dreht sich der Hund gewöhnlich mehrfach im Kreise, ehe er sich hinlegt. Schon der Begründer der modernen Abstammungslehre, Charles Darwin, hat auf dieses Verhalten hingewiesen und es als Beispiel für eine Instinkthandlung gebracht, die von den wilden Ahnen ererbt, nun auch beim Haushund noch vorhanden, aber ohne Funktion ist. Dem Verhaltensforscher dient das Drehen vor dem Hinlegen als Paradebeispiel für den »uneinsichtigen« Ablauf einer Erbkoordination: Seit Darwin meint man, daß dieses Drehen aus einem Grasniedertreten entstanden ist und nun als ererbter Instinkt auch dann ablaufe, wenn gar kein Gras vorhanden ist. Das klingt sehr einleuchtend, aber es stimmt nicht. Es stimmt auch nicht, daß diese Bewegung »Schlangen und Skorpione« aufscheuchen soll. So etwas kann man nur mit viel Phantasie am Schreibtisch ersinnen, denn wer das Verhalten von Schlangen wie von Skorpionen kennt, der weiß, daß genau das das verkehrteste wäre, was ein Hund tun könnte. Um sich gegen solche Tiere zu schützen, braucht der Hund keinen Instinkt, sondern seine gute Nase — die reicht, falls er wirklich in einem Territorium wohnen sollte, wo es Schlangen oder sonstige Gifttiere gibt.

Der durch seine seltsamen Züchtungen, durch die Züchtung des Hovawarts* und anderer Rassen bekannt gewordene Privatforscher Kurt F. König hat diesen Spekulationen nie so recht Glauben schenken können und hat deshalb eine umfangreiche Versuchsreihe nicht nur mit Hunden, sondern auch mit Wölfen, Schakalen, Füchsen, Mardern, Nerzen und Waschbären durchgeführt. Alle diese Tiere ließ er sowohl sehr kurze als auch sehr lange Zeiten in einem Laufrad laufen und beobachtete danach, wie sie sich hinlegen. Es zeigte sich, wie König mir schrieb, »daß man sich nach langem Lauf öfter drehen muß, um die runde Schlaflage zu bekommen, nach kurzem Lauf aber mit einer Drehung auskommt«. Das ist es nämlich — es geht bei diesem Drehen in Wahrheit um nichts anderes als um das »Zurechtbiegen« der Wirbelsäule für jene Hauptschlaflage, bei der der Hund einen Kreis bildet. Ist die beim Laufen sehr angestrengte Wirbelsäule ermüdet, bedarf es mehrerer solcher Drehungen, um in die rich-

* »Hofwart« war eine mittelalterliche Hunderasse, die neu erzüchtet wurde. Der Hovawart ist ein beliebter Rassehund.

tige Stellung zu gelangen. Auch ein Hund, der längere Zeit geschlafen hat, danach aufsteht und sich wieder ablegt, dreht sich ziemlich oft, denn nun ist natürlich das Rückgrat steif geworden. Bekanntlich begegnet er diesem Zustand nach dem Aufstehen durch Streckbewegungen, wie wir das auch machen.

Alte Instinkte und Einsicht arbeiten eng verknüpft bei unseren Hunden zusammen. Sie sind nicht so eingleisige Schienenfahrzeuge, die absolut einsichtslos ihren Instinkten unterliegen und Gras niedertreten, wo es keines gibt! Schlafen und Ruhen sind Dinge, die man unwillkürlich mit einem Zuhause, einem Heim, verbindet. Für Tiere ist das nicht anders, wobei für sie die Sicherheit des Ortes noch vor seiner Bequemlichkeit kommt. Wir sollten uns das vor Augen halten, wenn wir den achtwöchigen Welpen nach Hause holen. Schon vorher werden wir deshalb überlegen, wo in unserer Wohnung ein Platz ist, an dem der Hund — nicht nur als kleiner Welpe, sondern auch später, wenn er groß geworden ist — wirklich ungestört liegen kann. Er wird das »Geh Platz« ohnehin viel öfter hören, als ihm lieb sein mag, und da soll dieser Ort auch wirklich so angenehm als möglich für ihn sein. Das Schönste für ihn ist eine hüttenähnliche Kiste mit ebenem Dach, vorne vollständig offen, denn er will ja von seinem Platz aus umhersehen können. Die Höhe sollte so bemessen sein, daß er auch dann nicht mit dem Kopf am Dach anstößt, wenn er ganz aufgerichtet steht, wie er das zum Beispiel macht, wenn er die Schritte des heimkehrenden Herrchens im Korridor vernimmt. Es gibt sehr viele Hunde, die gerne auf einem erhöhten Punkt ruhen, von dem aus sie eine bessere Übersicht haben. Deswegen empfehle ich diese »Zimmerhütte« mit dem flachen Dach, die dem Hund diese Möglichkeit bietet, ohne daß er unser Sofa benutzen muß. In die Hütte kommt eine einfache Decke, nicht mehr. Hunde kennen in der Natur kein ausgepolstertes Lager, sondern nur nackten Boden. Die ausgescharrten Erdlöcher in meinen Zwingern wurden immer dem versuchsweise in die Hütten gelegten Stroh oder Heu vorgezogen.

Wir können die Beobachtung machen, daß erwachsene Hunde sehr genau Hundekinder erkennen können, mehr noch, daß sie genauso auch Menschenkinder von erwachsenen Menschen unterscheiden und ihr Verhalten auf sie abstimmen. Wie viele Beispiele sind schon bekannt geworden, daß sonst ungemein scharfe und gefährliche Wachhunde sich widerstandslos von kleinen Kindern — fremden Kindern sogar! — anfassen und umherzerren ließen. Die ganze Bösartigkeit, die so mancher Hund entwickelt, ist angesichts eines kleinen Kindes oft wie weggeblasen.

Wir werden uns später noch genauer mit dem Ausdrucksverhalten auseinandersetzen, das angeborenermaßen vom Artgenossen verstanden wird. Genauere Analysen der Verhaltensforscher haben gezeigt, daß es stets ganz vereinfachte Züge im Ausdruck sind, die als »Schlüsselreize« wirken, d. h. bestimmte Verhaltensweisen auslösen oder hemmen; es wird also nur ein überaus vereinfachtes, ein grob-schematisches Bild des jeweiligen Gesamtausdruckes im Erbgefüge verankert. Wir können uns das an einem ganz einfachen Beispiel verdeutlichen: Wir zeichnen zwei Kreise und tragen in das untere Drittel bei dem einen eine aufwärtsgekrümmte Linie, bei dem anderen eine abwärtsgekrümmte Linie ein. Jeder wird in dem einen Kreis ein trauriges, in dem anderen ein lachendes Gesicht sehen. Das eine löst in uns eine traurige, das andere eine heitere Vorstellung aus. Damit haben wir den Schlüssel auch für das, was Konrad Lorenz als Kindchenschema bezeichnet hat. Wenn wir einen Blick in das Reich der Säugetiere bis hinauf zum Menschen werfen, können wir bei allen Jungtieren einige besondere Merkmale feststellen. Es ist da stets ein sehr runder Kopf — ganz im Gegensatz zum erwachsenen Tier —, der meist auffallend groß im Vergleich zum daranhängenden Körperchen ist. Das ergibt bereits das optische Signal: »Baby!« Aber das ist noch nicht alles: Große, runde Augen verleihen diesem Gesicht einen ganz bestimmten Ausdruck; eine kaum in Erscheinung tretende kleine Nase, dafür aber runde, weiche Pausbacken, ein rundlicher

Der kindliche Ausdruck eines zweitägigen Dingo-Welpen; festgehalten ist das vertikale Suchpendeln des Kopfes.

Saugmund — all das unterscheidet das Gesicht des Babys von dem des Erwachsenen. Wer dieses Phänomen studieren will, der betrachte einmal das Puppensortiment eines Spielzeuggeschäftes. Die Hersteller gehen bei der Formgebung ihrer Puppen davon aus, daß sie sehr betonte, überoptimale Auslöser für Brutpflegehandlungen haben müssen. Sie sind vielfach noch »herziger« als echte Kinder. Die Erwachsenen sprechen naturgemäß auf diese Reize an — was sich in den Kauf-Reiz umsetzt; und die Kinder spielen mit Puppen — verhaltenskundlich gesagt: sie führen Brutpflegehandlungen aus. Hier haben wir bei uns Menschen genau das, was uns bei Zimens kleiner Wölfin zunächst erstaunte. Das Kindchenschema ist eben auch den Jungtieren sehr wohl bekannt, oder, genauer gesagt, seine Auslösewirkung ist bei ihnen schon effektiv. Sie sprechen »automatisch« darauf an.

Der kleine Hundewelpe mit seinen kurzen, dicken Beinchen, seiner samtähnlichen Behaarung, seiner Unbeholfenheit — er hat die gleichen Merkmale, auf die wir bei einem Menschenkind reagieren. Sein Anblick läßt genauso gewisse Gefühlssaiten in uns aufklingen; wir möchten gern gut zu ihm sein und ihn streicheln. All das vollzieht sich in uns ganz unbewußt, wir sprechen einfach auf den Auslösemechanismus des Kindchenschemas an.

Nicht anders wird es also auch einem Hund ergehen, für den der Welpe sicherlich auch noch ein kindliches Geruchsbild mit sich führt. Ein Hund schnuppert erst einmal, ehe er sich ganz überzeugen läßt und mit Brutpflegehandlungen beginnt. Das Kindchenschema hat aber auch noch eine weitere Funktion: Es schützt den kleinen Welpen vor Aggression — freilich nicht unbegrenzt, denn die Bewahrung der eigenen Brut vor Konkurrenz kann hier in bestimmten Fällen von stärkeren Trieben beherrscht werden und die Schranken durchbrechen. Die Reizschwelle ist eben nicht immer gleich hoch und situationsgebunden — damit schützt sich die Natur vor einer zu einseitigen, starren Funktion ihrer Mechanismen. Es ist zum Beispiel bekannt, daß die Frauen der australischen Ureinwohner, die ein unstetes Wanderleben führen, ihr neugeborenes Kind bedenkenlos töten, wenn Hungersnot die Erhaltung der Sippe gefährdet. Sie sind wie alle Mütter der Welt zu Kindern zärtlich und lieb — aber es gibt eben Situationen, in denen der Brutpflegemechanismus durch noch stärkere Reize überlagert wird. Das gleiche ist der Fall, wenn eine säugende Hündin unbarmherzig einen fremden Welpen tötet — hier wirkt das Kindchenschema nicht mehr, es bleibt unbeachtet, während es bei den eigenen Welpen voll in Kraft ist.

Trotzdem ist es übrigens möglich, einer säugenden Hündin einen fremden Welpen unterzuschieben, indem man ihn einige Zeit zu den anderen Welpen legt. Bald hat er den Nestgeruch angenommen, und da Hunde ihre Welpen nicht abzählen können, merkt die Hündin bei ihrer Rückkunft den Schwindel nicht.

Das Kindchenschema ist also sehr »generalisiert«, d. h. in seinen Grundeigenschaften bei allen Tieren sehr ähnlich. Das erklärt, warum es möglich ist, einer Hündin artfremde Jungtiere unterzuschieben. Es gibt genug Beispiele dafür, daß Forstmänner Rehkitze von Jagdhündinnen aufziehen ließen, und sehr berühmt wurde die Boxerhündin eines Zirkus, die Löwenwelpen großzog und für sie auch dann noch die »Mutter« blieb, als die Raubtiere erwachsen waren.

Welche beherrschende Rolle das Kindchenschema in unserem Empfinden für »lieb« und »herzig« einnimmt, beweisen aber nun auch alle jene seltsamen Hundezüchtungen, bei denen diese einen Mechanismus auslösenden Signale permanent gemacht worden sind. Denken wir an die vielgelästerten Möpse: Hier hat Züchterkunst, ähnlich wie bei den Pekinesen, den Affen-

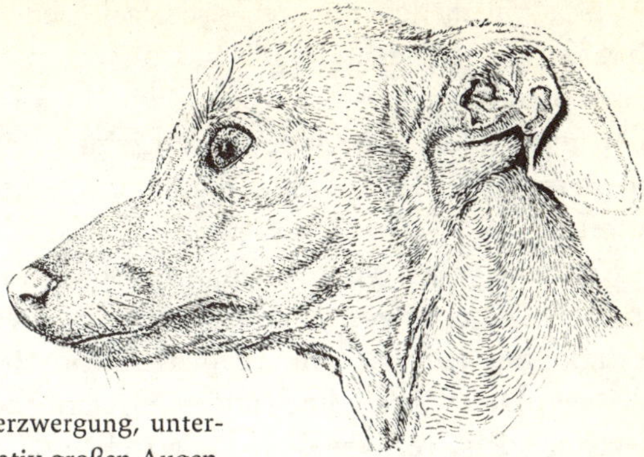

Der »Rundkopf« eines Italienischen Windspiels; der kindliche Ausdruck ist eine Folge der Verzwergung, unterstrichen durch die relativ großen Augen.

pinschern oder den Bichons, den Maltesern usw., das Kindchenschema zum Rassenbild gemacht. »Ach, wenn er doch so klein und herzig bliebe und sich nicht zu einem Bernhardiner auswachsen würde« — der in diese Richtung gehenden Wünsche vieler Hundefreunde haben sich schon vor Tausenden von Jahren züchtungskundige Spekulanten angenommen und haben uns solche »lebendigen Puppen« beschert. Es handelt sich bei derartigen Züchtungen um die Retardation einzelner Merkmale, d. h. gewisse Wachstumsvorgänge sind teilweise unterdrückt oder ganz ausgefallen. Das Welpenschnäuzchen wächst nicht weiter, und so entsteht das Mopsgesicht; die Verzwergung wird vom Gehirn nicht mitgemacht, und so bleibt ein runder Kopf, in dem die Augen ganz groß wie beim Kleinkind sind. Der »Babyspeck« des samtfelligen Mopses appelliert an den Pflegetrieb. Beim Malteser ist es das weiche, lange Seidenhaar, das dem Streichel- und Pflegebedürfnis so entgegenkommt.

Beschränkt sich nun die Retardation nur auf körperliche Merkmale oder gibt es auch bei unseren Hunden eine Verjugendlichung wesensmäßiger Eigenschaften? Es gibt sie ganz entschieden, und wahrscheinlich noch viel öfter als angenommen wird. Eine verhaltensmäßige Retardation kann zwei Ursachen haben. Zunächst einmal kann es im Erbgefüge zu Wandlungen kommen, durch die gewisse Reifungsprozesse der Wesensentwicklung ausbleiben. Die unglaubliche Verspieltheit vernünftig gehaltener Möpse — die nicht als reine Streichelobjekte psychisch degenerieren — ist solch eine sichtlich erbfeste Retardation. Viele andere Hunderassen gibt es, die auch im Alter niemals so gesetzt werden wie etwa eine Dogge. Sicher gibt es auch hier innerhalb der einzelnen Rassen Unterschiede im Bereich der Retardation dieser oder einer anderen Eigenschaft.

Konrad Lorenz weist auf die sehr positive Auswirkung bestimmter Retardationen hin. Durch die Retardation können Neugier und Lerntrieb des Welpen bis ins Alter hinein erhalten bleiben. Die Möpse sind ungemein lernfreudig, ob sie nun Welpen oder Greise sind; letztere stellen da einen sehr auffallenden Kontrast in sich selbst dar, denn es wirkt sehr ungewöhnlich, wenn ein Hund, dem man das hohe Alter schon genau ansieht, immer noch nicht nur ein kindliches Aussehen, sondern auch das vergnügt-jugendliche Wesen eines jungen Hundes hat.

Die andere Ursache von Verjugendlichung ist nicht vererbbar, sie beruht auf einer individuellen Erhaltung jugendlicher Verhaltensweisen. Das spielt in der Beziehung zwischen Mensch und Hund eine vielleicht nicht zu unterschätzende Rolle. Wir müssen dabei folgendes überlegen: Zunächst prägt sich dem Hund der Mensch als zweite Form des Artgenossen ein. Artgenossen sind zunächst Mitwelpen und Eltern. Beide unterscheiden sich durch etwas sehr Wichtiges: Eltern füttern, Geschwister tun das Gegenteil, sie fressen einem gern was weg. Der zweibeinige große Menschenkumpan hat nun viel Ähnlichkeit mit den Eltern in diesem entscheidenden Punkt, denn auch er bringt Futter. Wenn der Junghund neun oder zehn Monate alt geworden ist, dann löst er die Kumpanschaft mit den Eltern und geht auf Wanderschaft; er macht sich selbständig und muß spätestens ab da seine Nahrung selbst erwerben, was bekanntlich für einen wildlebenden Hund nicht ganz einfach ist. Wir aber übernehmen einen Hund im Welpenalter, sind ihm futterspendender Elternkumpan und bleiben es nicht nur deswegen, weil wir ihm Futter geben und sogar verhindern, daß er sich selbst solches verschafft, sondern weil wir auch die Bindung zu ihm aufrechterhalten. Die Trennung von den Eltern wird nämlich unter Hunden unter anderem auch dadurch ausgelöst, daß diese nicht mehr daran denken, den herangewachsenen Flegel zu füttern, sondern ihm deutlich knurrend und mit gefletschten Zähnen zu verstehen geben, daß er nun alt genug ist, sich selbst zu versorgen. Eben das tun wir aber nicht, und so bleibt zwischen unserem Hund und uns immer ein ganzes Stück Elternbindung zeitlebens erhalten. Das wirkt entschieden auf so manche Bereiche der psychischen Entfaltung des Hundes zurück, weshalb er uns – wenn wir uns weiterhin richtig verhalten! – auch einen guten Teil seiner kindlichen Elternverehrung, d. h. Anerkennung der elterlichen Autorität, bewahrt. Ich denke, daß dieser Hinweis ausreicht, damit wir unsere Rolle im Leben des Hundes besser durchschauen, zum Frommen und Nutzen unserer Beziehungen zu ihm.

Die Sozialisierungsphase

Die Entwicklung von der neunten bis zum Ende der zwölften Lebenswoche steht unter neuen Vorzeichen. Jetzt werden all jene Dinge gelernt, die eine Grundlage für die höheren sozialen Leistungen sind, die im Leben so hochstehender Familien- und Sippentiere eine entscheidende Rolle spielen.

Bislang durfte der Welpe tun und lassen, was er wollte. Seine Eltern duldeten alles mit der Nachsicht verständnisvoller Langmut: Er ist eben ein Kind, man muß ihn gewähren lassen. Er muß sich erst einmal entwickeln, er muß seine Bewegungsmöglichkeiten kennenlernen und üben, er muß eine gewisse Reife erlangen, ehe man als Erzieher in Erscheinung treten kann.

Das ändert sich nun. Jetzt wird es Zeit, den Kleinen zu einem anständigen und brauchbaren Hund zu erziehen, der in der Gemeinschaft später einmal seinen »Hund stellt« und selbst wieder anständige Hundekinder erziehen kann. So unglaublich es klingt: Es gibt hier tatsächlich ein abgestuftes, wohlausgewogenes Erziehungsprogramm. Eines, das nicht »anti-autoritär« ist, sondern sehr autoritär. Freilich muß man hinzusetzen, daß die Hunde-Autorität etwas ganz anderes ist als jene Pseudo-Autorität, wie sie in abendländischen Gesellschaftsformen entwickelt wurde und die sich darin gefällt, zwischen Kind und Vater ein Untertanen-Obrigkeitsverhältnis zu errichten. Dadurch hat das Wort Autorität einen üblen Beigeschmack erhalten. Wir werden beim Hund sehen, daß hier Autorität nicht nur das Geheimnis des Erfolges beim Überleben im Daseinskampf ist, sondern auch, daß sie dem Junghund geradezu ein Bedürfnis ist. Er sucht und anerkennt von sich aus die Autorität des Vaters und später — wenn wir an den Wolf denken — in ähnlicher Weise des Rudelführers. Ein Hund, der seinen Herrn nicht als Autorität anerkennen kann, protestiert. Er wird ein »schwieriger Hund« — das ist seine Form von Protest, die oft nicht verstanden wird. Ein Leitwolf, der als Autorität versagt, wird zerrissen — er muß getötet werden, damit das Überleben der Sippe gewährleistet ist. Alt und verbraucht, nicht mehr fähig, das Rudel zu führen, würde er es ins Verderben stürzen, wenn man sich seiner nicht entledigen würde. Darüber gibt es noch einiges zu sagen, wenn ich auf die verschiedenen Möglichkeiten und Notwendigkeiten der Aggression zu sprechen komme.

Hier geht es mir aber um etwas, das für soziale Lebewesen noch viel wichtiger und entscheidender ist als alle Aggression, nämlich um die gruppenbindenden Verhaltensweisen. Ich möchte in diesem Zusammenhang auf das Buch »Liebe und Haß« von Eibl-Eibesfeldt verweisen, das die Grundlagen der sozialen Bindungen bei Tier und Mensch behandelt. Die Beobachtung des Hundes, dessen Sozialstruktur der des Menschen so sehr ähnlich ist, kann zu diesem Fragenkomplex viele aufschlußreiche Einzelheiten beisteuern.

Gruppenbindend ist zunächst die Prägung. Sie legt unverrückbar fest, wer als Artgenosse anerkannt wird; im Sonderfall des unter menschlicher Obhut aufgezogenen Hundes gibt es dann, wie schon erwähnt, zwei »Artgenossen«, wobei die klare Unterscheidung besteht zwischen dem, was echter Artgenosse ist und was der Mensch ist. Da es auch in der Natur bei den

Wildhunden eine Unterscheidung zwischen Sippenzugehörigen und Sippenfremden gibt, fällt das dem Hund grundsätzlich nicht schwer: Er hat sich der menschlichen Sippe zugewandt und fühlt sich ihr angehörig; die anderen, nicht zur Sippe gehörenden Hunde sind dann eben Rudelfremde und können als solche — wieder wie in der Natur — eventuell zu Geschlechtspartnern werden.

Eingliederung in die menschliche Gemeinschaft

Um einer Sippe angehören zu können, bedarf es — neben jenen Verhaltensweisen, die angeborenermaßen bereits diesem Sozialleben entgegenkommen — einer ganzen Reihe von Eingliederungs- und Gruppenbindungsprozeduren. Da Wölfe wie Menschen plastisch und anpassungsfähig sind und es auch wohl sein müssen, um bestehen zu können, kann das Sozialleben nicht — wie etwa bei Bienen — allein auf Instinkten aufgebaut sein. Es muß weit mehr durch Lernen entwickelt werden. Damit wird für die Art der Spielraum ihrer Entfaltung weit größer. Ein Teil dieses Lernens wird durch die Erziehung gewährleistet. Sie ist ein ganz wesentlicher Faktor im Bereich der gruppenbindenden Verhaltensweisen.

Wie man das in meinen »Familien-Zwingern« so schön verfolgen kann, tritt nun der Vaterrüde als Erzieher in Erscheinung. Besonders interessant war es für mich, die Schäferhunde Sascha und Rana zu beobachten. Rana ist eine Tochter von Sascha, die wir mit acht Wochen von ihrer Mutter wegholten und zur weiteren Erziehung ihrem Vater übergaben. Rana hatte in dem Zwinger ihrer Mutter sehr guten Kontakt zu Menschen gefunden; sie hängt sehr an mir und sie ist zu jedermann freundlich, der nichts Böses von ihr will. Sascha nahm sich des kleinen Mädchens mit seiner ihm eigenen Liebenswürdigkeit an. Er ging auf alle Spiele Ranas ein, er lehrte sie andere, er leitete sie an und ließ sich geduldig alles von ihr gefallen. Die beiden Hunde waren den ganzen Tag zusammen, die Abende meist mit mir und Mitarbeiterin Eva auf einige Stunden im Wohnzimmer. Rana wurde nie von uns spazierengeführt — wozu auch, sie konnte nach Herzenslust mit Sascha im Freien umhertollen. Rana lernte von uns nur, was das Kommando »Pfui« bedeutet und was es heißt, stubenrein zu sein. Mehr taten wir nicht. — Rana ist inzwischen erwachsen. Sie läßt keine Gelegenheit vorbeigehen, uns ihre Anhänglichkeit und Freundlichkeit zu zeigen. Aber man kann mit ihr weder spielen noch kann man sie zu irgendwelchen Dingen abrichten. Das ist hoffnungslos; der leiseste Versuch wird von ihr mit Schwanzeinklemmen und Sich-Verdrücken quittiert.

Nun, das ist ganz genauso wie bei jedem anderen unserer Hunde, der allein vom Vater erzogen wurde und es nach der achten Woche nicht gelernt hat, daß der Mensch nicht nur ein liebes Wesen ist, das man mag und dem man begeistert die Hand abschleckt, sondern auch ein Wesen, mit dem man spielen und mit dem man zusammenarbeiten kann. Ist während der Sozialisierungsphase ein Hund der ausschließliche Erzieher, so bleibt der Junghund in seinem eigentlichen Sozialverhalten grundsätzlich auf Hunde bezogen. Ist der Mensch der einzige Erzieher, dann bleibt der Hund ihm zugewandt und tut sich künftig mit anderen Hunden ein wenig schwer. Hunde, die in dieser Zeit wenigstens gelegentlich die Möglichkeit hatten, mit anderen Hunden zusammenzukommen und zu spielen, entwikkeln sich zu dem, was ich als »normale Hunde« bezeichnen würde. Was ist das für ein Hund, der sich im Umgang mit anderen Hunden nicht zurechtfindet? Im entgegengesetzten Sinn ist Rana kein »normaler« Hund geworden, weil sie nicht imstande ist, sich der menschlichen Gemeinschaft einzugliedern. Sie kann sich anschließen — aus ihrer Prägungszeit her —, aber nicht wirklich eingliedern, weil das in ihrer Sozialisierungszeit nicht gefördert wurde. Unter Hunden ist sie großartig; sie ist sehr nett zu Welpen, sie ist freundlich mit jedem fremden Hund, der ihr über den Weg läuft.

Dabei ist ihr Erzieher Sascha voll und ganz in die menschliche Gemeinschaft eingegliedert. Er ist ein Hund, dem man mit nichts mehr Freude machen kann, als wenn man mit ihm spielt oder ihm ein neues Kunststück lehrt. Er überschlägt sich förmlich vor Verlangen, mit dem Menschen zusammenzuarbeiten. Hierbei wird ein gruppenbindendes Verhalten deutlich, das ich kurz schildern möchte, weil es diesen Begriff ausgezeichnet erläutert.

Sascha liebt es ungemein, wenn man ein Stück Holz wirft; er rast hinterdrein, holt es und übergibt es dem Werfer — oder mit Vorliebe jemand anderem. Dabei sucht er sich dann gerade die Person aus, die bislang beim Spielen noch zu wenig aktiv gewesen ist. Da Eva mit ihm viel arbeitet und spielt, denn Sascha ist ihr Hund, ist für ihn die enge Bindung zu ihr sozusagen selbstverständlich. Er sucht nun von sich aus Kontakt zu anderen Menschen, denn schließlich gehören zu einer Sozietät immer mehrere und nicht bloß zwei. Sind Eva und ich mit ihm zusammen, so wird er niemals Eva ein Holz bringen, um sie zum Spiel aufzufordern (es sei denn, sie hat schon sehr lange nicht mehr mit ihm gespielt), sondern er bringt es grundsätzlich mir. Ist ein Gast da, so ist es eine seiner ersten Handlungen, diesem ein Holz zu überbringen; er legt es ihm auf den Schoß, setzt sich erwartungsvoll hin und blickt ihm geradewegs in die Augen. Er wird ungeduldig, wenn man darauf nicht reagiert, er nimmt das Holz wieder, trägt es im erhobenen Fang und legt es nochmals nachdrücklich auf den Schoß, stupst mit der Nase an die Hand: Los, mach schon! Das ist ganz unverkennbar das Bestreben, ein Band zu knüpfen oder eine Bekanntschaft zu vertiefen, zu festigen.

Rana richtet niemals eine Spielaufforderung an den Menschen. Sie bleibt beim Kleinkindverhalten mit Pfötchengeben und Handlecken, obgleich sie es bei Sascha täglich sieht, wie man mit Menschen zusammenarbeiten kann. Wirft man ihr ein Holz, blickt sie einen dumm an. Läuft aber Sascha mit einem Holz, jagt sie hinter ihm her und versucht, ihm das Spielzeug zu entwenden.

Das gruppenbindende Spiel wird also in der Sozialisierungsphase entweder auf den Artgenossen festgelegt oder auf den Menschen, je nachdem, wie der Hund aufwächst. Lebt ein Hund als »Einzelhund« bei uns, dann müssen wir dafür sorgen, daß er in dieser Zeit gelegentlich mit anderen Hunden spielen kann, damit er kein einseitiger Menschenhund wird, der dann später mit anderen Hunden Schwierigkeiten hat. Beim Spaziergang kann sich das unangenehm auswirken, und es kann zur Katastrophe werden, wenn vielleicht einmal ein zweiter Hund ins Haus kommt.

Kommt der Hund erst später in die Familie, ist er vielleicht schon zwölf Wochen alt, dann muß geprüft werden, wie er aufgewachsen ist. Ein Züchter, der fünfzig Hunde hält, hat für gewöhnlich keine mit dem Menschen sozialisierten Hunde zu verkaufen. Ob ein Junghund Möglichkeiten genug hatte, in dieser wichtigen Zeit mit Menschen über das Spiel Sozialkontakte aufzubauen, läßt sich sogleich erkennen, wenn man den Versuch macht, mit dem Hund zu spielen.

Das Spiel

Wenn wir im folgenden das Spielen des Hundes betrachten, so gewinnen wir nicht nur wichtige Aufschlüsse über das allgemeinere Hundeverhalten, sondern wir erfahren vor allem, wie wir selber durch das Spiel den Sozialkontakt mit dem Hund vertiefen können. Das Spiel der Tiere beschäftigt Psychologen und vor allem Verhaltensforscher seit langem. Ich möchte zunächst einmal – in Anlehnung an die Ausführungen von Eibl-Eibesfeldt – die wesentlichen Merkmale des Spieles umreißen.

Zuerst stellen wir bei unseren Welpen fest, daß das Herumbalgen, das gegenseitige Verfolgen oder das Umherschleppen eines Gegenstandes keinerlei ernsthaften Zweck verfolgt. Es fehlt der Ernstbezug. Freilich kann ein Spiel mitunter auch in Ernst übergehen; das erleben wir oft genug, wenn etwa ein Welpe den anderen im Eifer des Gefechtes zu heftig in den empfindlichen Bauch oder in das Ohr beißt. Der kann dann mitten im Spiel recht sauer werden; er schreit laut auf, fletscht die Zähne und knurrt den anderen an, und bald ist die schönste Balgerei im Gange, bei der selbst Haarbüschel ausgerissen werden können. Dabei hat es mit einem sehr vergnügten Spiel angefangen. — Aber das sind nur Zwischenfälle.

Es fällt nun weiterhin auf, daß im Spiel nicht etwa eine Beutefanghandlung von A bis Z planmäßig durchexerziert wird, sondern daß die einzelnen Komponenten ganz wahllos durcheinandergeworfen werden können. Das geht sogar so weit, daß neben ihnen Verhaltensweisen aus anderen Funktionskreisen auftreten, etwa aus dem Sozialverhalten. Das kann alles bunt durcheinandergewürfelt werden, wie es gerade kommt. Die einzelnen Verhaltensweisen sind also vom Gesamtbezug ausgeklinkt und können frei kombiniert werden. Das gilt für die Erbkoordinationen, wie auch für Gelerntes.

Es ist wohl allgemein bekannt, daß das Spiel im Jugendalter dem Erlernen all jener Dinge dient, die man später einmal im Leben braucht. Das Spiel ist eine Vorbereitung für den künftigen Ernst des Lebens. Wir werden das gleich bei den einzelnen Spielweisen mit aller Deutlichkeit sehen.

Den Zusammenhang zwischen Neugier, Spiel und Lernen sieht Eibl-Eibesfeldt folgendermaßen: »Es gibt eine deutliche Spielappetenz, der ein Neugiertrieb zugrunde liegt, d. h. ein Mechanismus, der das Tier dazu drängt, neue Situationen aufzusuchen und mit neuen Dingen zu experimentieren. Spielappetenz und Lernappetenz haben wohl eine gemeinsame Wurzel, Spiel ist eine Form des aktiven Lernens.«

Dieser Antrieb zum Lernen, der allem Spielen zugrunde liegt, äußert sich bei den Welpen genauso unstet wie bei kleineren Kindern, die unentwegt etwas Neues tun wollen und keinerlei Beharrungsvermögen zeigen. Was im Augenblick noch höchst interessant ist, wird in der nächsten Sekunde liegengelassen, weil etwas anderes in das Blickfeld geraten ist, das plötzlich noch viel interessanter erscheint. Verfolgt man aber die Entwicklung der Welpen aufmerksam, sieht man bald, wie die Intensität der Neugier größer wird und wie immer mehr Zeit für *eine* Sache aufgebracht wird. Das gilt natürlich mehr für die Beschäftigung mit Gegenständen. Die Spiele der Welpen untereinander bleiben stets äußerst variabel, da jede Bewegung der Spielgefährten wieder neue Spielmöglichkeiten anregen kann.

Das bedeutet, daß *ein* Spielzeug für den Welpen nicht ausreicht. Das Angebot der Tierhandlungen ist groß, und man sollte Gebrauch davon machen, weil das Spiel mit Gegenständen für die Entwicklung des Welpen wichtig ist. Freilich ersetzt es niemals all jene sozialen Spiele, die den Umgang mit seinesgleichen lehren, wie auch die Bewegungsweisen üben, die dem Beutefang dienen.

Man mag sagen, daß ein Haushund, ein Familienhund, weder den Umgang mit seinesgleichen braucht noch jemals auf Beutefang gehen soll. Nun, was würde aus einem Menschenkind werden, das man in einen Auslauf mit fünfzig Kaninchen sperrte, mit denen es nach Herzenslust spielen könnte, dem man aber niemals Gelegenheit gäbe, mit anderen Kindern die »artgemäßen« Spiele zu spielen? Es würde keine gesunde Entwicklung nehmen können, weil es die auch Menschenkindern angeborenermaßen mit auf den Weg gegebenen Spielformen niemals abreagieren durfte. Seine Eingliederung in die menschliche Gemeinschaft wäre wohl für alle Zeiten blockiert. Es sei hier nur an das armselige Schicksal Kaspar Hausers erinnert.

Wir haben schon in anderem Zusammenhang gesehen, wie wichtig es ist, daß angeborene Verhaltensweisen ungehindert ablaufen können. Triebstauungen, Behinderung der normalen Entfaltung angeborener Verhaltensweisen und andere Frustrationen sind keine Basis für die Persönlichkeitsentfaltung des Hundes. Artgemäßes Spielen ist in seine Entwicklung von der Natur eingebaut — gibt es hier eine Behinderung, so sind tiefgreifende Störungen seiner seelischen Struktur die Folge. Das bedeutet natürlich auch, daß man sehr viel zur Entwicklung des Welpen beitragen kann, wenn man seinem Spielbedürfnis Rechnung trägt und sich dementsprechend auf das neue Familienmitglied einstellt. Normalerweise bringt es kein Mensch fertig, mit einem Welpen nicht zu spielen; aber dieses Spielen kann noch viel schöner und erfolgreicher werden, wenn man weiß, was die einzelnen Spielarten des Welpen bedeuten und wozu sie im natürlichen Dasein des Hundes als Rudeljäger dienen. Das regt die eigene Erfindungsgabe an und macht das Spiel abwechslungsreicher — auch für den Menschen!

Beißspiel zwölfwöchiger Dingowelpen.

Wir werden hier wieder ein wenig anachronistisch vorgehen müssen, denn wenn wir das Spielverhalten nicht zerstückeln und auf die einzelnen Altersstufen aufteilen wollen, bleibt nichts anderes übrig, als einmal auf die vorangegangene Entwicklungsphase, ein anderes Mal auf spätere Abschnitte — wie Rangordnungsphase oder Rudelbildungsphase — zu blicken.

Vor einigen Jahren hat Hanns Ludwig im Veterinär-Physiologischen Institut der Universität Gießen das Spiel von Boxern studiert. Das muß eine höchst vergnügliche Sache gewesen sein, denn wenn man gleich neun Junghunde samt ihren Eltern zur Verfügung hat, da rührt sich schon etwas. Allerdings war es bestimmt keine ganz leichte Aufgabe, aus einem wirbelnden Haufen von elf Mäulern, vierundvierzig Beinen und zweiundzwanzig Ohren einzelne Bewegungsweisen herauszuanalysieren. Nun, Ludwig hat das getan, und wir werden uns das Ergebnis seiner Mühe hier zunutze machen.

Im Spielverhalten der Welpen überwiegen die Kampfspiele. Man sollte daraus aber nicht schließen, daß der Kampf unter

Hunden das erste Lebensprinzip ist, daß er in ihrem Dasein eine zentrale Rolle einnimmt. Es ist wohl vielmehr so, daß im Spiel neben dem aktiven Lernen auch das Abreagieren eines für die Entwicklung der Muskeln, Sehnen und Gelenke ungemein wichtigen Bewegungsdranges wichtig ist. Wie aber könnte man diesen besser abreagieren als im Kräftemessen mit dem Artgenossen — also in Kampfspielen?

Eingeleitet werden sie entweder durch die uns schon bekannte Spielaufforderung oder durch ein herausforderndes Zuspringen auf den Partner mit übertriebenen Körperbewegungen — Hüpfen, Galoppsprünge, Umherschwingen des Hinterleibs. Es geht also nicht, wie bei der ernsthaften Auseinandersetzung, ein Imponieren oder ein Drohen voraus — es ist ja nur Spiel, auch wenn nun in der Folge alle Beißarten vorkommen, die im Ernstkampf zu beobachten sind. Freilich wird nicht richtig zugebissen; eine Beißhemmung verhindert, daß es zu Verletzungen kommt. Wenn es im Eifer des Gefechtes doch einmal ein wenig zu weit geht, wird das mit lauten Schmerzensschreien quittiert. Man kann aber sicher sein, daß dabei maßlos übertrieben wird — ähnlich wie bei gefoulten Fußballspielern, von denen man immer meint, sie würden in der nächsten Sekunde sterben.

Auch Knurren wird gespielt, es klingt aber anders als im Ernstkampf. Es ist hell und kurz, während es sich im Ernstfall tief, langandauernd und bösartig anhört. Man kann so ganz gut erkennen, wenn sich ein Welpe wirklich einmal aus dem Spiel in echten Zorn hineinsteigert.

Eine Kampfspielform ist das aus dem Anspringen heraus ausgeführte »Antippen«, wie es Ludwig nennt. Dabei stützen die Gegner kurz die Vorderpfoten gegeneinander und stoßen sich ab, ein Verhalten, das ein wenig Ähnlichkeit mit dem hat, das beim gegenseitigen Schulterfassen — in der sogenannten »Hochkampfstellung« — üblich ist. Die »Hochkampfstellung« unterscheidet sich von dem »Antippen« vor allem aber dadurch, daß hier beide Tiere auf den Hinterbeinen stehen, sich festhalten und an der Kehle zu fassen suchen. Die Junghunde bringen sich beim »Antippen« meist aus dem Gleichgewicht, dann läuft wieder einer davon, und schon beginnt ein neues Verfolgungsspiel. Kampfspiele im Stehen können sehr abwechslungsreich sein. So können sich die beiden Hunde gegenüberstehen und versuchen, einander an der Kehle zu fassen, sie können versuchen, sich in die Beine zu beißen, oder sie sind auf den »Nacken-Kehlgriff« aus, bei dem man ein Vorderbein auf oder über den Nacken des Gegners legt. Immer geht es um das Kräftemessen, wobei das Gewicht des eigenen Körpers eingesetzt wird — beim Wegdrängen des anderen durch Anstemmen mit der Brust, oder beim Niederdrücken, bei dem man dann mit dem ganzen Vorderkörper den Schwächeren am Boden festzuhalten sucht.

Viel Geschicklichkeit, blitzschnelles Reagieren und Einsetzen der körperlichen Kräfte erfordern alle Kampfspiele, sie sind eine Schulung aller Fähigkeiten. Der Welpe lernt dabei sein eigenes Können, seine eigene Kraft kennen; er entdeckt die unterschiedlichen Kräfteverhältnisse, die Überlegenheit der Elterntiere ebenso wie die Unterlegenheit mancher Geschwister. Die Kampfspiele entwickeln also auch die Beziehungen, die später in der Rangordnung zum Ausdruck kommen.

Hier können wir gleich mit unseren eigenen Möglichkeiten, die Verhaltensweisen des Kampfspieles nachzuahmen, viel zur künftigen Beziehung zwischen uns und unserem Hund vorbereiten. Kampfspiele sind nur mit körperlichen Kontakten austragbar. Unsere Hände sind hervorragende Werkzeuge und können sogar zwei Geschwister ersetzen! Wenn zum Beispiel der Welpe gerade versucht, in die rechte Hand zu beißen oder ihrem Kehlgriff auszuweichen, »beißen« wir ihn mit der Linken in die Hinterkeule; er wirbelt herum, um den neuen Angreifer anzugehen, da kommt wieder der rechte Kampfpartner und drückt ihn mit dem Nacken-Kehlgriff zu Boden, legt sich auf ihn und hält ihn fest. Wenn aus dem kleinen Welpen einmal eine Dogge oder ein Bernhardiner heranwächst, dann brauchen wir schon beide Hände und können ihm nur noch einen Kampfpartner liefern. Bis dahin hat der Hund aber auch schon gelernt, daß seine Beißhemmung uns gegenüber noch um einige Grade vorsichtiger eingehalten werden muß — die menschliche Haut bietet eben weniger Schutz als ein dickes Nackenfell.

Der Hund lernt im Spiel. Bei den Kampfspielen mit dem Menschen lernt er nun im besonderen, daß er uns niemals — niemals! — besiegen kann, daß wir viel stärker sind als er und daß wir auch beim Spiel stets die Führung behalten. Das ist für ihn sehr leicht begreiflich, denn genau das lernt er auch in der natürlichen Hundefamilie: Die Elternkumpane sind immer und überall überlegen. Was man im Spiel lernt, schafft jedoch keine Minderwertigkeitskomplexe; im Spiel ist selbst das Besiegtwerden äußerst vergnüglich, und wie auch Ludwig bei seinen Boxern beobachtete: Man spielt auch Sieger und Verlierer; Unterlegenheit oder Unterlegensein wird genauso gern gespielt wie das Überlegensein. So haben wir hier die schönste und natürlichste Methode, dem vierbeinigen Freund unsere Vorrangstellung ohne Anwendung von roher Gewalt und ohne Konflikte von klein auf zur Gewohnheit werden zu lassen.

Ich beobachte oft, daß Männer sehr dazu neigen, die Erziehung des Welpen ihrer Frau zu überlassen; sie selbst befassen sich erst dann mit dem Hund, wenn er alt genug zur Abrichtung ist. Das aber wird nichts Rechtes! Nicht etwa deswegen, weil Frauen für diese Aufgabe ungeeignet wären — das ist eine böse Unterstellung, die gern als Ursache vorgeschoben wird, wenn der Mann später bei der Ausbildung nicht so zum Ziel kommt, wie er das gern hätte. Das ist aber für gewöhnlich die Folge einer derartigen Zweiteilung der Entwicklungszeit. Es geht nicht an, daß für den Hund das Spiel der Kindheit plötzlich mit scharfem Einschnitt vom Ernst des Lebens abgelöst wird. In der natürlichen Entfaltung eines Hundes ist unabänderlich ein gleitender Übergang vom kindlichen Spiel bis zu den ernsten Lebensanforderungen, einschließlich der Rangordnungsstellung, vorgesehen und festgelegt.

Vor allem aber ist zu bedenken, daß das Spiel im Sozialisierungsalter ein für allemal festlegt, mit wem gespielt wird, und wenn sich das Herrchen jetzt ausschließt, dann ist das für den Junghund eine Tatsache, die sein Verhalten ihm gegenüber für die Zukunft prägt. Der Vaterrüde, der sich noch lange als Erzieher und als Ausbilder betätigt, spielt ja auch mit den Welpen, und er baut aus diesem Spielen die Freude, unter seiner Führung noch mehr zu lernen, kunstgerecht auf. Das müssen wir uns vom Rüden absehen. Die Entwicklung zum guten Diensthund oder zum geschickten Hundeartisten, der alle möglichen Kunststückchen mit echter Freude ausführt, beginnt in der Sozialisierungsphase. Nur in ihr ist der Welpe darauf ausgerichtet, die Freude am Lernen zu lernen. Und nur in dieser Zeit wird die Belehrung — die natürlich zunächst ganz behutsam und schrittweise aufgebaut wird — zu einem Band zwischen dem Lehrenden und dem Lernenden. Nur wo diese natürliche Entwicklung berücksichtigt wird, spielt sich ein gesundes Verhältnis zum Lernen ein, und es wird dann später niemals Schwierigkeiten geben, wenn neue Dinge verlangt werden. Ich erinnere in diesem Zusammenhang nochmals an Rana, die sich wohl von einem Hund weiter abrichten lassen würde, nicht aber von einem Menschen. Wenn sie bei Fuß geht, so tut sie es, weil sie es muß und erfahren hat, daß jeder Widerstand sinnlos ist. Aber dieser Gehorsam ist ja nicht das, was wir uns bei einem Hund wünschen!

Es ist sicher, daß ein guter, erfahrener Ausbilder, der einen erwachsenen Hund in die Hand bekommt, durch sein Verständnis und seine Einfühlungsgabe seine eigene Vorrangstellung für den Hund so aufzubauen versteht, daß der Hund sie gern, ja sogar freudig anerkennt. Es gibt aber nur wenige Menschen, die das können. Man kann sich aber viele Schwierigkeiten ersparen, wenn man schon beim kleinen Welpen anfängt, das Vertrauensband zu knüpfen und aus dem fröhlichen Spiel heraus Vorrangstellung und Befehlsgewalt zu entwickeln. Dann entstehen im Hund keine Ressentiments gegen das Neue, was nun sein Leben verändert, sondern es gibt einen gleitenden Übergang vom Spiel zu all den Dingen, die ein braver Hund können sollte.

Auch erwachsene Hunde spielen miteinander, und auch da sind es meist Kampfspiele, die wir beobachten können. In allen meinen Zwingern leben die Hunde paarweise, und überall ist — abgesehen von den Zeiten, da die Hündin ihre Jungen versorgen muß — der Rüde eindeutig der Herr im Hause. Aber mindestens zweimal täglich, am Morgen und am späteren Nachmittag, gibt es zwischen Rüde und Hündin übermütige Kampfspiele, bei denen für mich der Eindruck entsteht, daß sie auch hinsichtlich der Aufrechterhaltung der Rangordnung bedeutungsvoll sind. Auch im Spiel zeigt sich dann die Vorrangstellung des Rüden deutlich, und er bestimmt den Zeitpunkt, wann es wieder genug mit dem Spielen ist. Auch das können wir uns im Umgang mit unserem Hund zunutze machen — entschieden ist das Spiel der erwachsenen Hunde nicht nur ein Abreagieren aufgestauten Bewegungsdranges, sondern es erfüllt gleichzeitig eine gruppenbindende Funktion dadurch, daß die Rangordnung gleichsam »spielerisch eingeübt« werden kann.

»Spiele des Nahrungserwerbs« nennt Ludwig eine andere Gruppe von Spielen. Betrachten wir zuerst die Jagdspiele.

Gerade bei diesen Spielen ist es mir aufgefallen, daß es häufig der Ranghohe ist, der die Rolle des Beutetieres einnimmt, der sich also freiwillig als »Angsthase« anbietet. Oft genug ist es der stärkste Welpe der jugendlichen Spielgemeinschaft, oder, wie man das so schön bei familienweise lebenden Hunden sehen kann, der Rüde. Auch die Schäferhunde Sascha und Rana führen mir täglich solche Jagdspiele vor — zwei ausgewachsene Hunde, bei denen der Rüde zweifelsfrei die Führung hat. So stellt sich Sascha in einer Entfernung von acht bis zehn Meter vor Rana auf, den Blick fest auf sie gerichtet; Rana geht daraufhin »in die Knie«, d. h. sie beugt alle Gelenke, der Körper sinkt herab. Aus dieser Lauerstellung heraus fixiert sie mit langem Hals und tiefem, vorgestrecktem Kopf den Rüden, bis dieser ganz plötzlich zur Seite hin abspringt und davonrast. Rana schnellt blitzschnell vom Boden ab — die eingewinkelten Gelenke sind die Sprungfedern — und saust hinterher.

Das ist die typische Situation des Beutebelauerns. Ein Wolf beschleicht das Opfer; dieses merkt, daß Gefahr im Verzug ist, und sichert; der Wolf geht in die Lauerstellung, ganz langsam herabsinkend, bis die optimale Absprungstellung erreicht ist. Er fixiert das Beutetier, dieses blickt in seine Richtung, erstarrt — und springt urplötzlich zur Seite hin ab, um sein Heil in der Flucht zu suchen. Für den Verfolger kommt es auf Bruchteile von Sekunden an — er muß ebenso schnell, ohne Verzögerung, abspringen. Das erfordert höchste Reaktionsgeschwindigkeit, aber auch ständiges Training. Man muß in Form bleiben!

Ich weiß allerdings nicht, ob Wölfe im Freiland, die hinsichtlich des Nahrungserwerbs ziemlich ausgelastet sind, als Erwachsene noch Jagdspiele üben. Es wäre denkbar, daß das oft bis ins hohe Alter geübte Spielen unserer Hunde einfach daher kommt, daß sie keine Gelegenheit haben, die Verhaltensweisen des Nahrungserwerbs abzureagieren. Ganz entschieden kommt es auch hier zu einem Stau der endogenen Erregungsproduktion, der ein Ventil braucht; so könnte das Beibehalten der Spiele aus der Jugendzeit als Ersatz für den Ernstbezug, das wirkliche Beutemachen, zu erklären sein. Bei Katzen, die keine Gelegenheit zum Mausen haben, gibt es sogar »Leerlaufreaktionen« in der Art, daß der Erregungsstau sie dazu treibt, imaginäre Mäuse zu beschleichen und anzuspringen. Ganz sicher sind auch beim Hund die einzelnen Hauptbewegungsformen des Beutemachens Erbkoordinationen; zwischen ihnen gibt es große Lücken, die mit Erfahrung gefüllt werden, wodurch es möglich wird, die einzelnen starren Teile des Systems der jeweiligen Situation bzw. Beuteform anzupassen. Da es sich hier um Erbkoordinationen handelt, gibt es eine endogene Erregungsproduktion, einen Trieb, der zur Abreaktion stimuliert. Viele unserer Hunde zeigen dann Appetenzverhalten: Sie stehlen sich still davon und wildern so lange, bis sie einem Jäger vor den Lauf kommen; seinen Zorn und seine Reaktion muß man verstehen. Der wildernde Hund ist eben sein Konkurrent im Revier; Jagen ist schließlich eine archaische Lebensäußerung, zu der die Revierverteidigung unabdinglich dazugehört.

Eine gar nicht so unwichtige Frage: Was kann man tun, um seinen Hund vom Jagen, sprich: Wildern, abzubringen? Das Allererste, was man tun kann, ist, dem Hund Ersatzleistungen zu bieten, in denen er seine angeborenen Triebe abreagieren kann. Wir kennen die Hauptelemente: Suchen — Anschleichen — Lauern — Abspringen — Verfolgen — Erfassen — Totschütteln — Nachhausetragen.

Wir wissen auch, daß die einzelnen Erbkoordinationen nicht unbedingt und zwangshaft in der Reihenfolge ablaufen müssen, wie sie im Ernsteinsatz ablaufen. Das Spiel hat uns gezeigt, daß jede für sich stehen kann und man sie alle bunt durcheinanderwürfeln darf — es geht allein um das Abreagieren all dieser Antriebe aus dem Nervensystem. Womit wir doch wieder beim Spiel angelangt sind — dem planmäßigen, gezielten und im gewissen Sinne »heilpädagogischen« Spiel zwischen Mensch und Hund.

Suchen, das Aufspüren einer Beute — das ist sowohl Fährtenarbeit als auch — vor allem bei vorwiegend optisch orientierten Hunden (Mediterrane Laufhunde, Windhunde) — Blickverfolgung eines bewegten Zieles in der Ferne. Natürlich kann beim Suchen einer Beute auch das Ohr eine Rolle spielen. Welche Sinnesorgane nun eingesetzt werden, ist nicht das Entscheidende — wichtig ist allein die Suchstimmung, die dem Appetenzverhalten des Nahrungserwerbs zugrunde liegt. Sie wird normalerweise vom Hunger ausgelöst; aber auch ein satter Hund kann in diese Suchstimmung geraten, wenn sein Triebstau ihn übermannt.

Heinz Bäsche, ein erfahrener »Schäferhundler«, erzählte mir, wie er einen schwierigen Hund zur Fährtenarbeit gebracht hat. Sein Vorgehen war »angewandte Verhaltensforschung«, obgleich er das nicht wußte. Er hatte einen 18monatigen Schäferhund übernommen, den er prüfungsreif ausbilden wollte. So gut der Hund sonst auch war — als er ihm im Alter von zwei Jahren zum erstenmal ein Suchgeschirr anlegte, begann der Rüde am ganzen Leib zu zittern. Offensichtlich hatte er damit einmal sehr unangenehme Erfahrungen gemacht — vielleicht war ihm bei ersten Übungen zur Fährtenarbeit etwas zugestoßen, ein Schockerlebnis, das sich nun zwangshaft mit dem Suchgeschirr verband. Jedenfalls war es unter diesen Umständen völlig aussichtslos, den Hund auf eine Fährte zu bringen. Er raste einfach angsterfüllt davon. Heinz Bäsche gewöhnte ihn also erst einmal an das Suchgeschirr, indem er es dem Hund zum Spazierengehen und zum Spielen anlegte. So überwand der Hund zwar die Angst vor dem Lederzeug — aber er ließ sich trotzdem nicht auf eine Fährte ansetzen. Alle Versuche schlugen fehl.

Knud und Kala, Kinder der Mischlingshunde Björn und Bente, im Alter von 30 Tagen. Ihre »gedrückte« Haltung zeigt, daß sie noch wenig Kontakt mit dem Menschen hatten. – Mischlingsrüde Peer, 40 Tage alt. Unbekümmert läßt er sich fotografieren. Er hat längst engsten Kontakt zum Menschen.

Der Schäferhundrüde Sascha ist ein großer Kinderfreund und bei allen Welpen beliebt. Sobald er an der Tür zu hören ist, erwarten sie ihn voll Freude. Sofort fangen sie auch an, mit dem geduldigen Riesen vergnügt zu spielen.

Gern bohren die Dingowelpen ihre kleinen Schnauzen in Saschas großes Maul, wie sie das bei der Mutter tun, um schnell an den vorgewürgten Nahrungsbrei zu kommen. – Aus dem Futterbetteln entsteht der Schnauzenstoß, eine Geste der Verbundenheit. Ähnlich hat sich das »Pfötchengeben« aus dem Milchtritt entwickelt. Dingo Aboriginal zeigt beide Gesten.

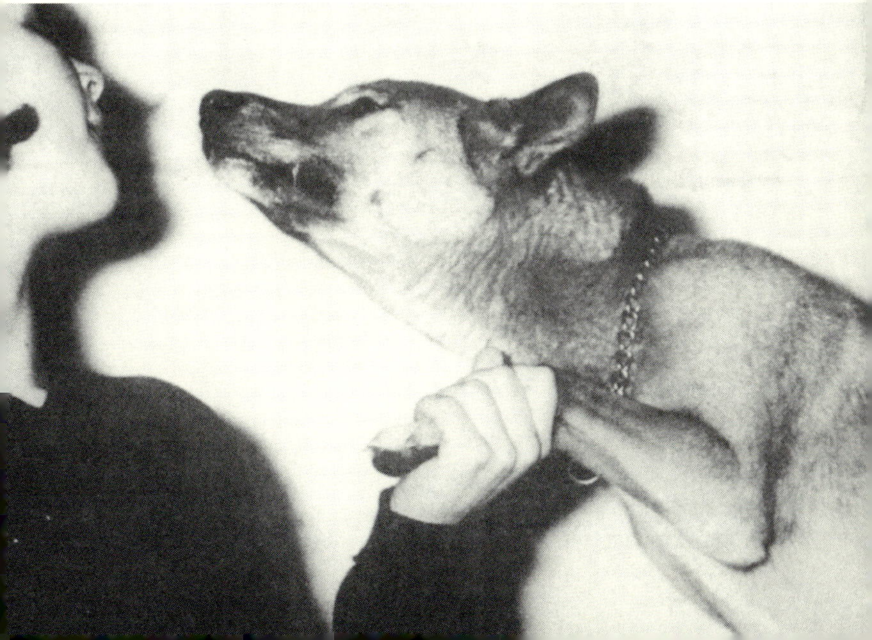

Mißtrauisch beobachten zwei halbwüchsige Dingos den ihnen recht wenig vertrauten Fotografen. Die eingezogene Rute verrät ihre Unsicherheit.

Schäferhündin Rana, aufmerksam um sich blickend. Ohrstellung und Ausdruck verraten Spannung. – Dingorüde Paroo beim »Bellheulen«. – Neuguinea-Dingo Luxl bei seiner ersten Begegnung mit Aboriginal. Selbstsicher »inspiziert« der ältere, wenn auch kleinere, den jüngeren Rüden, dessen Haltung und Fellsträuben Unsicherheit und Abwehr ausdrücken.

Aboriginal trifft erstmals auf einen Schäferhund. Obgleich er viel kleiner ist, geht er steif und drohend auf ihn zu, die Haare an Nacken und Rücken aufgerichtet; er knurrt leise. Der friedliche Schäferhund wird vor so viel Drohen unsicher. – Rana und Peik haben im Spiel Peiks Schwester Pira überwältigt, die sich – Geste der Unterwerfung – auf den Rücken wirft.

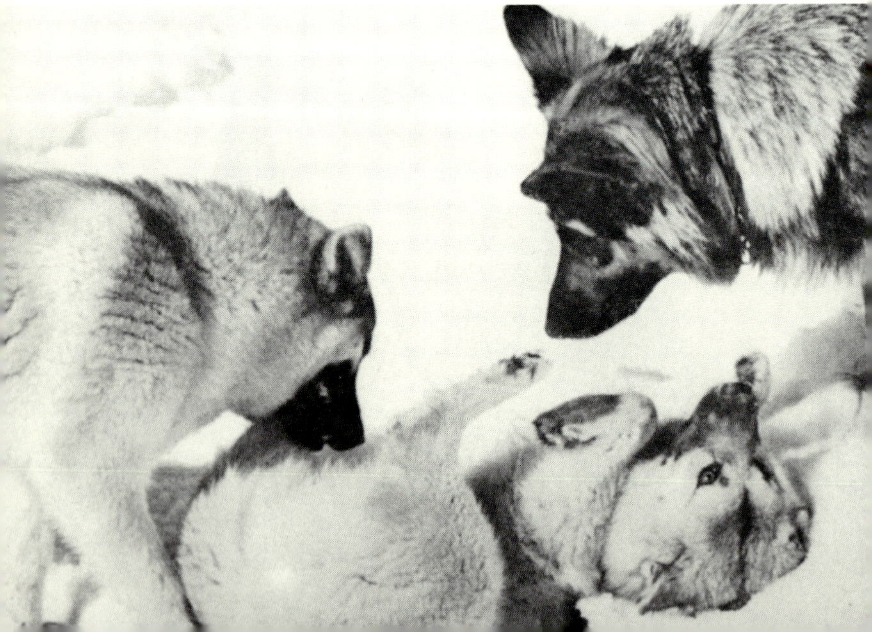

Da ersann sein neuer Herr einen Weg, der tatsächlich einen durchschlagenden Erfolg hatte. Er ließ den Rüden zunächst drei Tage lang hungern. — Das ist keine Grausamkeit, das ist sogar sehr gesund, da es den natürlichen Nahrungsgewohnheiten der Wildhunde entspricht. Ich wünschte, die Leute würden ihre Hunde mindestens einen Tag in der Woche hungern lassen, wenn nicht zwei; die meisten Hunde, die man auf der Straße sieht, sind, schlicht gesagt, überfressen. Zu gutes Füttern ist ein Attentat auf die Gesundheit des Hundes! Kein Wildhund frißt im Freileben täglich, und er hat oft genug harte Hungerzeiten zu überstehen; er ist durch die natürliche Auslese darauf zugeschnitten, und auch unser Haushund braucht es, um gesund zu bleiben. So hat die Fastenkur auch Heinz Bäsches Schäferhund nicht geschadet — sie hat vielmehr sein Appetenzverhalten aktiviert, genauso, wie das in der Natur auch wäre. Kein Raubtier geht auf Jagd, solange ihm nicht der Magen knurrt — es arbeitet nicht gern mehr, als sein muß. So war also der Hund sicherlich in einer sehr schwellenerniedrigten Suchstimmung.

Heinz Bäsche führte ihn zu der vorbereiteten Fährte, band ihn einige Schritte vor dem Fährtenabgang (der durch stärkeres Auftreten und Umhergehen gekennzeichnete, etwa ein Quadratmeter große Anfang der Fährte) an einen Baum und nahm ein Paket aus der Tasche. Es enthielt schöne, saftige Rindfleischstücke. Eines bekam der Hund schon jetzt; die anderen legte sein Herr, deutlich sichtbar, auf die etwa 50 m lange, gerade Fährte, alle zehn Meter eines. Den Rest steckte er wieder ein und ging zum Hund zurück, nahm ihn an die Suchleine und führte ihn zum Abgang, wo das erste Fleischstück lag. Zum erstenmal wollte der Rüde nicht mehr seitlich der Fährte ausbrechen, sondern er folgte ihr mit echtem Interesse von Fleischstück zu Fleischstück, und am Ende erhielt er dann nebst viel Lob auch das übrige Fleisch. Von da ab war die Fährtenarbeit für den Hund mit einem lustvollen Erlebnis verknüpft und damit der Weg offen, ihn zu einer vorschriftsmäßigen Leistung auf diesem Gebiet zu bringen.

Das ist also der Weg zur Fährtenarbeit, der dem Wesen des Hundes entspricht. Der Waidmann geht ihn natürlich ganz

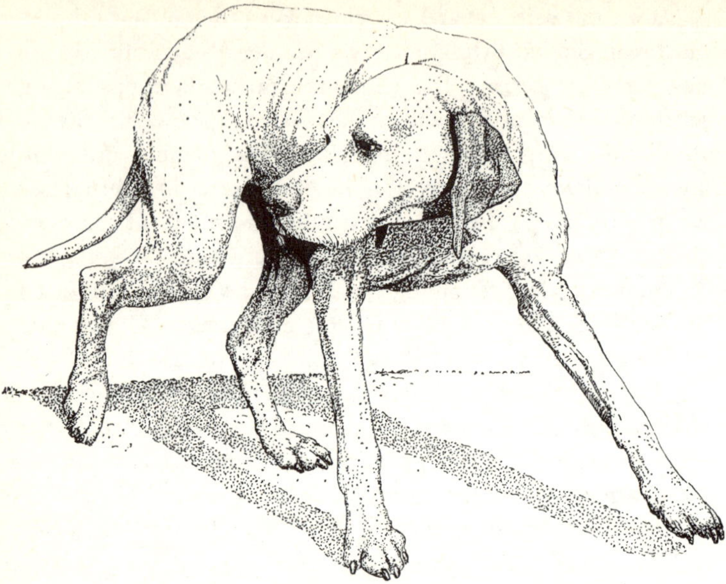

Der Pointer (engl. Vorstehhund) ist »auf Nase« gezüchtet.

konsequent. Sehen wir uns zum besseren Verständnis noch kurz die Schweißarbeit eines Jagdhundes an. Schweiß ist das Blut eines angeschossenen Wildes, das es auf seiner Flucht zum Wundlager im Unterholz verloren hat. Auf der Nachsuche nimmt der Hund diese Fährte verständlicherweise sehr gern an und folgt ihr so lange, bis er das Wild gefunden hat. Hier bekommt er dann aber auch seine Belohnung, wenn der Jäger das Wild aufgebrochen, d. h. ausgenommen hat.

So ist die Fährte für den Hund grundsätzlich etwas lustvoll Geprägtes — im Funktionskreis des Nahrungserwerbs. Die Fährtenarbeit des Diensthundes unterscheidet sich davon aber sehr. Hier muß der Hund lernen, der Duftspur eines Menschen zu folgen, den er überhaupt nicht kennt — und von dem er auch nicht das kleinste Häppchen abknabbern darf, wenn er ihn aufgespürt hat. Hier wird also eine Verhaltensweise aus ihrem ursprünglichen Funktionskreis herausgenommen und in einen Zusammenhang mit etwas gebracht, das dem Hund eigentlich gar nichts sagt. Nun ist es allerdings so, daß die erste Fährtenarbeit mit der Duftspur des eigenen Herrn beginnt. Ihr zu folgen, ist dem Hund schon besser begreiflich, schließlich folgt man auch der Spur eines Artgenossen. Das Verfolgen einer Spur kann also auch dem Funktionskreis des Soziallebens oder der Fortpflanzung zugehören. Von hier ist es dann kein großer Schritt mehr zur Arbeit auf der Fährte eines fremden Menschen, denn inzwischen hat der Hund auch die entsprechenden Kommandos, etwa »Such!« gelernt und hat begriffen, daß es seinem Herrn aus irgendeinem Grund darauf ankommt, daß er auf der Fährte bleibt.

Wer mit seinem Pudel, Mops, Dackel oder Terrier keine Diensthundausbildung absolvieren will, dem möchte ich ein hübsches Suchspiel empfehlen, das auch dem Hund von Anfang an Spaß macht. Sie selbst oder eine andere Person, an der Ihr Hund sehr hängt, gehen eine Strecke ab — man fängt mit kurzen Strecken an — und legen am Fährtenanfang und auf halber Strecke ein Taschentuch, einen Handschuh oder sonst etwas ab, das man längere Zeit bei sich geruchsimprägniert hat. Die zu suchende Person versteckt sich am Ende der Fährte und verhält sich völlig still. Nun führt die zweite Person den Hund an einer möglichst langen Leine — bei einem kleineren Hund reichen drei bis fünf Meter — zum Fährtenanfang und ruft »Such!« Die Freude ist groß, wenn der Hund am Ende der Fährte seinen menschlichen Freund findet! Beim erstenmal soll der Hund sehen, wie die Person — der er ohnehin nach möchte — losgeht, er darf jedoch auf keinen Fall mehr mitbekommen als die erste Hälfte des Weges, da er sonst mit den Augen sucht — er soll ja seine Nase einsetzen. Wenn nur auf einer bestimmten und keiner anderen Fährte gesucht wird, nennt man das Fährtenreinheit. Bei dem Suchspiel ergibt sie sich von selbst, da das Auffinden der geliebten Person ohnehin ganz im Sinne des Hundes ist. Was macht beispielsweise der Jäger, der will, daß ein Schweißhund keiner anderen Fährte oder Spur folgt als der frischen Hirschfährte? Er sucht eine auch für sein Auge gut erkennbare frische Hirschfährte auf weichem Boden und läßt seinen Hund auf ihr arbeiten, wobei er ihn aufmuntert und lobt. Zur Belohnung wird er am Ende des ausgewählten Fährtenabschnittes ein Stück Hirschfell, einen frischen Hirschknochen oder Hirschfleisch ablegen. Sooft der Hund an einer anderen Fährte auch nur ansatzweise schnuppert – etwa an einer Rehfährte oder einer Hasenspur –, wird er mit »Pfui« zurückgerufen und ausgeschimpft. Ist er etwas halsstarrig, gibt es ein sehr probates Mittel, ihm das Verfolgen anderer Fährten abzugewöhnen. Ein Mittel, das auch wir einsetzen können, um unseren Hund vom Wildern und von Raubüberfällen auf Nachbars Hühnerstall abzubringen. Ich meine das Stachelhalsband, ein Instrument, dessen Name gefährlicher klingt, als es in Wirklichkeit ist. Es sind nur eckig geformte Kettenglieder, die den Hund nicht irritieren, wenn er brav an der Leine geht. Wenn er nun einer Hasenspur oder Rehfährte nach will, dann lassen wir die Leine (sie muß mindestens zehn Meter lang sein) einfach auslaufen, bis sie gespannt ist. In diesem Moment rufen wir sehr böse »Pfui« und reißen den Hund mit ganz kurzem Ruck zurück. In dieser Sekunde spürt er aber auch wirklich die Wirkung der Kettenglieder als echten Strafreiz. Wenn wir das drei- oder viermal wiederholen, wird sich für den Hund der Geruch eines Wildes unweigerlich mit dem Strafreiz des Stachelhalsbandes verbinden, die Wildspur erhält einen negativen Beigeschmack. Er wird nicht mehr wildern, und er wird auch die Hühner des Nachbarn mit keinem Blick würdigen, wenn er mit ihnen ein ähnliches Erlebnis verbindet.

Das ist also eine Hilfe, einem unverbesserlichen Wilderer oder Hühnerdieb seine Gelüste abzugewöhnen. Aber wir dürfen es nicht dabei bewenden lassen, daß wir unseren Willen durchsetzen. Wir müssen ihm für sein angeborenes Jagdbedürfnis Ersatzleistungen bieten. Wie wir seinen Suchtrieb befriedigen können, davon habe ich schon gesprochen. Anschleichen und Belauern sind die nächsten Verhaltensweisen aus dem Funktionskreis »Jagen«. Hier muß ich freilich gestehen, daß ich nicht weiß, welche Spiele man sich da ausdenken könnte. Überlassen wir das aber ruhig unserem Hund – ihm fallen sie schon bei passender Gelegenheit ein. Wenn wir im Freien mit ihm herumalbern, wird er uns ganz überraschend von der Seite her anspringen; er sucht sich dafür Situationen aus, in denen er ganz sicher sein kann, daß sein Herrchen für jeden Spaß zu haben ist. Wenn man dabei achtzig Pfund Bernhardiner nicht gewachsen ist und umfällt, ist es für den Hund der Gipfel des Vergnügens!

Auf das Anschleichen und Belauern folgt im Beutefang das Abspringen. Der »Hochsprung« mit dem Herrchen ist eine sehr unterhaltsame »Ersatzbefriedigung« hierfür. Vorsicht beim jungen Hund — nicht zuviel und nicht zu hoch springen lassen! Langsam auftrainieren – er muß nicht gleich im ersten Lebensjahr Zweimeterhürden schaffen! Viel, viel wichtiger ist es, daß er unserer Aufforderung Folge leistet — und wenn auch nur ein Stöckchen dreißig Zentimeter über den Wiesenboden gehalten wird. Solange er sich nicht zu sehr anstrengen muß, solange bleibt es ein spielerisches Vergnügen für ihn, und es ist es auch dann noch, wenn er durch langsames und überlegtes Vorgehen in aufbauender Arbeit eines Tages durch einen brennenden Reifen, über sechs hintereinander aufgestellte meterhohe Hürden oder von der Kletterwand springen kann.

Das ist schon »Hohe Schule« des Hundes — aber wir sehen jetzt, daß eigentlich alles, was wir unserem Hund beibringen können, im Grunde nichts anderes ist, als ein Ausnützen seiner natürlichen Fähigkeiten. Es geht um Bewegungsweisen, deren Abreaktion dem Hund ein Bedürfnis ist. Bewegungsweisen, die er als Welpe aus eigenem Antrieb heraus übt und die zunächst fröhliches Spiel für ihn sind. Da liegen für uns die Ansatzpunkte zur Ausbildung des Hundes, die dann im Wesen nichts anderes ist, als das, was in der Natur auch geschieht: Das Spiel wird zum Ernst, die im Spiel geübten und durch Hinzulernen erweiterten Fähigkeiten werden im Daseinskampf eingesetzt. Den Daseinskampf nehmen wir dem Hund ab — also müssen wir etwas tun, um den auf Betätigung drängenden Trieben ein Ventil zu verschaffen. Die Ausbildung des Hundes ist nicht nur eine Notwendigkeit für Polizei und Grenzschutz, es ist vor allem eine Notwendigkeit für den Hund. Ein Hund, der keine Möglichkeit erhält, etwas zu lernen, seine angeborenen Fähigkeiten auszuleben, der stumpft ab, verkümmert seelisch und ist eine bedauernswerte Kreatur.

Sehr bewußt setze ich diese Fragen um die Ausbildung oder Abrichtung des Hundes in den Abschnitt »Spiel«, denn selbst wenn das, was dem Gebrauchshund beigebracht wird, zur Verbrecherjagd oder zum Auffinden von Lawinenverschütteten nützlich ist, so soll es für den Hund Spiel sein; freilich ein Spiel, das in festen, vom Menschen gesetzten Grenzen und in erlernten Formen verlaufen muß.

Im Gebrauchshundewesen vermeidet man heute gern die Worte Dressieren und Abrichten, weil sie einen brutalen Beigeschmack bekommen haben durch jene Methoden vergangener Zeiten, in denen die Peitsche das Verständnis ersetzen sollte. Leider herrscht hier das Vorurteil: Wir bilden aus – im Zirkus wird dressiert. Ich könnte so manchem ehrgeizigen Hundeführer raten, einmal zu verfolgen, wie das im Zirkus gemacht wird. Dort geht es nämlich meist um Tiere, die nicht so geduldig sind wie unsere Hunde. Ich habe selbst jahrelang jeden Vormittag im Zirkus Krone in der sogenannten Probiermanege gesessen und habe zugesehen, wie dort Tiere »dressiert« werden. Was ich da bei den »Dresseuren« an Einfühlungsgabe, an Verständnis und Tierliebe gesehen habe, das hat mir die Augen ganz weit dafür geöffnet, wie unbarmherzig und ungeduldig so viele Menschen mit ihren Hunden umgehen. Denn im Zirkus wird die Ausbildung der Tiere über das lustbetonte Spiel und die Belohnung – Leckerbissen oder freundliche Worte – langsam und schrittweise aufgebaut; das geschieht ohne Gewaltanwendung und ohne jeden Ehrgeiz, so schnell wie möglich die »Nummer« fertig zu haben. Die Ausbildung dauert dort genauso lange, wie das Tier selbst es nötig hat. So findet es Gefallen an dem, was verlangt wird, und führt seine »Arbeit« spielerisch, zufrieden und mit Interesse aus. Ich habe im Zirkus noch kein Tier gesehen, das während seiner Darbietung Anzeichen von Unterwürfigkeit und Angst gezeigt hat; aber ich habe bei Diensthund-Vorführungen schon so manchen Hund gesehen, der das in einer geradezu erschütternden Weise erkennen ließ.

Wenn ein Hund richtig aufgezogen worden und gesund ist, dann kann man ihm beibringen, was immer man will – es muß natürlich in seinem Vermögen liegen. Eva erlebt das täglich mit

Sascha. Sie hat mit ihm in sehr kurzer Zeit eine ganze »Nummer« aufgebaut, die sogar damit beginnt, daß der Hund einen Befehl verweigern muß. Eva kann ihn rufen, stoßen, zerren, Klapse geben – er bleibt am Boden liegen und folgt ihr nicht. Das ist sehr wirkungsvoll, da es wie echte Arbeitsverweigerung aussieht. Er bleibt liegen und wartet so lange, bis Eva mit einem Schubkarren wiederkommt. Er springt hinein und wird zum Übungsplatz gefahren, wo die Reifen und anderen Geräte liegen. Das ist also der Anfang der Nummer. Eva braucht nur den Schubkarren zur Hand nehmen, oder einen der Reifen – schon ist Sascha vor Freude kaum noch zu bändigen. Er kann es nicht erwarten, bis die Übung beginnt; er läuft los und schleppt noch ein zweites Gerät an und ist mit ganzem Herzen bei der Sache. Wenn Rana, zu der er immer sehr höflich und überaus zärtlich ist, ihn bei seiner Übung stören will, dann kann er richtig böse werden und knurrt sie wütend an.

Es ist also für Sascha eine echte Freude, mit seiner Herrin zu arbeiten, und er tut es hoch erhobenen Hauptes, freien Blickes und mit spannungsvoll gestellten Ohren. Das Stimmungsbarometer Schwanz pendelt »Hoch«, und wenn eine Aufgabe verändert oder eine neue eingeführt wird, dann wird sein Interesse noch wacher.

Seine größte Freude – ich erwähnte es schon – ist das Wurfholz. Damit kann er bis zum Umfallen spielen. Sooft man aus dem Haus tritt, kommt er angelaufen und bringt irgendein Stück Holz, manchmal einen halben Baumstamm, manchmal einen winzigen Zweig – was er eben in der Eile gerade finden kann. Er ist jedesmal bitter enttäuscht, wenn man auf seine Aufforderung nicht eingeht. Damit sind wir wieder bei den Ersatzspielen; hier handelt es sich um das Fangen aus dem Bereich des Beuteerwerbs.

Junghunde spielen oft ganz allein mit einem Gegenstand: Sie werfen ihn zur Seite oder in die Höhe, um ihn wieder zu fangen. Besonders schön ist es, wenn er rund ist und fortrollt – dann kann man ihm nachjagen. Holzkugeln und Hartgummibälle sind ausgezeichnetes Hundespielzeug; in Fachgeschäften findet man eine reiche Auswahl. Das Zurückholen eines fortgeworfenen Gegenstandes — das Apportieren — ist keine Erfindung des Menschen, sondern ein arteigenes Spiel der Hunde. Es läßt sich leicht deuten: Der verfolgte Gegenstand entspricht der Beute, die man verfolgt, erfaßt und nach Hause trägt. Apportieren ist eine Spielverhaltensweise, die man zur »Aufgabe« machen kann. Verweilen wir dabei, weil es so gut geeignet ist, einmal an einem praktischen Beispiel zu zeigen, wie man die spätere ernsthafte Ausbildung vorbereiten kann.

Erste Grundregel: Versuchen Sie nicht, dem Welpen das Apportieren beizubringen, sondern warten Sie, bis er von sich aus Sie zu diesem Spiel auffordert. Spätestens in der achten bis neunten Lebenswoche wird das der Fall sein. Man kann natürlich auch nachhelfen, indem man einmal einen Ball wegrollen läßt, der dann bestimmt eifrig verfolgt wird. Nun nimmt man ihn wieder weg und wirft ihn erneut; niemals verlangen, daß ihn der Hund zurückbringt; er wird es früher oder später selber tun, spätestens dann, wenn er begriffen hat, daß das Spiel mit dem Menschen nur dann weitergeht, wenn der Ball ihm wieder weggenommen wird. Es wird sich sehr bald einspielen, daß der Welpe den Ball oder das Holz wiederbringt, ohne daß man ihn dazu auffordern muß. Jetzt honorieren wir dieses Wiederbringen mit Lob; dem losspringenden Welpen rufen wir das Kommando »Bring!« zu, und loben ihn, wenn er das tut; aber man sollte mit dem »Bring!« erst dann anfangen, wenn man sicher ist, daß der Hund zurückkommen wird, um uns den Wurfgegenstand zu präsentieren. Ist der Welpe älter als vier Monate geworden, wird er auch dann den Gegenstand bringen, wenn wir es verlangen, und jetzt können wir anfangen, das ganze Spiel disziplinierter aufzubauen, etwa in der Form, daß sich der Hund mit dem Gegenstand im Fang gerade vor uns hinsetzt und wartet, bis er ihm abgenommen wird. Man kann ihn auch schon »bei Fuß« sitzen lassen, wenn man das Holz wirft; er lernt jetzt, daß er erst dann hinterherlaufen darf, wenn wir das »Bring!« rufen. All das läßt sich also — ohne wildes Geschrei, ohne böse Worte und ohne Klaps — einfach aus dem fröhlichen Spiel heraus entwickeln und wird für den Hund immer mit dieser Freude verbunden sein, auch dann, wenn er es als erwachse-

Junger Schäferhund beim Beutespiel mit einem Lappen.

ner Hund am Ausbildungsplatz tun muß. Wer die Spielfreude des Welpen nützt, um einfühlend aus den einzelnen Spielformen ein umfassendes Lernprogramm aufzubauen, der wird mit der ernsthaften Ausbildung seines Hundes niemals Schwierigkeiten haben. Lernfreude muß im Welpenalter festgelegt werden, und zwar in der Zeit zwischen der achten und zwölften Lebenswoche. Da ist sie beim Welpen gerade auf einem Höhepunkt, und außerdem entwickelt sich in dieser Zeit das Bedürfnis nach sozialem Spiel, die Freude am Spiel mit dem Menschen besonders intensiv. Wenn wir dies alles geschickt ausnützen, haben wir den Grundstein für die Zukunft gelegt. Der Welpe lernt jetzt den Menschen als Sozialpartner kennen, mit dem man wunderschön spielen kann, und er merkt, daß dieses Zusammenspiel ihm und auch dem Menschen Genugtuung verschafft — wir lassen es ihm immer merken, daß wir uns über jeden kleinen Fortschritt freuen; wir können ihm auch zeigen, daß es uns gar nicht freut, wenn er etwas verkehrt macht; hierfür genügt ein vorwurfsvolles »Pfui!«. Einen Welpen in diesem Alter mit einem Klaps zu strafen würde ich nicht empfehlen — es ist nicht nötig. Zu solchen Maßnahmen sollten wir erst nach der zwölften Woche greifen — wenn es nicht anders geht. In jener Zeit, in der »Rangordnungsphase«, wie ich sie nenne, bauen die Welpen eines Wurfes unter sich eine solide Rangordnung aus, jetzt muß der Mensch unbedingt seine Vorrangstellung betonen, will er sie nicht verlieren.

Sehen wir uns jetzt noch einige andere Hundespiele an — was wir aus ihnen machen können, ergibt sich meist von selbst. Welpen streiten sich oft und gern um eine »Beute«, etwa um ein Stück Stoff, das wir ihnen gegeben haben. Da gibt es ein richtiges Tauziehen, das gleiche können wir natürlich auch mit unserem Hund spielen. Die Bedeutung des Spiels ist klar: So hält man eine Beute fest, so kann man aber auch Stücke aus ihr reißen. Das gleiche tut der Diensthund auf dem Übungsplatz, wenn er den »Hetzärmel« des den bösen Mann mimenden Figuranten festhält. Hier ist aus dem Spiel eine Zusammenarbeit mit dem Menschen geworden. Der Hund darf so lange nicht auslassen, bis von seinem Herrn das Kommando »Aus!« kommt.

Eine ganz andere Gruppe von Spielen sind die Bewegungsspiele, die weniger dem Einüben von bestimmten Lebensaufgaben dienen als vielmehr dem Training der Muskeln, der Entwicklung der Geschicklichkeit und der Ausbildung der Schnelligkeit. Dabei können wir oft bemerken, daß der Welpe manche Bewegungen so lange wiederholt, bis sie zu seiner Zufriedenheit ausfallen — erst dann macht er wieder etwas anderes. Hier ist also schon ein konsequenteres Üben zu sehen, das sicherlich durch die Freude an der schließlich gekonnten Bewegung belohnt wird.

Bei den Welpen sind auch Sexualspiele zu beobachten; Ludwig stellt sie als eigenes Spielverhalten allerdings ein wenig in Frage. Man sieht unter noch sehr jungen Welpen das Aufreiten so häufig und in so eindeutiger, dabei aber in keiner Weise tatsächlich sexuell gestimmter Form, daß man von regelrechten »Aufreitspielen« reden kann. Selbst erwachsene Hunde können das spielen. Ich erinnere mich an die komischen Szenen, die sich ergaben, als die Langhaardackelin Sylvia und die Dingohündin Buna gleichzeitig läufig wurden. Sie hatten schon eine Zeitlang zusammen gelebt, mochten sich gut leiden und spielten oft zusammen alle möglichen Spiele. Nun, zu Beginn der Läufigkeit, begannen sie plötzlich, aufzureiten, ähnlich, wie man das auch bei Kühen auf der Weide sehen kann. Zwar könnte man jetzt von einem Ernstbezug sprechen, denn die sexuelle Gestimmtheit war ja da; aber schließlich waren es ja zwei weibliche Tiere.

Ludwig spricht zuletzt von Meutespielen, die eigentlich keine eigene Spielform sind, sondern bei denen alle Spielformen vom ganzen Pack der Wurfgeschwister — oft unter Beteiligung der Eltern, wie ich das in meinen Zwingern oft genug sehen kann — gemeinsam gespielt werden. Ab der zwölften Lebenswoche, bisweilen schon etwas früher, kann man da oft schon recht diszipliniertes Zusammenspiel unter den Tieren sehen. So kann es zum Beispiel darum gehen, einen Spielkumpan, der die Rolle des flüchtenden Beutetieres übernimmt, gemeinsam zu jagen. Interessanterweise sah ich sehr oft Hundeväter, die ihre Welpen dazu aufforderten, sie zu verfolgen. Bei solchen Verfolgungsjagden arbeiten dann allmählich die Welpen sehr koordiniert zusammen, indem sie etwa das »Beutetier« einkreisen oder es sich geschickt gegenseitig zujagen. So entwickelt sich die Jagdtaktik des Wolfsrudels!

Diese Spiele werden mit der Zeit immer disziplinierter; es wird jetzt, wie bei einer Fußballmannschaft, schon sehr gezielt das Zusammenspiel des Ernstfalles trainiert. Das erinnert uns daran, daß die Welpen eben in diesem Alter der Rangordnungsphase von Natur aus dazu bereit werden, taktisch mit dem Artgenossen zusammenzuarbeiten, daß sie jetzt auch den notwendigen psychischen Entwicklungsgrad für Disziplin erlangen. Das ist also auch die Zeit, in der wir mit gezielten Gehorsamsübungen beginnen sollten; sie gehören auch im Freileben des Raubtieres Hund zu seiner Jugendentwicklung.

Es ist ein Vergnügen, gerade solchen Meutespielen zuzusehen, die als Beuteverfolgung aufgebaut sind. Das Tier, das die Beute mimt, entwickelt dabei besondere Taktiken, zu entkommen; auch das kann man ja im Leben einmal gebrauchen. Sehr gezielt werden diese Taktiken natürlich von dem Vater eingesetzt. Er führt dann alle Möglichkeiten vor, die bei der Wildverfolgung auch vorkommen könnten, und gibt auf diese Weise fast schon einen wirkungsvollen »Unterricht«.

Bei Sascha, der ja ein sehr instinktsicherer Hund und ein begabter Hundevater und -onkel ist, konnte ich diese Beutespiele besonders gut beobachten. Als seine Tochter Rana im geeigneten Alter war, spielte er täglich mit ihr Jäger und Beute, wobei er einen erstaunlichen Erfindungsreichtum bewies. Das Spiel begann damit, daß er vor Rana Fluchtsprünge machte oder in der üblichen Spielaufforderungsform ihre Aufmerksamkeit auf sich zog. Auch das schon geschilderte starre Anblicken kam vor. Nahm Rana die Verfolgung nun auf, dann wandte er viele Tricks an, um ihr zu entkommen. So versteckte er sich oft hinter einem Holzstoß und paßte genau auf, von welcher Seite die Junghündin herankam, um sich nach der anderen Seite herumzuschleichen. Nach einiger Übung hatte Rana das entdeckt und rannte nun nach der anderen Seite, wo ihr dann der überlistete Sascha entgegenkam. Er ließ sich das einige Male gefallen, dann aber machte er wieder genau das Gegenteil, er lief wieder um den Holzstoß herum, und Rana war die Geprellte. Jetzt mußte Rana ihren ganzen Scharfsinn einsetzen. Sie rannte nun nicht mehr einfach drauflos, sondern erkundete ebenfalls erst einmal die Situation, und so steigerte sich die Spannung. Schließlich lugte jeder Hund hinter einem Eck hervor und wartete ab, nach welcher Seite das Spiel weitergehen könnte. Sascha tat dann so, als würde er nach links weglaufen, was Rana veranlaßte, ihm auf dieser Seite entgegenzukommen; aber Sascha hatte nur geblufft — er rannte nach einigen Schritten wieder zurück und nach rechts um den Stoß herum, Rana hatte wieder das Nachsehen ...

Stundenlang könnte man spielenden Hunden zusehen. Es bereitet immer neues Vergnügen und zeigt uns auch, daß wir unserem Hund zwar viel davon ersetzen können — aber doch nicht alles. Jüngeren Hunden sollte man daher immer wieder Gelegenheit bieten, mit ihresgleichen ein Spielchen zu machen. Aber auch erwachsene Hunde der meisten unserer Rassen spielen noch gern miteinander, und ein vorbildlicher Hund freut sich besonders, wenn er mit Welpen spielen kann, so wie es Sascha tut.

Disziplin

Wir haben schon gesehen, daß der Vaterrüde mit den Welpen nicht nur spielt, sondern auch ihren Gehorsam sehr nachdrücklich schult. Auch hier können wir sehr viel von ihm lernen! Seine Erziehungsmaßnahmen sind hart, streng – aber gerecht! Wenn Vater prügelt, dann ist das zwar mit sehr viel Geschrei seitens der Welpen verbunden; aber in der nächsten Minute ist man wieder vertrauensvoll bei ihm, und er spielt wieder und ist zärtlich, als hätte es nie etwas gegeben.

Der Rüde fängt in der Sozialisierungsphase damit an, seine Welpen der Reihe nach täglich ein- bis dreimal kräftig zu schütteln, und gerade das scheint den kleinen Rackern sehr gut zu tun, denn es entwickelt sich dabei eine »Unterordnung«, deren Form nichts von Angst oder besonderer Unterwürfigkeit verrät. So lernt der Welpe in der Hundefamilie, die Größe und Stärke des Überlegenen zu respektieren, ohne zum neurotischen Kriecher zu werden, wie das sehr schnell durch Hundebesitzer passiert, die meinen, man könnte einem jungen Hund diesen Respekt mit dem Stock einbleuen. Wenn sich ein Hund nicht richtig unterordnen will, dann wohl in den meisten Fällen deswegen, weil es versäumt wurde, ihn im geeigneten Alter auf diesen Weg zu bringen. In der Sozialisierungsphase wird die Unterordnung entwickelt; geschieht das nicht, dann können wir kaum mehr als eine erzwungene Unterwürfigkeit erreichen.

Lernen wir also aus dem Verhalten des Rüden und ersetzen wir ihn unserem Welpen, den wir mit acht Wochen in unsere menschliche Gemeinschaft eingliedern. Er ist in einem Alter, in dem er Ordnung und Disziplin nicht nur versteht, sondern sogar verlangt, weil auch das von der Natur eingeplant ist.

Wie wir schon beim Spielen gesehen haben, ist unsere Hand ein recht brauchbarer Hundemaul-Ersatz. Nicht schlagen, sondern beißen, und zwar im Genick! Finger gegen Daumen in das Nackenfell eingesetzt, einmal kurz geschüttelt, unser strafendes »Pfui!« – das ist der erste Schritt, ihm die Bedeutung dieses Wortes beizubringen. Dreimal gemacht, und wir brauchen die Hand nicht mehr, das Wort ersetzt sie.

Der Welpe lernt auf diese Weise sehr schnell, was man nicht darf, und reagiert ohne jede Frustration auf unsere Verbotsliste, denn auch im natürlichen Lebenskreis ist das so üblich. Freilich ist ein Welpe auch ein Neugierwesen, und häufig, ja fast immer will er es auch ganz genau wissen, daß man beispielsweise nicht am Stuhlbein nagen darf. Er probiert es dann dicht vor unseren Augen und erwartet unsere Reaktion — so zwingt er uns zur äußersten Konsequenz! Die mehrfache Wiederholung ist es, die er herausfordert, um unsere Meinung zu dem Stuhlbeinnagen genau zu erforschen.

Sicher kommt es auch oft genug vor, daß dieses Erproben der Verbote eine Häufigkeit aufweist, die wir mit dem Verbotswort allein nicht mehr ausreichend eindämmen können. Wir müssen

Tragstellung eines
vierwöchigen Dingowelpen.

abermals zur Tat schreiten, aber diesmal begnügen wir uns nicht mehr mit Nackengriff und Schütteln, sondern jetzt heben wir den Missetäter am Nackenfell hoch und schütteln ihn fest durch, oder wir fassen ihn am Nackenfell und am Fell der Kruppe gleichzeitig und heben ihn hoch. Alles natürlich unmittelbar auf sein Vergehen hin und begleitet vom Verbotswort.

Ich konnte in meinen Zwingern schon beobachten, wie so ein Vaterrüde ganz offensichtlich bewußt Situationen schafft, die es ihm ermöglichen, den Welpen seine Erziehungsgewalt vor Augen zu führen. Er setzt, wie man sagen könnte, willkürliche »Tabus«. Bevorzugt bedient er sich hierfür eines Knochens. Dazu muß ich erwähnen, daß in diesem Alter die Ernährung der Welpen noch vor der eigenen geht; die Kleinen dürfen den Eltern das Futter sozusagen aus dem Maul ziehen, ohne daß diese böse werden. Bei dem bewußten Knochen aber dürfen sie das nicht. Er ist für sie tabu und wird vom Vater sehr genau bewacht, auch wenn er ihn scheinbar gleichgültig irgendwo im Zwinger liegen läßt. Kaum nähert sich diesem Knochen ein Welpe, wird er vom Vater mit aller Schärfe zurechtgewiesen. Das wirkt, wenn man die Zusammenhänge nicht kennt, recht merkwürdig, denn es handelt sich meist um einen abgenagten Knochen, der schon lange im Zwinger herumliegt. Ich habe etwas Ähnliches auch schon mit einem Stück Holz gesehen.

Zu diesem Disziplinieren gehört auch, daß neue Gegenstände vom Vater als erstem begutachtet werden — erst nach ihm und eventuell der Hündin dürfen die Welpen daran. Fällt ein Blatt vom Baum, und kommt es in der Nähe eines Welpen zu Boden, dann wehe ihm, wenn er es wagt, vor dem Vater dieses Blatt zu beschnuppern! Der Alte fährt brüllend auf ihn los, der Welpe schreit gellend, man denkt, jetzt geht es um Leben und Tod. Nach der Inspektion zieht sich der Rüde zurück, und jetzt darf auch der Welpe. An sich eine sehr kluge und vernünftige Einrichtung, denn es könnte etwas sein, das gefährlich ist. Somit erweist sich Disziplin als lebenserhaltend, und das Setzen von Tabus durch den Vater ist eine sinnvolle Erziehungsmaßnahme.

Es demonstriert aber auch die Vorrangstellung des Vaterrüden, der ja im Familienverband gleichzeitig der Rudelführer ist.

Welche Weiterungen das haben kann im Sinne einer sozialen Rangdemonstration, berichtet Rudolf Schenkel, dem wir die grundlegenden Erkenntnisse im Wolfsverhalten verdanken. Er machte im Zoo von Whipsnade, wo die Wölfe in einem weiträumigen Waldstück sehr gute Lebensbedingungen haben, folgende Beobachtung: Nach dem Erwachen am Morgen spazierte der Rudelführer umher und beschnupperte den Boden. An einem Ort verhielt er und grub einen großen Knochen aus. Er nahm ihn auf und trug ihn in »stolzer« Haltung, die Rute aufgerichtet, an seinem Rudel vorbei. Nun erhoben sich die anderen Wölfe, umringten ihn und vereinigten sich zu einer Bettelzeremonie. Der Rüde knurrte und setzte seinen Marsch fort. Dann ließ er den Knochen fallen und kümmerte sich nicht mehr um ihn. Jetzt umringten die anderen den Knochen für einen Augenblick, nahmen ihn aber nicht, sondern zerstreuten sich wieder. Schenkel betont, daß es sich dabei nicht um ein wirkliches Betteln um Nahrung handelte, sondern nur ein symbolisches Betteln. Der Knochen war nur ein Requisit für den Anführer und sein Rudel und wurde für eine »Zeremonie harmonischer sozialer Integration« benutzt.

Es wäre verlockend, zu diesem Beispiel Parallelen zu gewissen archaischen Traditionen des Menschen zu ziehen, aber wir wollen uns doch lieber wieder dem jungen Hund zuwenden, dem wir ein ebenso guter Rudelführer sein wollen; einer, dessen Autorität er, einmal erwachsen, mit Freude anerkennt. Nun, wir haben es nicht nötig, einen alten Knochen zu tabuisieren oder demonstrativ umherzutragen. Unsere gepflegte Wohnung und die Blumenbeete im Garten bieten uns Möglichkeiten über Möglichkeiten, Tabus zu setzen. Auch das Futtererlauben gehört hierher: Es ist keine Vergewaltigung der Hundenatur, wenn wir unserem Vierbeiner eine Wurst verlockend vor die Nase legen, ihm aber nicht gestatten, sie zu fressen, ehe wir dieses Tabu durch ein Zeichen oder ein bestimmtes Wort aufgehoben haben. Solche Rangdemonstrationen sind nun einmal das Vorrecht des Rudelführers! Voraussetzung freilich ist, daß uns unser Hund als solchen auch wirklich anerkennen kann.

Interessant und aufschlußreich ist nun, daß sich der freund-

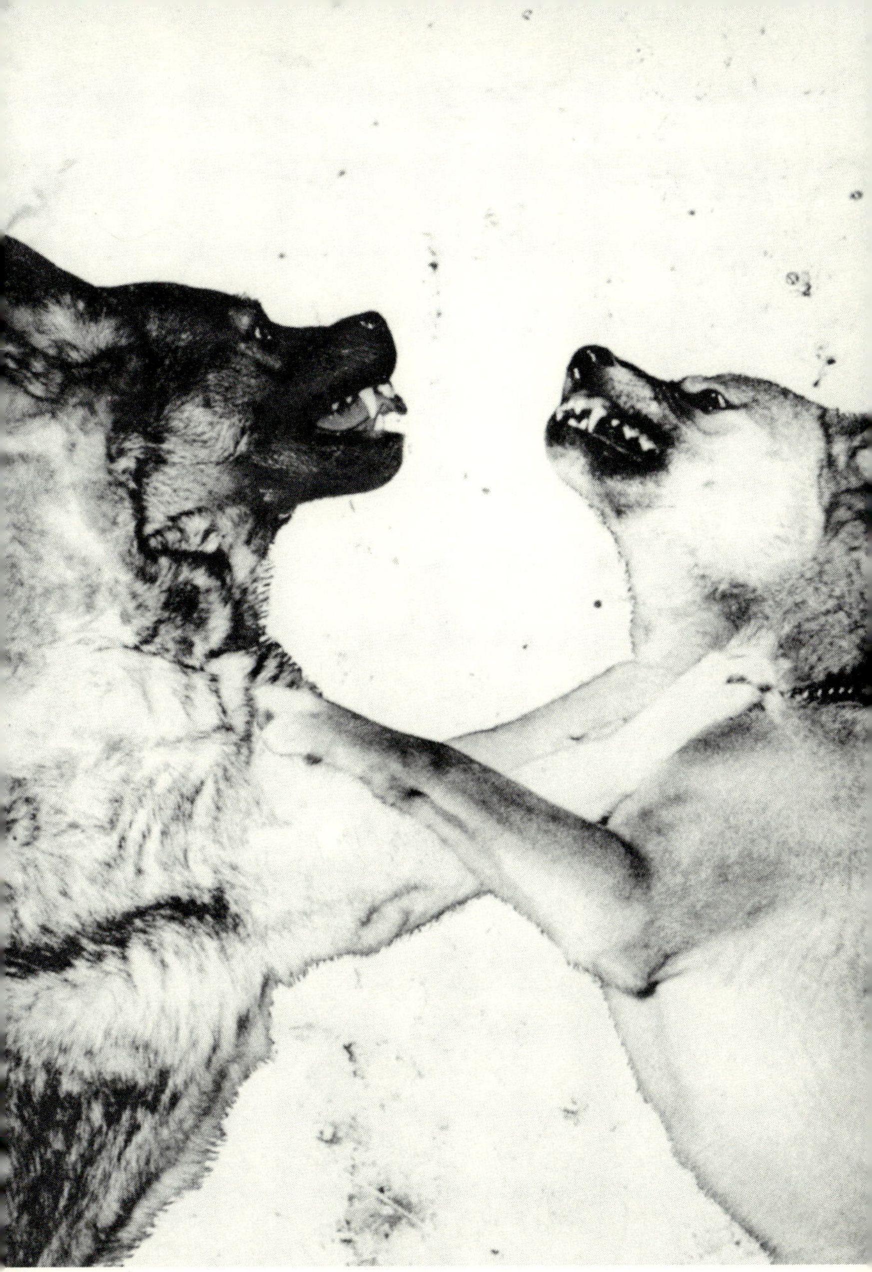

Elchhündin Binna und Dingohündin Suki sind zur selben Zeit läufig und damit gegeneinander aggressiv geworden. Sie drohen sich mit Schultergriff an. Sie »zeigen die Zähne«, der Nasenrücken ist deutlich in Falten gelegt.

Diese südafrikanischen Löwenhunde (Ridgebacks) sind noch halbwüchsig und wollen mit dem kleinen Mädchen spielen, das schreiend davonläuft. Wenn Kinder Angst vor Hunden haben, dann sind sie falsch erzogen.

Ein Schäferhund springt mit dem Apportierholz über eine brennende Hürde. Nur durch vertrauensvolle Zusammenarbeit mit dem Menschen ist eine so großartige Leistung zu erreichen. – Eine schwere Jugendzeit muß Schäferhund Schlapp hinter sich haben, wenn er bereits alle Zeichen der Angst zeigt, weil er sich zum Fotografieren vor eine Wand stellen soll.

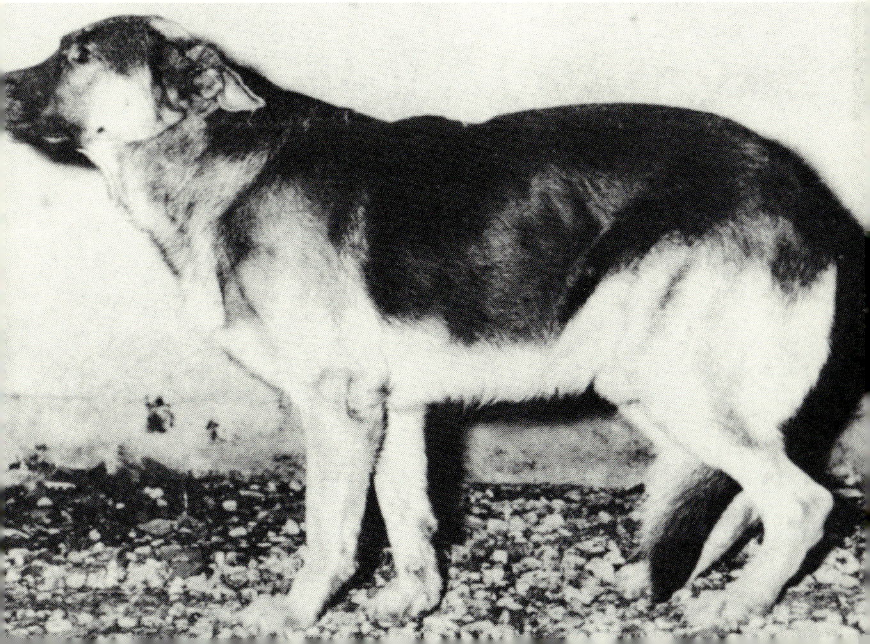

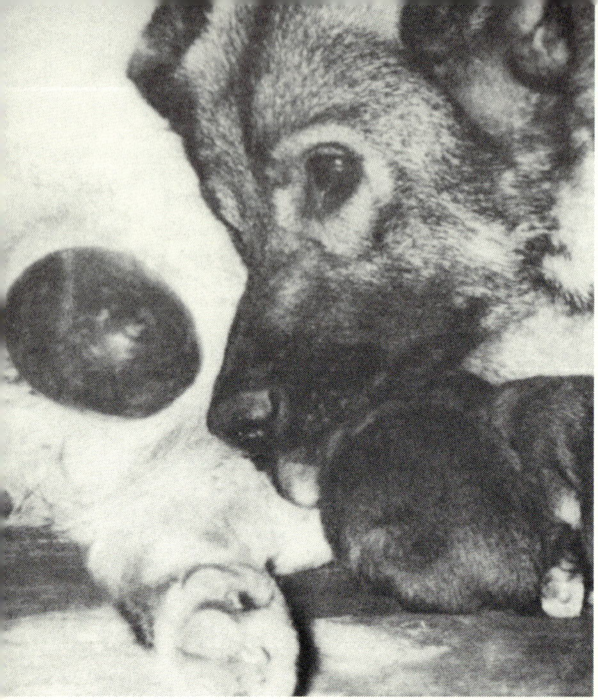

Geburt bei Binna. Die Fruchtblase mit dem eingeschlossenen Welpen tritt gerade aus, während die Hündin zurückblickt.

Der Welpe ist von den Eihäuten befreit. Binna beschnuppert ihn.

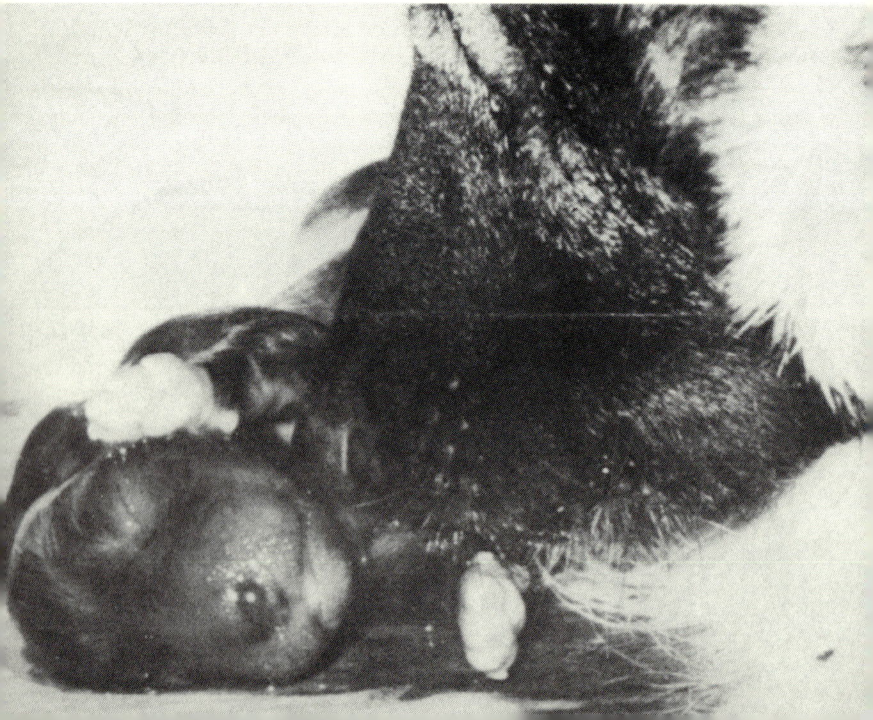

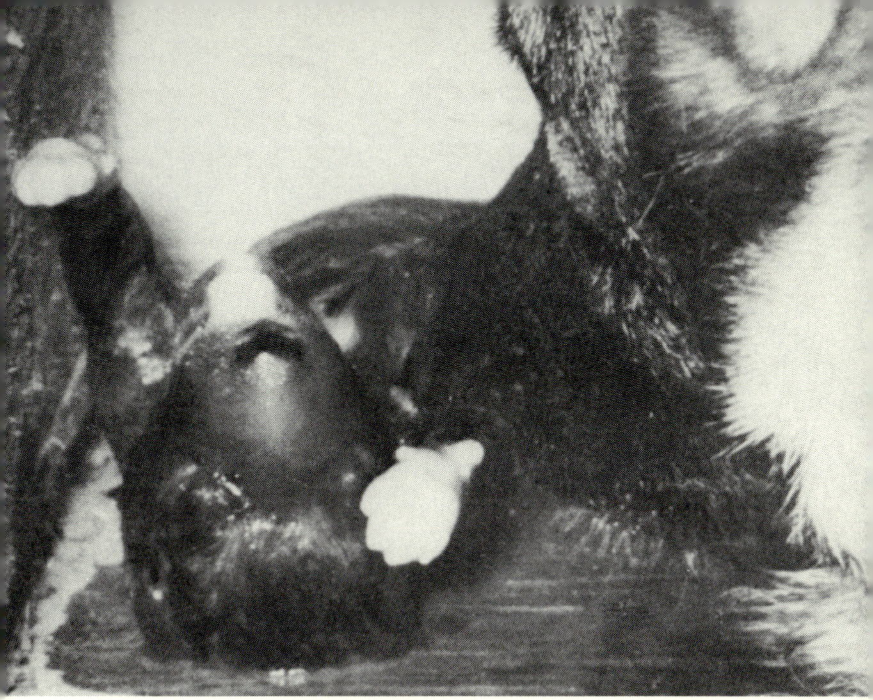

Der Welpe atmet mit hervorgestreckter Zunge zum erstenmal kräftig. Während des Trokkenleckens versucht der Welpe, sich der mütterlichen Zunge zu entziehen, wobei er recht unwillig schreit. Sobald er freikommt, strebt er dem Gesäuge zu.

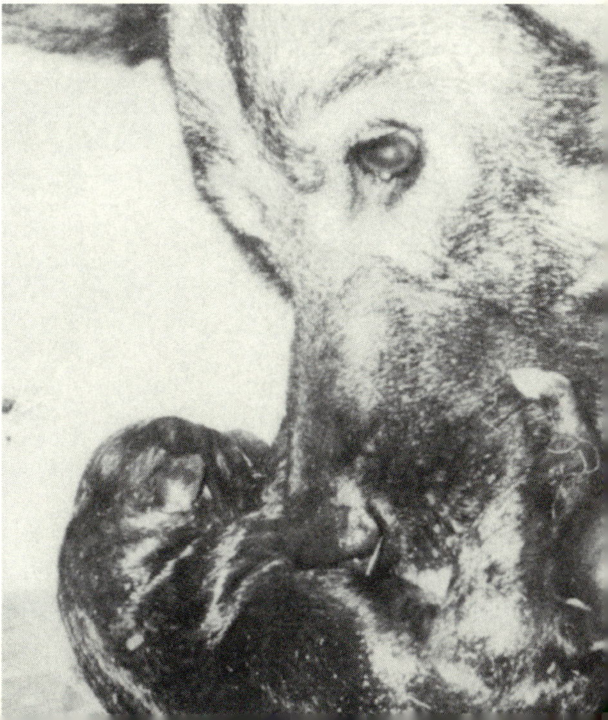

Wesenstest bei Leonbergern (zu S. 264): Hinter der Hecke wird der stets freundliche Sascha an der Leine gehalten. Asko geht nach einleitendem Beschnuppern zur Spielaufforderung über (oben). Sein Bruder Arras hingegen springt sofort laut kläffend gegen die Hecke; er haßt prinzipiell jeden Hund und zeigt damit einen weitgehenden Instinktausfall (unten).

schaftliche Gehorsam eines Rüden uns gegenüber ganz von selbst, ohne unser Einwirken, auch auf seine Kinder überträgt. Sie haben von ihm die Unterordnung gelernt und erleben nun, daß wir noch über dem großen Vater stehen, der sich uns unterordnet. Das gilt übrigens ebenso für Welpen, die nur von der Hündin erzogen werden. Die auf dieser Basis eingespielte Unterordnung der Junghunde unter den Menschen ist dann sehr erfreulich, denn es gehört schon viel Erfahrung und Einfühlungsgabe dazu, eine ebenso zwanglose Unterordnung anzuerziehen wie ein Hundevater oder eine Hundemutter. Hier wird die Konfliktsituation unserer guten Rana sehr deutlich; sie ordnet sich dank ihres Vorbildes Sascha wirklich brav und gern unter — nur kann man damit nichts anfangen, weil sie eben niemals den Menschen als Erzieher und Spielgefährten im Sozialisierungsalter kennengelernt hat. Sie ist glücklich, wenn sie uns ihre Anerkennung und Liebe zeigen kann, und windet sich in Qualen, wenn man dann von ihr etwas will, und sei es nur ein ganz harmloses Spiel. Sie kriecht natürlich auch entsetzlich, wenn man mit ihr schimpft, weil sie etwas getan hat, was sie nicht hätte tun dürfen. Sie hat es eben nie gelernt, vom Menschen wohlverdiente Strafe hinzunehmen. Und ebensowenig ist es ihr jetzt noch beizubringen, daß der Mensch Dinge besitzt — sie stiehlt wie ein Rabe, denn auch das hat sie im bildungsfähigen Alter nicht erfahren; sie respektiert Saschas Knochen, aber nicht den Küchenschrank. Sascha hingegen stolziert zwischen den für Gäste vorbereiteten Platten umher, ohne auch nur seine Nase in die Nähe der verlockenden Wurstscheiben oder Hühnerkeulen zu bringen. Für ihn sind sie tabu.

Man spricht viel von »Unterwerfung«, »Unterlegenheitsgebärden« und ähnlichem. Das, was uns ein richtig sozialisierter Hund entgegenbringt, ist besser mit dem Wort »Anhänglichkeitsbezeugung« gekennzeichnet. Bei meinen Hundefamilien kann ich es sehr gut beobachten, wie die Welpen ihre Anhänglichkeit gegenüber dem erziehenden Elternteil bezeigen: Ein bestrafter Welpe kriecht nicht am Bauch vor seinem Vater, wie man das so oft bei Hunden sieht, die gescholten werden. Er geht erhobenen Hauptes auf ihn zu und drückt seine Einstellung zu ihm durch jene kindlichen Verhaltensweisen aus, die wir schon als Schnauzen- oder Mundwinkelstoß sowie Pfötchengeben als Bettel- oder Beschwichtigungsgebärde kennengelernt haben; sie symbolisieren nun die Achtung vor der Autorität, die sinnvoll, passend und gerecht in ihren disziplinären Maßnahmen ist und der man eben deswegen gern zugeordnet sein möchte. Nur wenn unser Hund nach einer gerechten Bestrafung so reagiert, können wir das Gefühl haben, ihm ein guter Herr zu sein. Er darf sich nicht aus Furcht unterwerfen, sondern er muß seine offene, freie Anerkennung zum Ausdruck bringen. Seine Selbstsicherheit und sein Selbstvertrauen müssen durch uns gefördert werden, wie wir das im Spiel und in der Forderung nach Disziplin erreichen können, wenn wir dabei nicht mehr verlangen, als dem Welpen in diesem Alter verständlich ist.

Verständlich sind ihm zunächst Verbote, wie ich das geschildert habe. Verständlich ist ihm ebenso, daß wir jetzt gerade mit ihm spielen wollen und zu einer anderen Zeit nicht. Er bekommt keine Komplexe, wenn wir mitten im schönsten Spiel aufhören; ist er beim Beißspiel, wie das leicht vorkommt, heftig geworden, und wir brechen nun das Spiel konsequent ab, lernt er auch schnell, wie weit er gehen darf. Er wird aber schwerlich begreifen, warum er mitten im Spiel plötzlich bestraft wird; auf diese Weise können wir ihm seinen großen Übermut nicht abgewöhnen, sondern erwecken in ihm eine Unsicherheit, weil er diesen Zusammenhang nicht begreift. Bei einem erwachsenen Hund, der längst weiß, wie weit er im Spiel gehen darf, ist das etwas anderes; vergißt er sich einmal und bekommt er dafür einen Klaps, dann weiß er genau, warum. Ein Welpe mit zehn oder zwölf Wochen aber wird nur die Erfahrung machen, daß so ein Mensch unberechenbar ist — eine Erfahrung, die sich gerade in diesem Alter tief einprägt!

Wir müssen uns von allem Anfang an den Grundsatz einprägen, daß es Strafe nur bei Übertretung von Verboten geben darf, und niemals dann, wenn der noch unausgereifte Junghund nicht das tut, was wir gerade wollen. Wie ich das schon beim Apportieren geschildert habe, erreichen wir all das, was wir von unserem Hund verlangen, nur dann auf eine harmonische

Weise, wenn wir uns über die Ausführung freuen — sichtbar freuen, der Hund lernt schnell unseren Ausdruck! — und den Hund durch freundliche Worte belohnen. So erreichen wir, daß er die Zusammenarbeit mit dem Menschen als lustgetönt empfindet und weiterhin von sich aus suchen wird. Ärger, Schimpfen oder gar Schlagen, weil der kleine Hund nicht das tut, was wir gerade von ihm erwarten, ist der sicherste Weg, ihn zu einem Geschöpf zu machen, das weder Selbstsicherheit noch Selbstvertrauen hat und das uns später dann nur deswegen gehorcht, weil es Angst vor unserer Gewalt hat. In diesem Alter machen wir den Hund mit ungeduldigem Herumdressieren nur kopfscheu. Denken wir daran, daß unser Hund, auch wenn er ein besonders teurer Rassehund ist, nichts von einem Wunderkind hat; sein von der Natur vorgegebener Reifungsprozeß ist auf eine sehr lange Ausbildungszeit zugeschnitten, und wir überfordern ihn, wenn wir glauben, er müsse nun so schnell wie möglich gleich alles lernen.

Unser Disziplinieren im Sozialisierungsalter des Hundes soll dazu beitragen, das Band zwischen Herrn und Hund zu festigen und die Grundlage für ein absolutes Vertrauen herstellen. Der kleine Hund bringt ein sehr ausgeprägtes Bedürfnis für eine starke Hand von Natur aus mit, er ist ja noch schutzbedürftig und fühlt sich nur in der Gemeinschaft, die von einem erfahrenen Starken angeführt wird, sicher. Artgemäßes Disziplinieren wird von ihm als durchaus positiv empfunden.

Nun muß ich allerdings auch von disziplinarischen Maßnahmen sprechen, die der Natur des Hundes entgegenstehen. Es gibt nämlich Formen des Ausdrucksverhaltens, die unser Welpe voll ausgereift mitbringt, die äußerst freundlich gemeint sind, die wir aber leider nicht dulden können. Ich meine sein Bestreben, uns das Gesicht abzulecken und an uns hochzuspringen, um uns seine Anhänglichkeit zu bezeigen. Schenkel hat diese Anhänglichkeitsbezeigung im Zusammenleben seiner Wölfe beobachtet und folgendermaßen beschrieben: Die kennzeichnenden Gebärden »erfolgen bei zurückgelegten Ohren als Lekken gegen das Gesicht, sanftes Schnauzenstoßen gegen die Lippen des Überlegenen, oder schließlich als leichtes Fassen der

Schnauze des letzteren, eventuell unter ›zärtlichem‹ Winseln. Die Analpartie des Demütigen ist unter allen Umständen verdeckt, wobei allerdings die Schwanzspitze nicht eingezogen zu sein braucht. Oft ›wedelt‹ er mit dem ganzen Hinterkörper seitwärts. Diese lebhafte Bewegung, die nur schwach gehemmte Fortbewegung und vor allem die gerichteten Schnauzenbewegungen erwecken den Eindruck einer gewissen Initiative, die der Verhaltensweise den Namen der ›aktiven Unterwerfung‹ eingetragen hat.«

Blickt ein ranghoher Wolf einen rangniederen aus einiger Entfernung an, so kann dieser den Schnauzenstoß auch durch entsprechend gezieltes Nasenvorstrecken bei angelegten Ohren symbolisch andeuten, er stößt die Nase also in die Luft, wobei übrigens die Stoßbewegung gar nicht mehr richtig zum Ausdruck gebracht werden muß, es wirkt oft eher wie eine einfache Zuwendung.

Schenkel hat nun beobachtet, daß ein Beriechen im Halspelz, an der Nase, den Kopfseiten und im Mundwinkel im allgemeinen nur in friedlicher, ungespannter Stimmung vorkommt. Ich habe hier ein Foto umgezeichnet, das ich anläßlich zärtlicher Kontakte zwischen meiner damals 16 Wochen alten Elchhündin Binna und ihrer vierjährigen Tante gleichen Namens machte.

Schnauzenzärtlichkeit Klein-Binnas gegenüber ihrer Tante.

Die Situation war etwa folgende: Die alte Binna hatte mit der Kleinen eine Weile gespielt, beide waren etwas müde geworden, und zufrieden kuschelte sich Klein-Binna an die gutmütige Tante, leckte sie an der Schnauze und beschnupperte sie freundlich. Die Ohren waren zum Zeichen der Unterwürfigkeit nach hinten angelegt, die Junge drückte also ihre völlig aggressionsfreie Grundstimmung aus, ganz anders, als wenn sie etwa Beißspiele hätte einleiten wollen. Die Große drehte den Kopf weg — ebenfalls sehr typisch, denn das ist eine im gewissen Sinne beschwichtigende Gebärde, etwa des Inhaltes: »Schon gut, laß nur, ich will dir ja auch nichts.« Hätte sie den Kopf längere Zeit unbewegt gehalten, hätte die Kleine ihre Bemühungen in dieser Richtung nicht nur fortsetzen, sondern auch verstärken müssen. Weiteres Verharren aber wäre entweder als Aufforderung zum Beißspiel oder gar als Anzeichen einer ernsthaften Unfreundlichkeit zu deuten gewesen.

Wir haben also eine sehr friedliche Szene vor uns, wie wir sie täglich unter befreundeten Hunden, insbesondere aber zwischen jüngeren und älteren Tieren, beobachten können. In der Beziehung zwischen Mutter und Kind gehört sie zu den häufigsten Erscheinungen.

Jetzt verstehen wir, was unser Hund uns »sagen« will, wenn er uns spontan mit der Nase ins Gesicht fährt. Hat man die notwendige Selbstüberwindung, braucht man nur einmal stillzuhalten: Die kalte Nase stupst sehr gezielt gegen unsere Lippen, vor allem unsere Mundwinkel, und im nächsten Augenblick wird das entstandene Kältegefühl durch die warme, weiche Zunge, die sich in ganzer Länge über unseren Mund zieht, schon wieder beseitigt. Das ist Schnauzenzärtlichkeit! Achten wir darauf, wie die Ohren dabei angelegt sind — unser braver Vierbeiner behandelt uns zweifelsfrei als Artgenossen und bringt uns zum Ausdruck, daß er sehr gern unsere Überlegenheit anerkennt; er sagt, daß er sich uns freundschaftlich unterwirft. Was will man mehr? — Nun wird aber niemand auf diese feuchte Gunstbezeigung besonderen Wert legen. Man kann ruhig den Kopf wegdrehen und diese Zärtlichkeit abwehren. Wir beleidigen ihn damit nicht, denn gerade unsere Abwendung beweist ihm, daß wir so hoch über ihm stehen, daß wir diese Gebärde gar nicht nötig haben. Strafen — wozu nun auch einmal Schimpfen gehört — sollten wir aber nicht. Es ist keine »Unart« des Hundes, wie wir gesehen haben. Man kann ihn auch auf freundliche Weise davon überzeugen, daß wir seine Geste zwar gut verstehen, aber nicht in so direkter Form haben wollen. Er wird es bald lernen, sie in einer Intentionsbewegung auszuführen, als eine nicht ganz zu Ende geführte Handlung, als Schnauzenstoß in die Luft.

Wenn wir nach Hause kommen, und unser Hund springt uns in freudiger Erregung an — was bei Doggen und anderen Großhunden im wahrsten Sinn des Wortes »umwerfend« sein kann —, so ist auch das keine Unart, sondern eine Hilfsmaßnahme des Hundes. Wenn mich jemand fragt, was er gegen das Hochspringen seines Hundes tun soll, empfehle ich ihm, auf allen vieren zu laufen. Der Hund wird jetzt nicht hochspringen, weil er das gar nicht notwendig hat — er gelangt nun einfacher an unseren Mund heran, um zur Begrüßung seine Schnauzenzärtlichkeit darzubringen.

Es ist ein Jammer, daß wir so und so viele Freundlichkeiten unserer Hunde abwehren und verbieten müssen; es geht leider nicht anders. Die überströmende Freude bei unserer Heimkehr dämpfen wir mit Pfuigeschrei und Wegstoßen — ein schlechter Dank für soviel Liebe, die der Hund nun einmal auf seine Weise zum Ausdruck bringt. Hier gibt es eben nur eine Möglichkeit: *diese* Art von Ausdruck zwar strikt zu unterbinden, aber sofort auch zu zeigen, daß es nur die Form ist, die wir nicht wünschen, daß wir den Inhalt aber sehr gut verstanden haben. Je nach der Größe und dem Temperament unseres Hundes werden wir Ausdrucksformen finden, mit denen wir uns gegenseitig unserer Freude versichern. Vor allem das Pfötchengeben wird ein durchaus vollwertiger Ersatz für den Schnauzenstoß und das Gesichtablecken. Ein Hund hat zwar angeborene Verhaltensweisen, aber er hat auch die Fähigkeit, sie im unpassenden Augenblick beiseite zu lassen oder durch Erlerntes zu ersetzen. Wenn wir ihm beibringen, ein bestimmtes kleines Kunststückchen auszuführen, und dieses immer genau dann von ihm verlangen, wenn er den Schnauzenstoß ausführen will, wird er bald dahinterkommen, daß er seine »aktive Unterwerfung« auch so ausdrücken kann.

Ein Hund ist keineswegs ein uneinsichtiges Instinktwesen. Er hat sein Rüstzeug an Erbkoordinationen, aber zugleich einen weiten Spielraum, sie sinnvoll einzusetzen und zu kontrollieren. Beim Ausdrucksverhalten trifft das in ganz besonderem Maße zu. Auch wir verfügen ja über Ausdrucksverhalten, das uns angeboren ist. Ausdruck der Freude ist zum Beispiel das Lachen. Nun können wir lachen, weil wir einen guten Witz gehört haben; das ist dann eine durch die Stimmung ausgelöste Erbkoordination. Wir können aber auch über einen ausgesprochen öden Witz lachen, aus rein gesellschaftlichen Gründen, etwa, weil ihn der Chef erzählt hat; das ist dann der bewußte Einsatz dieser Erbkoordination. Damit sind wir bei der Frage, ob denn ein Hund denken kann. Nun, er kann es, freilich anders als wir. Otto Koehler, dessen großartige Zusammenschau von Verhaltensforschung und Tierpsychologie uns einen Einblick in die höheren Gehirnleistungen der Tiere vermittelt, spricht von einem »unbenannten Denken«, einem Denkvorgang, der ohne Worte auskommt, den wir uns aus Erinnerungsbildern aufgebaut vorstellen müssen. Beim Menschen ist diese Form des Denkens die Voraussetzung für die Entwicklung der Sprache. Das Kleinkind lernt seine Muttersprache nur auf dem Weg des unbenannten Denkens; es setzt die gehörten Worte, die es nachahmt, dadurch an die richtige Stelle des unbenannten Denkens, daß es erfaßt, daß die einzelnen Worte stets an eine bestimmte Sache oder Situation gebunden sind. Ebenso ist der Lernvorgang bei unserem Hund, nur ist er nicht in der Lage, die Worte nachzuahmen, und außerdem ist er nicht in der Lage, die Kombination vieler Worte zu aussagekräftigen Sätzen zu erfassen. Für ihn gibt es nur — wie zunächst für das Kleinkind — »Einwortsätze«. Wenn wir etwa sagen »Geh auf deinen Platz«, hört er »gehaufdeinenplatz«, diese Wortkombination ist für ihn nichts weiter als ein Hörzeichen, das er mit seinem Platz verbindet, weil er es so gelernt hat. Wir sind gerade durch die jahrzehntelangen Forschungen Koehlers so gut über die Denkleistungen der Tiere unterrichtet, daß wir die wiederholt vorgetragene Behauptung, daß Hunde mittels Klopfzeichen eigene Sätze bilden können, mit denen sie Fragesätze eines Menschen beantworten, als puren Schwindel abtun können.

Jenes Denken aber, das nicht – wie beim erwachsenen Menschen, der sprechen kann – mit Wortsymbolen operiert, sondern Erlebtes kombiniert, müssen wir dem Hund in sicherlich beachtlichem Umfange zuerkennen. Wenn Koehlers Mittelschnauzer die Erfahrung gemacht hat, daß man einen zwei Meter langen verzweigten Ast schlecht im Galopp transportieren kann, und seitdem sauber alle Seitenzweige abbeißt, ehe er einen Ast fortträgt, dann ist das entschieden eine Denkleistung. Wir können sie uns versuchsweise so vorstellen: Der Hund merkt, wie der verzweigte Ast überall hängenbleibt. Er hat kürzlich ein ebenso langes Holz getragen, mit dem ihm das nicht passiert ist. Er erinnert sich daran, wie es ausgesehen hat: Da waren keine Seitenzweige dran, zeigt ihm das Erinnerungsbild. Er vergleicht es mit dem sperrigen Ast und findet die Lösung: Er muß den Ast so machen, wie der von neulich war. Sicher kommt da noch manches Erinnerungsbild von Zweigeabbeißen herein, das nur planlos, im Spiel versucht wurde. Die Kombination solcher gedanklicher Bilder führt zur zielgerichteten Handlung, er beißt die hinderlichen Zweige ab. Der Erfolg ist, daß der Ast nun zu tragen ist, und von nun an wird jeder Ast auf diese Weise hergerichtet. So ähnlich also können wir uns das unbenannte Denken übersetzen.

Der Hund »versteht« unsere Befehlsworte nicht vollinhaltlich, sondern kombiniert nur ihren Klang mit dem, was er gelernt hat. Nun sind viele Menschen oft verblüfft, daß er ein Kommando ausführt, ehe das Wort ausgesprochen ist. Hier kommt seine erstaunliche Beobachtungsgabe hinzu. Wir geben Befehle nicht so obenhin, sondern wir haben uns in der Zeit, als wir dem Hund beigebracht haben, was er zu tun hat, einen ganz bestimmten Ausdruck angewöhnt. Damals haben wir ja jeden Befehl besonders deutlich und betont ausgesprochen, mit einer inneren Spannung (»Wird er oder wird er nicht?«). Manche mimische Komponenten haben wir beibehalten, und wir setzen das »Komm-Gesicht« oder das »Platz-Gesicht« auf, ehe wir das Kommando geben. Das sind oft ganz unbedeutende, feine Veränderungen in unseren Zügen oder in unserer Haltung, die wir wahrscheinlich nicht einmal wahrnehmen würden, wenn wir uns dabei im Spiegel beobachten würden; unser Auge ist da viel zuwenig geschult. Ein Hund übertrifft uns hier bei weitem!

Ich werde auch immer wieder gefragt, wie ein Hund genau wissen kann, daß sein Herr auf dem Heimweg ist. Hat er »hellseherische Fähigkeiten«? Es gibt so viele verblüffende Leistungen, die ein Hund vollbringt, daß wir oft staunen und zunächst nicht begreifen, wie das möglich ist. Jeder Hundebesitzer erlebt das fast täglich, und manches geht einfach über unsere Vorstellungskraft hinaus.

Das will nicht sagen, daß wir wundergläubig sein müssen. Da fiel einmal bei einem interessanten Vortrag eines Hundeausbilders das Wort »Gefühlssinn«. Das ist ein althergebrachter Ausdruck unter »Hundlern«, der vielleicht recht praktisch ist, aber auch ziemlich irreführend.

Es kam dann zu folgender Diskussion zwischen dem erfahrenen Hundeausbilder und mir:

»Was verstehen Sie unter Gefühlssinn?« — »Nun, der Hund hat eben einen besonderen Sinn, die Stimmungen und Gefühle seines Herrn zu verstehen.« — »Richtig — der Hund erkennt unsere Stimmungen sehr genau und richtet sich nach ihnen, auch wenn wir keinen Ton sagen. Aber, und das ist mein Einwand: Sie haben uns vom Geruchssinn, vom Gehörsinn und vom Gesichtssinn erzählt. Das sind nach allgemeinem Sprachgebrauch wirklich Sinne, denn sie sind an entsprechende Sinnesorgane — Nase, Ohren, Augen — gebunden. Es gibt aber kein Sinnesorgan, das die Stimmungen des Artgenossen oder Menschen auffangen kann.« —

Darauf gestand mein Gesprächspartner: »Gewiß, aber wenn Sie die Bücher der großen Hundeleute wie Moss und andere lesen — die sprechen alle vom Gefühlssinn.«

Da sah ich mich also wieder der traditionsbeladenen »Schule« gegenüber, jenen geheiligten Dogmen der »großen Lehrer«!

Um dem Phänomen »Gefühlssinn« auf die Spur zu kommen,

gehen wir am besten von der Bedeutung des Ausdrucksverhaltens im Wolfsrudel aus. Nehmen wir als Beispiel ein gemeinsam jagendes Wolfspaar, das eine größere Beute ausgemacht hat. Da besteht ein äußerst feines Zusammenspiel zwischen den Tieren, das nicht nur auf großer Jagderfahrung beruht, sondern auch auf einer sehr genauen Beobachtung des Verhaltens des Jagdgefährten. Der eine sieht die Beute, der Partner, der in Deckung verharrt, aber nicht. Er muß aus den feinsten und unmerklichsten Regungen des Jagdgenossen entnehmen, wie weit dieser sich der Beute genähert hat und wann sein eigener Einsatz kommt. Hier geht es um die Leistungsfähigkeit von Nase, Auge und Ohr, ganz genauso, wie alles von diesen Sinnesorganen abhängt, wenn sich im Winter die Wölfe zusammenrudeln und ihre Rangordnung festlegen. Schärfste Beobachtung des Rudelgenossen ist das lebenserhaltende Um und Auf der ganzen Wolfsexistenz.

Was würde auch das vielschichtige Ausdrucksverhalten nützen, wenn es nicht stets und immerwährend vom Rudelgenossen beobachtet würde? Wobei das Wort »beobachten« eigentlich zu einfach ist. Beobachten ist eine aktive Tätigkeit. Es gibt aber ein Wahrnehmen, das sich außerhalb der gewollten Zuwendung vollzieht, als Dauerleistung der Sinnesorgane, die ununterbrochen das auf sie Eintreffende dem Gehirn weiterleiten; dieses verarbeitet seinerseits die Eindrücke selbsttätig und holt aus den Speichern des Computersystems die notwendigen Daten, um die notwendigen Schlüsse zu ziehen. Ich erwähnte es schon: Der nicht zu tief schlafende Hund erwacht und weiß sofort, was los ist, denn zumindest Nase und Ohren haben während des Schlafes ihre Meldungen an das Gehirn weitergegeben, und dessen Datenverarbeitungszentrale arbeitet auch im Schlaf. Die genaue Registrierung der Umweltvorgänge und insbesondere des Ausdrucks der Artgenossen muß also gar nicht erst durch ein aktives Studium zustande kommen. Es brauchen nur die bereits im Unterbewußtsein registrierten und ausgewerteten Ergebnisse der ständigen Tätigkeit der Sinnesorgane in die bewußten Schichten der Seele heraufkommen.

Nun wissen wir, daß die Sinnesorgane des Wolfs und des

Hundes — insbesondere die Nase und die Ohren — weit mehr leisten als die unseren. Ich könnte mir vorstellen, daß ein zufällig aufwachender Wolf weiß, daß der einige Schritte von ihm entfernt schlafende Rudelgenosse unmutig sein wird, wenn er erwacht, denn er hat schlechte Träume gehabt, die ihn erregten und seinen Körpergeruch veränderten. Der erste Wolf weiß das nicht, weil er nun nach dem Aufwachen kontrolliert, sondern weil diese Kontrolle bereits während seines Schlafes gearbeitet hat. Es wird ihm jetzt nur bewußt, weil eine Meldung aus dem Computer in die Bewußtseinssphäre geschickt wird mit dem Inhalt: »Aufpassen — der Wolf Dunkelauge ist schlechter Laune!«

Das ist das Geheimnis des »Gefühlssinnes« des Hundes. Er hat es im Umgang mit uns gelernt, was jene Körperhaltung, jener Gesichtsausdruck, jene stimmliche Klangfarbe oder die unseren Eigengeruch verändernde Adrenalinausschüttung (Steuererklärung!) bedeutet. Er braucht uns oft gar nicht anzusehen, er weiß bereits alles, wenn unsere Bewegungen (das Kleiderrascheln, uns oft kaum wahrnehmbar, hört der Hund laut und deutlich) fahriger oder gelassener als sonst sind. So entdeckt er unsere Stimmung, ohne sich darauf konzentrieren zu müssen, bereits früher als wir selbst und richtet sein Verhalten danach.

Der nebulöse »Gefühlssinn« entpuppt sich also bei näherer Betrachtung als das Zusammenspiel äußerst feiner Sinnesorgane, und zwar der üblichen, die mit einem sehr leistungsfähigen Computer gekoppelt sind. Hier werden mehr Ausdrucksdetails verarbeitet, als wir mit unseren tauben Ohren und Nasen jemals wahrnehmen können. Eine wunderbare Leistung des Hundes — aber kein außersinnliches Wunder!

Wer so fein registrieren kann, der muß auch ein sehr feines Unterscheidungsvermögen für seine Wahrnehmungen besitzen. Das bedeutet, daß das Gefühlsleben des Hundes ungemein differenziert sein muß — viel mehr als bei vielen unserer Mitmenschen, die ihn als Sklaven mit Füßen treten. Der Unterschied zum Menschen besteht — grob vereinfacht und etwas einseitig betrachtet — im wesentlichen darin, daß ihm jene komplizierte Höchstentwicklung der Großhirnrinde fehlt; diese hat den Menschen der Neuzeit vom Tier so weit abgerückt. In ihr aber spielt sich nicht das Eigentliche des Gefühlslebens ab. Die Stimmungen entstehen in jenem »alten« Gehirnteil, den man wegen seiner Lage das Zwischenhirn nennt. Dieses aber ist bei Mensch und Hund nicht grundsätzlich verschieden, weder im Aufbau noch in seinen Leistungen. Statt die Möglichkeiten unseres Einfühlungsvermögens auszuschöpfen, benutzen wir allzusehr das erstaunliche Leistungsvermögen unserer Großhirnrinde.

Wir sind von den einfachsten Reaktionen des neugeborenen Welpen schon einen weiten Weg bis zu seinen verstandesmäßigen und gefühlsmäßigen Spitzenleistungen gegangen. Gerade das letzte Stück dieses Weges, das uns in die so wichtige Sozialisierungsphase des Hundes geführt hat, brachte uns zu jenen höchsten Leistungen. Das hat seinen guten Grund. Schließlich beruht die Möglichkeit zu einer so engen Verbundenheit, wie sie sich zwischen Mensch und Hund einspielen kann, eben darauf, daß alle seelischen Höchstleistungen des Hundes im Dienste des Sozialverhaltens entwickelt worden sind; wir können selbst die zum Beuteschlagen entwickelten Fähigkeiten hier einschließen, denn der Wildhund ist nur gelegentlich und kurzfristig Einzelgänger, für die meiste Zeit seines Lebens ist auch die Beute eine Angelegenheit der Gemeinschaft.

Unsere eigene seelische Struktur ist auf sehr ähnlichem Wege entstanden. Auch der Mensch war einmal ein Jäger, der in kleinen Sippen — mit gleicher Kopfzahl wie etwa Wolfsrudel — lebte. Die damals entwickelten sozialen Verhaltensweisen sind uns heute noch eigen; bekanntlich sind sie es auch, die das dichte Zusammenleben der Menschen in den Städten so erschweren. In der frühen Steinzeit war das gemeinsame Jagen, bei dem eine gute Disziplin die Voraussetzung für eine erfolgreiche Zusammenarbeit darstellte, kaum verschieden von dem, was ein Wolfsrudel zu leisten hat. Wie beim Wolf war die Verteidigung des Reviers gegen Nachbarsippen oder die gemeinsame Fürsorge für den Nachwuchs eine Notwendigkeit. — Kurz, es gibt so viele Gemeinsamkeiten im Sozialleben von Mensch und Hund, daß die Eingliederung des Wildtieres in die menschliche Sozietät von diesem keine wesentliche Umstellung verlangte. Alle seine wesensmäßigen Grundlagen paßten ausgezeichnet in die Gemeinschaft der Zweibeiner, deren Sozialverhalten damals vermutlich noch ungetrübter war als gegenwärtig, da es heute in ein Milieu gezwungen ist, an das es nicht angepaßt ist. Die zivilisatorische Entwicklung hat den Menschen überrundet, und er muß zusehen, wie er mit ihr fertig wird.

So ist es also nicht nur gut verständlich, wieso dereinst Mensch und Hund zusammengefunden haben, es bietet uns das Sozialverhalten des Hundes auch noch so manchen Hinweis, was an unserem Sozialverhalten noch echt und was aufgesetzt ist. Das Verhalten eines in der Sozialisierungsphase falsch erzogenen Hundes gleicht später auch wieder verblüffend jenem, das in der menschlichen Gesellschaft zum Außenseitertum, ja zur Kriminalität führt. Die Ursachen können oft genug genau die gleichen sein wie die, die zum schwierigen Hund geführt haben.

Wir werden in der Betrachtung der Aggression beim Hund wieder darauf zurückkommen müssen, und auch dort werden wir wieder zweierlei erfahren: Einmal, daß von Natur aus die innerartliche Aggression im Leben dieses so hochstehenden Familientieres ihrer Bedeutung nach weit hinter den sozialen, den gruppenbindenden Verhaltensweisen steht; zweitens aber, daß es Schuld des Menschen ist, wenn dieses Verhältnis gestört ist und die Aggression beim Hund vorrangig wird. Eben jetzt, in der Zeit, da der Welpe für die Bindungen an die Gruppe sehr offen ist, kann falsche Erziehung aus falscher Einschätzung seines Wesens schwere dauernde Schäden im Sozialverhalten gegenüber Artgenossen und Mensch bewirken. Für den Hund kann so das Leben zu einer ständigen Qual werden.

Schulungszeit und Lehre

Während wir bislang im wesentlichen die Erziehung des Welpen zum Gemeinschaftsangehörigen verfolgen konnten, tritt nach der zwölften Woche in der natürlichen Hundefamilie deutlich die Ausbildung zum vollwertigen Rudelgehilfen in den Vordergrund. Selbstverständlich erziehen die Eltern weiter, und zwar vorwiegend der Vater, dessen Sonderstellung nun, da die Welpen größer und selbständiger werden, immer deutlicher wird. Die Vorrangstellung des Rüden war, wie ich erinnern möchte, in der letzten Hälfte der Tragzeit zunehmend einer Dominanz der Hündin gewichen. Jetzt wird er wieder zum Alpha-Tier, dem Ranghöchsten, dem sich auch wieder die Hündin unterzuordnen beginnt. Sie hat sich im Verlaufe des letzten Monats von den Strapazen des Säugens erholt, und der Rüde nimmt nun keine Rücksicht mehr auf sie, wenn es um die Teilung des Futters geht. Die Welpen erhalten zwar auch jetzt noch unangefochten ihren Anteil an der Beute, aber die Alttiere dulden es nicht mehr, daß sie ihnen frech die Fleischstücke vor der Nase wegholen.

So ist die Heimbindung der Jungen nicht mehr so eng. Sie unternehmen bereits gemeinsam kleine Streifzüge ohne Eltern, entfernen sich jedoch noch nicht zu weit vom Lager, in das sie bald wieder zurückkehren. Auf diesen Ausflügen lernen sie natürlich sehr viel Neues kennen, und manchem Fürwitzling mag das auch zum Verhängnis werden. Ihre Hauptausbildung ist Angelegenheit des Vaters geworden, des erfahrenen Alttieres, das nun über sehr disziplinierte Spiele die Jungen in die Künste und Schliche des Jagens, aber auch der kämpferischen Auseinandersetzung mit dem Artgenossen — etwa im Dienste der Revierverteidigung — und der Selbstverteidigung gegen überlegene Feinde einführt. Obgleich meine Zwinger, zwischen 50 und 120 qm »klein«, niemals den Verhältnissen im Freileben entsprechen, so sind sie doch wieder groß genug, daß man die wesentlichen Vorgänge in diesem »Ausbildungsprogramm« der Alttiere erkennen kann. Die Fehlerquellen beim Beobachten entstehen vermutlich da, wo Aggressionshandlungen vordergründig werden; sie dürften eine Folge der räumlichen Beengung sein und werden sich wahrscheinlich im Freileben ganz anders abspielen, da das Ausweichenkönnen ganz sicher die Aggression dämpft. Als zweiter Punkt ist die Langeweile zu nennen, denn wenn Hunde nichts anderes zu tun haben, als auf ihr Futter zu warten, dann entsteht sehr leicht ein »Triebstau«, der sich in gelegentlichen Aggressionen ebenso entladen kann wie in einer Spielfreudigkeit, die möglicherweise über das im Freileben Übliche hinausgeht.

Aber diese Randerscheinungen beeinflussen das Bild, das sich mir von der Welpenschulung bietet, nur ganz am Rande und dürften nach all dem, was ich daneben bei meinen freilaufenden Hunden sehe, in den wichtigeren Zügen die tatsächlichen Verhältnisse klar genug herausstellen.

Sehr wichtig ist für die Praxis, daß um diese Zeit nun der kleine Hund bereits in Händen seines künftigen Herrn und Meisters ist, vor allem dann, wenn er einmal als Gebrauchshund wertvolle Dienste leisten soll. Es gibt in San Raffael (Kalifornien) eine Zucht- und Ausbildungsstätte für Blindenhunde, Hamilton Station, in der die dort geborenen Welpen bis zur zwölften Lebenswoche bleiben. Sie werden bis dahin ihrer Jugend entsprechend erzogen und zuletzt einem Test unterzogen, der ihre grundsätzliche Eignung für ihre zukünftige Arbeit bestimmt. Diese ausgewählten dreimonatigen Hunde kommen dann in Privathände, werden nach Erreichen des ersten Lebensjahres als Blindenhunde ausgebildet und machen eine letzte Prüfung. Clarence J. Pfaffenberger, der bis zu seinem Tod im Jahre 1968 dieses Institut leitete, hat folgende sehr aufschlußreiche Beobachtung gemacht: Wenn die Welpen noch innerhalb der dreizehnten Lebenswoche abgegeben wurden, dann erfüllten fast alle nach dem ersten Lebensjahr die von ihnen erwartete Leistung; es versagten höchstens 10%. Kamen sie aber erst nach der 15. Woche aus dem Zwinger, dann waren nur noch 30% als Blindenführhunde zu gebrauchen.

Diese Zahlen zeigen deutlich, welche Entscheidungen über das künftige Format der charakterlichen Eigenschaften in diesem Altersabschnitt fallen. Sosehr der Hund ein Lernwesen ist, sosehr ist er auch an die Entwicklungsperioden gebunden, in denen die Dinge jeweils gelernt werden müssen; ein »Nachsitzen«, ein Nachholen des einmal Versäumten, gibt es nicht.

Nicht die Erbanlagen sind schuld am Versagen so manchen Hundes, sondern oft genug die nicht richtig genutzte Jugendzeit. Was nutzt es, wenn ein Welpe die beste Abstammung hat und die besten Anlagen mit auf den Weg bekommen hat, wenn er in die Hände eines Menschen kommt, der meint, die Ausbildung beginne erst im achten oder neunten Monat. Die wirklichen Entscheidungen über den künftigen Lernerfolg fallen in der Jugend, in der das Zusammenspiel zwischen Hund und Mensch für alle Zukunft festgelegt wird. Hat der Welpe den Menschen jetzt als Sozialpartner kennengelernt, mit dem er die Erfahrung machte, daß das Zusammenspiel Freude bringt, dann wird seine Arbeit als erwachsener Hund die schwierigsten Leistungsprüfungen bestehen können. Gerade die Beobachtung des Hundes im natürlichen Familienverband aber lehrt uns, was gemacht werden muß und wie man vorzugehen hat. Bei den Wildhunden geht es ja nicht um Siegerplaketten auf Zuchtschauen, bei ihnen geht es um Tod und Leben des Individuums und um die Erhaltung der Art. Ihr ist alles untergeordnet, ihr dienen die mannigfachen Anpassungen, zu denen auch die im Kampf ums Dasein entwickelten Erziehungsmaßnahmen gehören, die aus dem unerfahrenen Welpen einen ganzen Hund machen müssen, der selbst einmal seine Jungen entsprechend ausbilden wird. Leider stehen wir mit diesen Forschungen noch sehr am Anfang — es wird noch viel zu tun geben, ehe ein wirklich lückenloses Bild von all diesen Dingen gegeben werden kann.

Dennoch ist das, was wir bis heute wissen, schon so verdichtet, daß seine Beachtung unser Verhältnis zum Hund vertiefen kann.

Ich möchte auch den Lebensabschnitt von der dreizehnten Lebenswoche bis zum Ende des sechsten Monats in zwei Phasen unterteilen. Die erste Phase – bis zum Ende des vierten Monats oder zumindest bis einschließlich der 16. Woche – wird vorwiegend von der Stabilisierung der Rangordnung innerhalb der Welpenschar bestimmt, die darauffolgende bringt bereits die ernsthafte Zusammenarbeit mit den Alttieren, in ihr sind die Junghunde schon in der Stellung von »Gesellen«.

Die Rangordnungsphase

Eine Rangordnung ist in der Regel nicht eine einfache, gerade aufsteigende Linie vom rangtiefsten »Omega-Tier« zum ranghöchsten »Alpha-Tier«*; sie ist – zumindest bei den Hunden – eine sehr komplizierte und vielschichtige Angelegenheit, die gar nicht so einfach zu durchschauen ist. Besonders kompliziert wird das vor allem in einem Rudel, das aus verschiedenen Altersgruppen besteht. Doch braucht uns das in diesem Buch weniger zu interessieren, da wir für unseren persönlichen Umgang mit dem Hund wenig damit anfangen können. Viel wichtiger ist für uns die Kenntnis der Rangordnung im Welpenverband.

Was soll überhaupt die Rangordnung unter Welpen bzw. Junghunden? Wenn man überlegt, daß sie im Alter von etwa zehn Monaten von der nun erneut läufig werdenden Hündin, aber auch vom Vater weggetrieben werden und häufig auf eigene Faust ihr Leben weiterführen, dann wird es schwierig, hinter den andauernden und oft recht heftigen Balgereien zur Festlegung der Rangordnung einen tieferen Sinn zu erblicken. Mir selbst scheinen nur zwei Motive einleuchtend: Einmal mö-

* Alpha, Omega = erster und letzter Buchstabe des griechischen Alphabets.

gen diese Rangordnungsbestrebungen dazu dienen, abermals eine Selektion herbeizuführen; es ist gut vorstellbar, daß das schwächste Tier unter den Welpen bald auch ernährungsmäßig so hinter den anderen zurückbleibt, daß es für die Erhaltung der Art ausfällt. Wichtiger scheint mir jedoch, daß sie vor allem dazu dienen, die kämpferische Auseinandersetzung zwischen Artgenossen weiter, über das Spiel hinaus, zu üben. Es ist eine Auseinandersetzung, die nur in bestimmten Fällen um Leben und Tod geht, sonst aber ganz allgemein sehr viele ritualisierte Verhaltensweisen im Sinne eines Kommentkampfes enthält. Insbesonders Rüden unter sich kennen diesen Kommentkampf; auch der Rüde, der seine Hündin zur Ordnung bringt, wird sie nicht absichtlich verletzen, so ungestüm diese Balgereien oft verlaufen. Der Kommentkampf ist mit sehr viel Kampftechnik und Ausdrucksverhalten verbunden, und eben diese Fertigkeiten dürften sich in dieser Zeit der Rangordnungsbildung aus dem Rohmaterial der angewölften Erbkoordinationen zur Vollkommenheit entfalten.

Diese Übung kommt Wölfen bei der winterlichen Rudelbildung sehr zustatten; müßte erst jetzt die Rangordnung bestimmt werden, so würde das zuviel Zeit und zuviel Aufwand erfordern, wodurch die Schlagkraft der Meute herabgesetzt werden könnte. Beim gemeinsamen Jagen schließlich ist die Rangordnung eigentlich nur im Sinne einer Arbeitsteilung zu verstehen; es geht dabei um das spezifische Können der einzelnen Tiere, die, wie wir wissen, mit verteilten Rollen zusammenarbeiten. An der Beute endlich mag die Rangordnung als »Freßordnung« wieder so, wie ich das oben erwähnte, selektiven Charakter haben; es sollen eben nur die rangmäßig höchsten und damit bestveranlagten Tiere die besten Chancen zur Arterhaltung, zur Bewahrung des Erbgutes haben.

Sehr wahrscheinlich sind die mit sehr viel Aufwand verbundenen Rangordnungs-Eifersüchteleien, wie sie in den willkürlich zusammengestellten Rudeln der Tiergärten-Wölfe vorkommen, eine Gefangenschaftserscheinung; im Freileben sind derart exzessive Formen nicht zu beobachten. Räumliche Beengung und Beschäftigungslosigkeit führen — nach meinen Beobachtungen an Zootieren — zu ständiger Aggressionsbereitschaft, die im Freileben entschieden den Fortbestand der Gruppe gefährden würde. Wir sind bei dem Thema Aggression viel zu sehr beeinflußt von dem, was wir unter den anomalen Bedingungen bei gefangengehaltenen Tieren sehen. Ich erwähnte schon, daß auch in meinen Zwingern mitunter mehr an Aggression geboten wird, als im Wildleben denkbar ist.

Nun muß ich dazu aber noch etwas sagen, um meinen Tieren nicht unrecht zu tun. Es besteht ein sehr auffallender Unterschied zwischen dem, was ich zu Beginn meiner Züchterei erleben mußte, und was ich heute erlebe. Damals verging kaum eine Woche ohne irgendwelche Aufregungen, und meine Nerven wurden ziemlich in Spannung gehalten. In der letzten Zeit ist es verhältnismäßig ruhig geworden — es passiert eigentlich gar nichts. Damals erzählte ich allen Leuten, daß die jungen Dingos höchstens bis zum achten Lebensmonat bei den Alten gelassen werden könnten, danach komme es unweigerlich zu schweren Beißereien. Nach den ersten Erlebnissen dieser Art habe ich sorgsam darauf geachtet, die Jungtiere rechtzeitig abzusetzen, um solche Kämpfe zu vermeiden. Aber dann machten mich einige Zufallsbeobachtungen stutzig, und ich riskierte es, die Jungtiere nicht wegzutun. Natürlich war ich immer auf dem Sprung, einzugreifen, wenn es losgehen sollte. Aber es ging nicht los! Gelangweilt schaute Rüde Abo zu, wie sein Sohn Paroo, ein Flegel von acht Monaten, Mutter Suki besprang; es war freilich noch nicht die eigentliche Hochbrunft, sondern eine Woche davor, und der Jungrüde tat auch nur so als ob. Als dann Suki soweit war, deckte sie Abo, und Sohn Paroo stand still abseits, wohlerzogen und gehorsam. Dabei sind Dingos nachweislich bereits mit sieben Monaten deckfähig!

Und nun lasse ich alles laufen, wie es läuft — wie gesagt, es passiert nichts mehr. Suki zum Beispiel lebt mit zwei Söhnen und einer Tochter in friedlichster Gemeinschaft. Björn, der Sohn Binnas nach Abo, deckte kürzlich seine Frau Bente, und die beiden Kinder, zehn Monate auf den Tag, eine Hündin und ein Rüde, stehen abseits, werden wohl gelegentlich heftig angefahren, machen sich aber nichts daraus — es ist alles nur halb so wild; die paar Tage der Hochzeit sind bald vorbei, und danach kann man wieder prächtig mit den Alten spielen.

Das Phänomen ist leicht zu erklären: Damals, am Anfang, da gab es ständig Neuordnungen, die ich aus züchterischen Gründen vornahm. Es trafen auch neue Dingos aus dem Zoo ein, die von mir willkürlich, nach meinen Zuchtplänen, dahin oder dorthin zugesetzt wurden. Es hatten sich auch noch keine geregelten Deckperioden eingespielt, wie es sie jetzt gibt. Alles war noch in Unruhe; die Tiere waren künstlich gruppiert, wechselten von einem in den anderen Zwinger. Inzwischen sind aber die Dinge eingespielt, neue Generationen sind unter geordneten Verhältnissen herangewachsen, es sind natürliche Familien entstanden — und siehe da, jetzt geht es recht friedlich zu, zumindest viel friedlicher als früher. Und auch hier macht sich bemerkbar, wie wichtig eine geordnete Jugendentwicklung ist. Habe ich aus Beobachtungsgründen eine Hündin mit ihren Welpen von der Geburt an im Hause gehalten und setze sie erst dann zum Vater in den Zwinger, wenn die Welpen schon sechs oder sieben Wochen alt sind, dann verläuft das Zusammenleben der Familie bei weitem nicht so klaglos wie in den Fällen, in denen die Hündin im Zwinger geworfen hat oder wenigstens doch vor Ende der dritten Lebenswoche der Kleinen mit ihnen wieder in den Zwinger zurückkommt. Das Familienleben wird auch empfindlich gestört, wenn ich die Welpen oder ein Alttier längere Zeit aus dem Zwinger nehme — etwa zwei Wochen oder mehr — und dann wieder zurücksetze. Es hilft eben nichts: Wenn man die Hunde sehen will, wie sie sind — mit ihrer so erstaunlich sozialen durchaus friedlichen Wesensart —, dann darf man ihnen nicht mit irgendwelchen Maßnahmen querschießen; das vertragen sie nicht, darauf reagieren sie äußerst empfindlich. Und wenn ein so sensibles Geschöpf etwas nicht verkraften kann, dann hat man eine Kettenreaktion von Aggressionen ausgelöst; man darf eben nicht in Präzisionsuhren mit Hammer und Meißel herumdoktern!

In der Natur werden die natürlich gewachsenen Gruppen auch nicht herumgeschoben, getrennt und wieder nach Gutdünken zusammengesetzt. Hier spielt sich alles auf dem Wege des geringsten Widerstandes ein, auf eine vorgeprägte Art und Weise, die einzig und allein auf die Erhaltung der Art abgestimmt ist. Tiere, die oft täglich viele Kilometer zurücklegen müssen, um ihre Ernährung zu sichern, haben bestimmt nicht die Zeit, sich stundenlang mit Rangordnungsfragen herumzuplagen; sie brauchen ihre Energie für Wichtigeres. So mag das Üben von Rangordnungskämpfen in der sorgloseren Jugend, da die Beute noch von den Eltern angebracht wird, vor allem dazu dienen, diese Dinge so gut in den Griff zu bekommen, daß man später einmal, wenn der Ernst des Lebens im Vordergrund steht, damit nicht mehr viel Kraft und Zeit verliert. Man weiß dann, wie es gemacht wird; ich glaube, daß schon die Art und Weise des Auftretens bei der Begrüßung zu Beginn der Rudelbildung hinreicht, um alle Rangordnungsfragen zu klären. Wie ich noch zeigen werde, spielt bei den Hunden die Demonstration der psychischen Überlegenheit eine viel größere Rolle als die der physischen.

Genau das beginnt schon jetzt in dieser Entwicklungsphase. Die Rangordnungs-Auseinandersetzungen der Welpen sind zunächst wohl noch eine Frage der körperlichen Kraft; aber diese primitive Form zur Klärung von Rangordnungen weicht bald der Anerkennung von Selbstsicherheit und Persönlichkeit. Ganz deutlich wird dies bald auch im Verhältnis zum Alttier, insbesondere zum Vaterrüden. Zwar spielt er noch immer seine körperliche Überlegenheit aus, wenn es einmal nicht anders gehen sollte. Seine Vorrangstellung beruht aber jetzt doch in erster Linie darauf, daß die Junghunde seine erfahrungsbedingte Überlegenheit, seine ausgereifte Persönlichkeit anerkennen; ihre eigene Persönlichkeit ist nun schon so weit entwickelt, daß sie ein Gefühl für echte Autorität haben, unter deren Leitung und Führung sie sich sicher fühlen. Dies geht so weit, daß im nächsten Lebensabschnitt der Vater zum »Leitbild« wird, wenn man das vermenschlichend ausdrücken will; wie Konrad Lorenz das bei wolfsstämmigen Hunden entdeckt hat, erfolgt dann sogar eine Art von Prägung auf diesen Leitwolf — bzw. auf den Leitmenschen. Davon später noch mehr.

Hier möchte ich nun noch ein sehr interessantes Beispiel von jugendlichen Rangordnungskämpfen bringen, das beweist, daß sie genau auf dieses Alter begrenzt sind, zum anderen aber auch, daß die Aggressivität, wie sie bei gewissen Hunderassen erzüchtet worden ist, in dieser Zeit so ihre Schwierigkeiten mit sich bringt.

In der schon erwähnten Hamilton Station war es nicht möglich, mehr als drei Drahthaar-Foxterrier gemeinsam aufzuziehen. Bestand ein Wurf aus vier oder mehr Welpen, dann wurden die übrigen von ihren Geschwistern in dieser Periode der Rangordnungsbildung nicht zum Futter gelassen oder gar getötet. Das ist so zu erklären, daß sich zwar ein Welpe gegen zwei andere verteidigen kann, ein vierter aber nicht mehr gegen drei, da wird die Übermacht zu groß. Nun versuchte man folgendes Experiment: Man zog vier Wurfgeschwister isoliert bis zum Ende der 16. Lebenswoche auf und brachte sie erst danach wieder zusammen. Das Ergebnis: die vier lebten friedlich zusammen; die Zeit der Rangordnungsphase war vorbei, und was vorbei ist, wird eben nicht nachgeholt! Hier sehen wir also wieder einmal sehr deutlich, wie festgelegt und genormt die Jugendzeit des Hundes ist. Da bei einem auf Lernen spezialisierten Raubtier mit Erbkoordinationen gespart werden muß, um ihm nicht durch sie die zum Lernen notwendige Umweltoffenheit zu beschränken, bedarf es eines Regulativs, um das notwendige Lernen zu sichern. So ist eben ein derartiger »Lernplan« angeboren, der genau auf das Leben in der natürlichen Familie und auf das Erziehungsprogramm der Eltern zugeschnitten ist. Die Lehrpläne eines Kultusministeriums könnten nicht dogmatischer sein . . .

Dennoch gibt es selbst hier noch Ausweichmöglichkeiten, wenn irgendein Punkt im System ausfallen sollte. Etwa, wenn der Vaterrüde bei der Jagd verunglückt. Dann ist die Hündin durchaus in der Lage, seine Rolle zu übernehmen. Meine Dingohündin Suki macht das gerade ganz vorbildlich. Sie muß mit ihren drei Halbstarken auf die Mitwirkung des Vaters verzichten; warum, und was da noch passierte, erzähle ich später. Wenn man sie aus der Ferne beobachtet, möchte man glauben, einen Vaterrüden zu sehen, so hervorragend wahrt sie die Disziplin und so selbstsicher steht sie über der Gruppe. Sie tut alles, was sonst der Rüde zu tun pflegt, und ganz sicher wären die Jungen auf freier Wildbahn ebenso lebenstüchtig wie andere, die unter der väterlichen Autorität aufgewachsen sind.

In der gleichen Weise vermag der Rüde im Notfall die Mutter zu ersetzen. Freilich kann er die Jungen nicht säugen, aber wenn diese Welpen wenigstens das Ende der dritten Woche erreicht haben, dann kann er sie mit vorgewürgtem Futterbrei ernähren. So hat man in Ostafrika eine Gruppe von Hyänenhunden (die freilich mit unseren Hunden, Wölfen oder Schakalen nicht unmittelbar verwandt sind) beobachtet, lauter Rüden, die gemeinsam mit aller erdenklichen Fürsorge einen Wurf aufzogen, dessen Mutter umgekommen war. Ich hörte sogar von einem Jungfuchs-Rüden, daß er ihm völlig fremde Fuchswelpen versorgte, deren Eltern getötet worden waren. Es steckt in den Hundeartigen also offensichtlich ein tiefverwurzelter Brutpflegeinstinkt. Um so bedauerlicher ist es, daß wir ihn unseren Hunden gedankenlos abgezüchtet haben; so weit geht das, daß es sogar viele Hündinnen gibt, die kaum noch ausreichend Brutpflegeinstinkte haben, um ihre eigenen Jungen aufzuziehen!

Was aber geschieht mit Jungtieren, denen beide Elternteile verlorengehen? Ich habe Welpen nach der achten oder zehnten Woche alleingehalten, um das beobachten zu können. Es ist erstaunlich, wie selbstverständlich sie die Rollen unter sich aufteilen und sich sozusagen das Elternhaus ersetzen. Es erinnert ein wenig an Selbstverwaltung im Kinderdorf. Einer der Welpen übernimmt sofort die Führung, er diszipliniert, und alles geht eigentlich ganz gut. Da in den einzelnen Lebensabschnitten die Lernbedürfnisse angeborenermaßen erwachen, wird eben das Entsprechende, so gut es geht, gelernt.

Hierzu wieder ein ganz erstaunliches Beispiel, das mir sehr viel zu denken gegeben hat; es zeigt zunächst, daß Welpen schon im Alter von zehn Wochen durchaus fähig sind, sich selbst zu verpflegen, Feinde zu vermeiden, den Unbilden der Witterung standzuhalten und im Grunde das Leben Erwachsener zu führen. Es zeigt aber noch viel mehr: Die Welpen gehörten nämlich nicht zu meinen so vielgepriesenen instinktsicheren

Wildhunden, sondern sie waren durchgezüchtete Rassehunde. Und dieser Rasse hätte man solche Leistung am allerwenigsten zugetraut. — Vor rund 3000 Jahren gelang es chinesischen Meisterhundezüchtern, einen kleinen ungemein friedfertigen Hund zu erzüchten, der sich durch ein entzückendes Kindergesicht auszeichnet, aus dem große Kulleraugen treuherzig herausschauen: den vielgelästerten und vielverkannten Mops.

Plüschsofa, künstliche Blumen, Spitzendeckchen, die gute alte Tante Amalia — das sind einige Assoziationen zu dem Begriff Mops; das, was hinter diesem Begriff steht, ist dick, dumm und häßlich. Aber das, was uns der kritische Humor eines Wilhelm Busch mit spitzer Feder überliefert hat, betrifft in Wahrheit nicht den Mops schlechthin, sondern jene Möpse, die in Verkennung ihres wahren Wesens Opfer einer egozentrischen, in ihren Auswirkungen brutalen »Tierliebe« geworden sind. Derartige Zerrbilder gibt es von allen Rassehunden, die einem derartigen Schicksal ausgeliefert sind.

Ich sitze auf einer kleinen Lichtung, umstanden von Fichten und Birken; um mich herum toben etwa zwei Dutzend »mopsfidele Möpse« und entwickeln eine Lebhaftigkeit, daß ich dreißigmal vergeblich meine Kamera hinhalte, ehe mir eine Aufnahme möglich ist. Das ist ein Tollen, Hüpfen, Springen und Rasen, man jagt sich und ist der Gejagte; da schleppt einer einen langen Ast durch die Gegend und verteidigt ihn gegen eine Schar anderer, dort wühlt einer mit dem Eifer eines Maulwurfs ein riesiges Loch in den weichen Torfboden, hier balgen sich zwei mit fröhlichem Gekläff — es ist wie zu Hause bei meinen wilden Hunden, den Schakalen, Dingos und all den Kreuzlingen.

Als ich meine Kamera endlich leergeschossen hatte, berichtete mir die Besitzerin dieser wilden Meute, Frau I. von Keiser, einstmals Mitarbeiterin Erich von Holsts, an Hand ihrer Aufzeichnungen die Geschichte, wegen der ich eigentlich gekommen war.

»Ich hatte einen Wurf mit vier Welpen, um den ich mich nicht sehr viel kümmern konnte, da ich mit einer sehr schweren Grippe zu tun hatte, die mich fast zwei Monate ans Bett fesselte. Als ich endlich soweit hergestellt war, unternahm ich wie-

Alle Hunde graben sehr gern in lockerem Boden (jugendlicher Mops).

der meine täglichen Spaziergänge mit den Hunden in den Wald. Die Welpen waren nun zehn Wochen alt, als es passierte. Es war der 15. Januar, ein kalter Wintertag, und es gab viel Schnee. Plötzlich liefen die vier los, und alle Versuche, sie zurückzulocken, waren vergeblich. Sie entschwanden meinen Blikken und blieben verschwunden. Natürlich machten wir uns sogleich auf die Suche, fanden auch Spuren — aber es war nichts zu machen, die Möpse waren weg.« — Dazu muß man wissen, daß all die anderen ungezählten Möpse, die Frau von Keiser seit 25 Jahren gezüchtet hat und die in der Prägungsphase natürlich ausreichenden Kontakt mit dem Menschen hatten, immer recht folgsam waren und niemals daran dachten, ihre Herrin zu verlassen. Ein Musterbeispiel für diese Herrentreue war der Ahnherr dieser Zucht; er machte mit einigen großen, gut ausgebildeten Gebrauchshunden die Flucht aus Ostpreußen mit. Er aber war der einzige Hund, der sich in all den Wirrnissen dieser schrecklichen Wochen eisern an seine Familie hielt und das Ziel in Westdeutschland erreichte! Doch hören wir nun weiter:

»Auch am folgenden Tag machte ich mich mit Bekannten und der Mutter der Welpen auf die Nachsuche, aber es hatte in der Nacht geregnet, und so entdeckten wir auch keine Spuren. Erst an diesem Nachmittag kam einer der Möpse zurück – die anderen blieben weiterhin verschwunden. Nun setzten starke Fröste mit Temperaturen von minus zehn Grad ein, die sechs Tage lang anhielten, danach kam wieder Regen und etwas Tauwetter, zwischendurch natürlich Nachtfröste. An Hand der Spuren konnten wir schließlich feststellen, daß zwei Möpse gemeinsam durch die umliegenden Wälder streiften, während der dritte für sich allein zog. Dieser lief, unseren Feststellungen nach, täglich eine kreisförmige Strecke von rund fünf Kilometern, die teilweise neben Fuchswechseln verlief. Am neunten Tag gelang es zwei Autofahrern, das gemeinsam umherstreifende Pärchen nach mühsamer Verfolgung einzufangen. Weiterhin ergebnislos blieb jeder Versuch, die letzte Hündin einzufangen. Sie war sehr scheu und vorsichtig, verdrückte sich, sobald sie einen Menschen nur aus der Ferne sah, und ging auch in keine der aufgestellten Kastenfallen. An ihre vertraute Futterschüssel, die ich auf ihren Wechsel stellte, kam sie vorsichtig schnuppernd bis auf eine Entfernung von zwei Metern heran – aber dann verschwand sie wieder im dichten Wald. Am vierzehnten Tag schließlich hörte ich gegen halb sechs Uhr morgens – der üblichen Zeit, in der ich meine Möpse ausführe – vor dem Hause lautes Jaulen; das ist der Laut, mit dem abgekommene Möpse den Kontakt mit den anderen aufnehmen. Die Ausreißerin war aus eigenen Stücken nach Hause zurückgekehrt! Meinen Nachforschungen nach mußten sich die Tiere von Reh- und Hasenkot ernährt haben, beides Substanzen, die etwas Eiweiß, Kohlenhydrate und Vitamin B enthalten.«

Natürlich hatten die Möpse an Gewicht verloren. Der vor seiner Flucht 5800 g schwere Rüde zum Beispiel wog nur noch 5200 g, seine Schwester hatte 900 g abgenommen, und die letzte Hündin sogar 1,5 kg. Aber man muß diese Zahlen richtig sehen: Möpse sollen laut Standard etwas Speck unter der Haut haben, das verleiht ihnen einen »kindlicheren« Ausdruck. Gemessen an meinen hageren Dingomodellen hatten sie eigentlich nur den körperlichen Zustand erreicht, der Wildhunden eigen ist. Nach diesen Beobachtungen wäre der Mops wahrscheinlich sogar in der Lage, zeitlebens ein Wilddasein zu führen. Zwar gibt ihm der so stark verkürzte Fang wenig Chancen, lebende Tiere — etwa Mäuse — zu erbeuten; aber der Hund ist nun auch Aasfresser, und so wäre so ein Wildbeuterdasein durchaus denkbar. Auf jeden Fall sind vierzehn Tage scheuen Daseins bei Frost, Schnee und Regen eine außerordentliche Bewährungsprobe, die man einem »Schoßhündchen« wohl niemals zugetraut hätte.

Es ist also ganz gewiß eine ausreichend große Menge von Erbkoordinationen mit geeigneten Lerndispositionen vorhanden, um das Leben des Individuums auch unter ungünstigen Verhältnissen zu sichern. Zu diesen Erbkoordinationen gehört aber auch das Ausdrucksverhalten, von dem ich im Zusammenhang mit den Rangordnungs- und Kommentkämpfen sprach. Wir wollen uns jetzt einmal diese Dinge genauer ansehen, denn schließlich müssen wir ja die »Sprache« unseres Hundes verstehen, wenn wir das, was unter Hunden vorgeht, begreifen wollen. Und auch uns gegenüber versucht er sich ja mit dieser seiner »Sprache« verständlich zu machen.

Ich habe mich zuvor etwas vorsichtig ausgedrückt, denn so ganz genau wissen wir nicht immer und überall, was von diesem Ausdrucksverhalten angeboren ist, was Erbkoordination und was Erwerbkoordination, also Hinzugelerntes, ist. Möglicherweise ist manches davon auch auf besonderen Lerndispositionen begründet.

Eines wissen wir mit Sicherheit: Der Hund kann mimischen Ausdruck lernen, etwa den einer Katze, mit der er aufgewachsen ist, und auch den des Menschen. Zumindest lernt er ihn verstehen, lernt er die Bedeutung einzelner mimischer Züge. Darüber hinaus entwickeln einzelne Hunde eine wahre Begabung, artfremde Mimik nachzuahmen. Konrad Lorenz hat uns in seinem Hundebüchlein einiges davon erzählt und auch darauf hingewiesen, daß es offensichtlich gerade solche Hunde gut können, die selbst einen domestikationsbedingten Mangel an mimischem Ausdrucksverhalten zeigen. Lorenz geht also grundsätzlich davon aus, daß zumindest der Hauptteil der Hundemimik aus Erbkoordinationen besteht, die vom Artgenossen verstanden werden, ohne erst gelernt zu werden.

In einem sehr interessanten Versuchsprogramm hat man isoliert aufgezogenen Affenkindern alle möglichen Bilder gezeigt und ihre Reaktion darauf studiert. Bilder von friedlich gestimmten Artgenossen wurden mit sichtlichem Interesse betrachtet; als dann plötzlich das Gesicht eines böse drohenden Hordenführers erschien, flüchteten die erfahrungslos aufgezogenen Affenkinder erschrocken und mit allen Anzeichen der Angst in einen Winkel des Käfigs. Die Drohmimik des Artgenossen war ihnen also über ein »angeborenes Verstehen« von vornherein in ihrer Bedeutung klar.

Die Verhaltensforschung hat uns in Tausenden von Beispielen erwiesen, daß das Ausdrucksverhalten der Tiere fast ausschließlich (Ausnahmen bestätigen die Regel) auf Erbkoordinationen beruht, weshalb es erfahrungsunabhängig von allen Artgenossen verstanden wird und entsprechende Reaktionen auslöst. So können wir also wohl ohne große Einschränkungen annehmen und voraussetzen, daß das bei unseren Hunden nicht anders ist, und wir wollen uns nun einmal ihre »mimische Sprache« ansehen.

Der mimische Ausdruck

Eines sei — wie schon so oft in diesem Buch — betont: Ich zeige hier das ursprüngliche Repertoire an Ausdrucksverhalten, wie es vor allem von Schenkel bei seinen Basler Wölfen zusammengestellt worden ist. Unsere meisten Haushunde sind dagegen ausgesprochen ausdrucksarm, und wohl kaum ein Hundebesitzer wird bei seinem Terrier, Pudel oder Schnauzer alles davon beobachten können. Ich habe an früherer Stelle schon einmal erwähnt, daß der Ohrenausdruck bei unseren »Hubertus-Abkömmlingen«, jenen Hunderassen, denen man herabfallende »Behänge« angezüchtet hat, zumindest stark reduziert ist. Ebenso scheint bei vielen Hunden die Beweglichkeit der Gesichtsmuskulatur eingeschränkt oder sogar verkümmert zu sein; es ist also nicht immer und in jedem Falle Instinktreduk-

Gesichtszeichnung eines Wolfes; sie unterstreicht die Mimik, insbesondere in Verbindung mit dem Winterfell.

tion, die das Ausdrucksverhalten verarmt hat. Ich erwähnte auch schon die verhältnismäßig geringe Entfaltung der Mimik bei meinen Dingos, die daran erinnert, daß grundsätzlich der Mimikreichtum einer Tierart von der Höhe ihrer sozialen Entwicklung abhängt, denn je vielschichtiger und vielseitiger die sozialen Beziehungen von Artgenossengruppen entfaltet sind, um so mehr hat man sich zu »sagen«. Erst mit dem vollkommensten Kommunikationsmittel, das Lebewesen entwickelt haben, der menschlichen Sprache, kann optisches Ausdrucksverhalten wieder in den Hintergrund treten; vergleicht man das mimische Repertoire des Menschen mit dem des Schimpansen, erkennt man das deutlich.

So haben unter allen Hundeartigen die sozial sehr hoch stehenden Wölfe wohl das vielfältigste Repertoire an Mimik wie auch an Körperausdruck.

In der kalten Jahreszeit, in der sich die Wölfe zu größeren Rudeln vereinigen und sie auf eindeutige Verständigung besonders angewiesen sind, wird das noch mehr sichtbar als sonst. Das Winterfell mit seinen verlängerten Haaren, die besonders am Kopf vielfach gesonderte Bezirke ausbilden, verstärkt die grundsätzlichen mimischen Möglichkeiten des Wolfes. Damit verknüpft ist auch die Gesichtszeichnung – etwa der vom hinteren Augenwinkel zur Ohrbasis ziehende dunkle Streifen, gewöhnlich dreieckige Flecke über den Augen, ein Stirnstreif, der vom Hinterkopf bis zur Nasenwurzel zieht —; die meisten unserer Schäferhunde der wolfsfarbenen Zuchtrichtung zeigen noch viel von dieser den mimischen Ausdruck unterstreichenden Gesichtszeichnung. Wohl die meisten im Tierreich auftretenden Färbungen und Zeichnungsmuster sind keine Zufallsprodukte, sondern haben eine ganz bestimmte Funktion im innerartlichen Verkehr, als »Warn- und Tarnfarben« aber auch in der zwischenartlichen Auseinandersetzung. Das aus der domestikationsbedingten Umfärbung der meisten unserer Haushunde entstandene Fehlen der wölfischen Gesichtszeichnung trägt also ebenfalls dazu bei, den mimischen Ausdruck zu reduzieren.

Für uns Menschen ist bezeichnenderweise der Augenausdruck das Hauptmerkmal aller Mimik; für uns als Augentiere ist es immer am wichtigsten, »wie einer schaut«. Das Paradoxe dabei ist nur, daß wir zwar die leiseste Veränderung des Augenausdruckes eines Menschen unmittelbar verstehen, daß wir aber viel leichter einen lachenden Mund als etwa einen lachenden Augenausdruck beschreiben können. Das kommt nicht nur daher, daß im einen Fall eine weitaus größere Struktur des Gesichtes optisch wirksam wird, sondern wohl auch daher, daß unsere Instinktsicherheit es uns gar nicht notwendig erscheinen läßt, einmal ganz bewußt die Einzelheiten zu analysieren, die den jeweiligen Augenausdruck bewirken.

Es gibt Hunde, die uns ruhig und gelassen geradewegs in die Augen sehen, offenen Blicks, freundlich, vielleicht erwartungsvoll, und es gibt Hunde, die scheu unserem Blick ausweichen. Das kann situationsbedingt sein, es kann aber auch ein deutliches Licht auf das Wesen des Hundes werfen. Wenn unser Hund ein auch von ihm durchaus begriffenes Unrecht begangen hat, etwas falsch gemacht oder sonst versagt hat, weicht er natürlich schuldbewußt unserem Blick aus. Unsicherheit ist es, was da zur Schau gestellt ist, und wir verstehen das ganz genau, denn wir tun es nicht anders. Der gerade in unsere Augen gerichtete Blick verrät Sicherheit, auch das bedarf keiner weiteren Worte. Sie ist gegeben, wenn wir uns mit unserem Hund verstehen, wenn kein Konfliktstoff vorhanden ist. Ich spreche vom normalen, freundlichen Blick, denn es gibt, wie wir gleich sehen werden, auch noch andere Möglichkeiten. Aber ein Hund, der es niemals wagt, zumindest seinem Herrn gerade in die Augen zu sehen, sondern bei jeder Aufnahme von Augenkontakt sogleich wegschaut, vielleicht noch mit unsteten Augenbewegungen, ist in seinem ganzen Wesen unsicher und angekränkelt. Mag sein, daß erbliche Belastungen hier eine Rolle spielen — in den allermeisten Fällen ist dieser Hund falsch behandelt worden, er fürchtet seinen Herrn mehr, als er ihn liebt. Wahrscheinlich ist er der Prügelknabe für die Launen seines Herrn, das Opfer ungesunder Herrschsucht. Nur zu oft verraten Hunde auf diese Weise den Charakter ihres Besitzers. Auch im Wolfsrudel erkennt man den in der Rangordnung zuunterst stehenden Prügelknaben an diesem ausweichenden Blick, und hier ist es auch der Ranghöchste, der es sich erlaubt, gerade und anhaltend einem Artgenossen in die Augen zu sehen. Er erweist damit seine Überlegenheit; würde das ein rangtiefer Wolf gegenüber einem ranghohen wagen, so wäre das eine glatte Herausforderung — wie in der längst versunkenen Ära, in der bereits ein Anstarren der Anlaß zu einem Duell werden konnte: »Mein Herr — Sie haben mich fixiert!«

Grundsätzlich gibt es für das Fixieren der Augen des anderen zwei unterschiedliche Motivationen. Die erste, wie beim Leitwolf, gehört zum Aggressionsverhalten, hier als Herausforderung, als Demonstration der Stärke zu erkennen. Dieser Blick kann sehr leicht drohend werden und wirkt dann seltsam starr. Die Aufmerksamkeit ist äußerst angespannt, denn eine einzige falsche Bewegung, und schon kann das Drohen — das sich nicht allein auf die Augen beschränkt — zum blitzschnellen Angriff übergehen. Man kann das bei rivalisierenden, einander androhenden Hunden sehr genau beobachten, ebenso, wenn sich die Aggression gegen einen selbst richtet. Der Ausdruck kommt durch das Zusammenziehen der Stirnhaut über den Augen zustande, wodurch eine Erhebung entsteht, die weitgehend an Überaugenwülste, wie wir sie beim drohenden Blick auch bekommen, erinnern.

Das Suchen des Augenkontakts kann aber auch, wie wir das bei uns eng vertrauten Hunden kennen, Ausdruck von Zuneigung sein. Zusammenlebende Hundeehepaare sehen sich so an, vor allem in der Liebeszeit. Dabei ist die Stirn ganz glatt, der Ausdruck ist freundlich und verrät oftmals größte Aufmerksamkeit. Mich erinnert dieser Blick eines erwachsenen Hundes oft an den Ausdruck von vertrauensvollen Welpen im Alter von vier oder fünf Wochen. Sie schauen ja Artgenossen wie Menschen noch sehr unbekümmert in die Augen, die bei ihnen auf jenen Freundlichkeitsausdruck fixiert zu sein scheinen. Dieses harmlos-friedliche und Liebe bietende Kindergesicht dient entschieden der Aggressionshemmung, denn kein Alttier wird dieses Anstarren als Herausforderung empfinden; es reagiert ja auf das »Kindchenschema«. Der Junghund muß sich schließlich in dieser Entwicklungsphase der Sozialisierung seine Mithunde ansehen können, ohne daß sie böse werden. Der Welpenblick ist wieder ein Beispiel dafür, wie kindliche Verhaltensweisen in das Repertoire aktiven Anknüpfens sozialer Bindungen aufgenommen werden.

Weitere Möglichkeiten des Augenausdrucks will ich jetzt im Zusammenhang mit dem ganzen Gesichtsausdruck darstellen, denn schließlich ergänzen sich alle mimischen Komponenten zu einem Gesamtbild. Wenn aus dem sicheren, überlegenen Blick des Leitwolfes ein drohender Blick wird, sind weitere mimische Einzelstrukturen beteiligt. Unter dem dräuenden Stirnwulst blicken nun die Augen mehr und mehr von unten herauf. Durch starkes Zurückziehen der Lippenränder werden die Zähne entblößt, wobei sich der ganze Nasenrücken in Falten legt. Die Hautmuskulatur des Halses wird gespannt. Die Ohren stellen sich steif nach vorn. Stärkster Ausdruck des Drohens ist es dann, wenn auch noch die Kiefer weit geöffnet werden — das ist bereits eine Beißintention.

Der angedrohte, völlig unterlegene Hund bringt eine Fluchtbereitschaft zum Ausdruck, indem er sein »Angstgesicht« vorweist, bei dem zunächst die Stirn »auseinandergezogen« wird, und zwar in Richtung Augenwinkel, Ohrunterrand und Halsseiten. Dadurch wird die Stirn ganz glatt, und die Lidspalten werden enge, nach hinten gezogene Schlitze. Zusätzlich werden noch die Mundwinkel gerade nach hinten gezogen, wodurch die Mundspalte sehr lang erscheint. Wie wir es beim Schnauzenstoß im Rahmen aktiver Unterwerfung gesehen haben, werden auch hier die Ohren ganz nach hinten gefaltet, dicht am Halspelz angedrückt. Dazu kann dann noch ein größte Unsicherheit ausdrückendes Umherbewegen des Kopfes kommen. Droht der Überlegene weiter und knurrt er zunehmend böser, ist das nächste Stadium Flucht.

Schenkel beobachtete bei seinen Wölfen eine derartige Variabilität der Ausdrucksmöglichkeiten, daß er an der Gültigkeit des Konzeptes von den Erbkoordinationen bei Säugetieren glaubte zweifeln zu müssen. Er fand für die »anscheinend unbeschränkte Möglichkeit der Nuancierung« des Ausdrucksverhaltens nicht mehr den Zusammenhang mit Erbkoordinationen.

Konrad Lorenz hat — mit seinem erfahrenen Blick für die tieferen Zusammenhänge — hier den gordischen Knoten durchschlagen und anhand einer Zeichnung von neun Hundeköpfen dargestellt, wie die mimische Variation zu verstehen ist. Ich

Neun verschiedene mimische Möglichkeiten beim Dingo durch Stimmungs-Überlagerung (Schema in Anlehnung an Lorenz).

habe den Versuch gemacht, den Inhalt dieser Lorenzschen Zeichnung sinngemäß zu wiederholen, wobei ich Dingo-Köpfe einsetzte, da ich hier über die meisten Grundlagen verfüge. Das Ganze ist leicht erklärt: Die waagrechte Zeile ganz oben zeigt links den emotional nicht bewegten Hundekopf. Rechts kommt ein leises Drohen zum Ausdruck, danach eine starke Drohmimik. Die senkrechte Reihe ganz links beginnt oben wieder mit dem nichterregten Ausdruck. Darunter der Ausdruck einer leicht unsicheren Stimmung, und nochmals darunter größte Unsicherheit und Fluchtbereitschaft.

Nun ist es doch so, daß sich zwei Stimmungen überlagern können. Man weiß noch nicht recht: Soll man stärker drohen — soll man fliehen. Einmal überwiegt mehr die eine, einmal mehr die andere Stimmung. Der Ausdruck beider Stimmungen beruht aber auf Erbkoordinationen, die sich nun in verschiedener Weise überlagern. So entstehen die vier Kombinationen: Der Kopf in der Mitte zeigt die Überlagerung von geringer Droh- und geringer Fluchtbereitschaft, während der Kopf in der rechten unteren Ecke beide Stimmungen in großer Intensität vereinigt. So können also aus zwei verschieden intensiven Drohausdrucksweisen und aus zwei ebenso verschieden intensiven Ausdrucksweisen der Fluchtbereitschaft vier weitere Ausdrucksmöglichkeiten entstehen. Ein beliebig komplexes Bild könnte man gewinnen, wenn man weitere Intensitätsstufen des jeweiligen reinen Ausdrucks einfügen würde.

Grundsätzlich unterstützt die Mimik des Gesichtes eigentlich nur den Ausdruck, der durch die jeweilige Körperhaltung gegeben ist, die von Bewegungskomponenten noch ergänzt werden kann. Der »Gestaltausdruck« ist beim Hund noch viel mehr Kommunikationsmittel als der Gesichtsausdruck. Wir werden ihn, da wir doch die »Sprache« des Hundes verstehen wollen, eingehender betrachten, nachdem wir in früheren Abschnitten schon gesehen haben, wie solche Dinge entstehen und wie wichtig sie für das Zusammenleben von Hund und Hund sowie Hund und Mensch sind.

Körperliche Ausdrucksmöglichkeiten: Aggression und Demonstrieren von Über- und Unterlegenheit

Bleiben wir zunächst bei der Aggression. So mancher Hundehalter hat seine liebe Not mit ihr. Es gibt leider unter unseren Hunden auch besonders aggressive Typen, die sich grundsätzlich mit jedem vorbeikommenden Hund anlegen. Ihre Motive sind meist andere als die der »bösartigen Hunde«, womit man solche zu bezeichnen pflegt, die Leute beißen. Beim notorischen Raufer handelt es sich viel häufiger um falsche Erziehung durch den Menschen als um eine krankhaft übersteigerte Aggressionsbereitschaft gegenüber dem Artgenossen. Ich habe bei solchen Hunden oft beobachtet, daß ihr Ausdrucksverhalten entweder reduziert ist, oder, wenn voll ausgebildet, dann in einer ausgesprochen nervösen, fahrig wirkenden Form.

Kein richtiger Hund aber wird auf aggressives Verhalten verzichten — freilich wird er sich dabei auf die passenden Situationen und auf das richtige Maß beschränken. Selbst unsere brave Hündin wird aggressiv, wenn ein überzüchteter Erotiker sie unbedingt decken will, obgleich sie gar nicht läufig ist. Und unser Rüde ist verpflichtet, sein Drohverhalten zu entfalten, wenn ein anderer sich zu herausfordernd benimmt. — Dieses Drohverhalten ist das Imponierendste an Ausdruck, was ich beim Hund kenne:

Er hebt den Kopf, und ganz langsam verdüstert sich sein Blick, die Drohmimik setzt ein. Der Schwanz steht kerzengerade hoch, bewegungslos wie ein Fahnenmast. Die Muskulatur der Beine spannt sich, bis nur noch eckige, steife Schreitbewegungen — wie auf Stelzen — möglich sind. Durch die gespannte Beinhaltung hebt sich der Rumpf weiter als sonst über den Boden, er wirkt größer. Dazu kommt das Sträuben der Nacken- und Rückenhaare. Daß die — meist verlängerten — Haare des Halskammes und der Rückenlinie sich aufrichten, kennen wir bei vielen Säugetieren; es dient immer dem gleichen Zweck: die Umrisse des Tieres zu vergrößern. Ein uraltes Prinzip des Imponierens, das selbst beim Menschen seine Gültigkeit bewahrt hat, wenn auch hier, entsprechend der aufgerichteten Haltung, die

Form abgewandelt wurde. Der Vierbeiner muß dem Gegner die Breitseite bieten, beim Zweibeiner wirkt die Vergrößerung der Vorderansicht wirkungsvoller (Dehnen des Brustkorbes, Abwinkeln der Arme); das Haaresträuben wird durch kleine Kleidungstricks ersetzt — Bärenfellmützen, Schulterstücke, Breeches sind ebenso »Imponierwerkzeuge« wie der Federschmuck der Indianer auf dem Kriegspfad oder die Helmzier der Ritter. Auf das Imponieren geht ein Stück Kulturgeschichte zurück, das sich nur mit dem Rüstzeug des Biologen deuten läßt.

Was es grundsätzlich bezweckt, können wir leicht an unseren Rüden beobachten. Wir sehen zunächst, wie der sich überlegen fühlende Hund nicht nur sein volles Imponiergehabe breitseits zur Schau stellt, sondern auch den Drohausdruck seines Gesichtes ungehemmt vorweist. Er blickt den Rivalen starr und unverwandt an. So entsteht zunächst ein völlig unblutiges »Duell«, bei dem es in erster Linie um die psychische Widerstandskraft geht. Extremes Drohen und Imponieren kann nämlich häufig ausreichen, um die Frage der Vorrangstellung zu entscheiden. Immer häufiger wendet da der schwächere Rüde seinen Kopf ab, er weicht dem Blick des Starken aus, sein Drohausdruck verringert sich, die Ohren gehen zurück; wir kennen das Spiel dieser Überlagerungen zweier entgegengesetzter Stimmungen bereits. Nun legt sich auch das Rückenhaar wieder glatt an, der Schwanz sinkt herab, die Muskeln entspannen sich, und der ganze Hund sinkt in sich zusammen, klemmt vielleicht sogar den Schwanz zwischen die Hinterbeine und sucht das Weite. Das standhafte Drohen und Imponieren des anderen hat ihn eingeschüchtert, es kommt zu keiner Beißerei.

Diese Mittel des Drohens und Imponierens dienen also dazu, den »Waffenkampf«, der zur Verletzung oder gar Tötung des Artgenossen führen könnte, zu vermeiden. Sie sind ein Aggressionsmittel, das vor den Beschädigungskampf als letzte Möglichkeit gestellt wird. Im Sinne der Arterhaltung ein wichtiges biologisches Regulativ, das unnötiges Blutvergießen verhindert.

Wir müssen hier zunächst von der Begegnung auf fremdem Territorium, auf Niemandsland, ausgehen. Hier ist es durchaus sinnvoll, das Recht des Stärkeren zu billigen, der dieses Gebiet für sich in Anspruch nehmen will. Es wäre aber nicht sehr sinnvoll, wenn dieser den Schwächeren unbedingt töten wollte; der Schwächere wird zumeist ein jüngerer Artgenosse sein, dessen Zukunftschancen erhalten bleiben müssen; schließlich wird auch der Starke einmal alt, und es gilt, das freigewordene Land weiter zu besiedeln — der inzwischen selbst stark gewordene Rivale von einst rückt in die entstandene Lücke ein. Und er wird wieder jeden auftauchenden Rivalen mit seinen unblutigen Mitteln des »psychologischen Kampfes« einschüchtern und verjagen.

Natürlich kann es vorkommen, daß das Kräftemessen mit Drohen und Imponieren unentschieden ausgeht; die beiden Rivalen rücken sich immer näher an den Pelz, das Drohen geht in Beißintentionen über, die Rüden stehen dicht Schulter an Schulter und suchen sich, wie erfahrene Ringkämpfer, durch raffinierte Kunstgriffe umzuwerfen. Man drängt und rempelt, man stellt sich gegenseitig ein Bein — noch werden die körperlichen Kräfte ebenso gemessen wie die Geschicklichkeit, den Beißintentionen des anderen auszuweichen. Man hört neben dem drohenden Knurren das harte Aufeinanderschnappen der Kiefer; so wird auch akustisch imponiert. Viele Hunde beginnen nun sehr kriegerisch zu schreien, wie das auch die Menschen in Nahkampfgefechten tun. Das sich Beschimpfen, wie es jeder Rauferei vorangeht und sie begleitet, gehört in diese Sparte. Bei Hunden kann das solche Formen annehmen, daß es für unsere Ohren so klingt, als ob sie sich schon halb aufgefressen hätten — dabei gibt es immer noch nicht die kleinste Schramme.

Erst wenn das alles nicht genügt, um einen von beiden unsicher zu machen und ihn zu veranlassen, das Feld zu räumen, wird es blutiger Ernst. Bevorzugtes Ziel der Zähne sind die Beine und Pfoten sowie der Hals und die Ohren. Bei den Versuchen, den anderen am Beißen zu hindern, geraten natürlich auch die Kiefer aneinander, und es gibt Löcher in den Lippen und Mundwinkeln. Da die Hunde seit undenklichen Zeiten so zu kämpfen pflegen, hat die Natur es so eingerichtet, daß solche Bißverletzungen unglaublich schnell und leicht ausheilen.

Hauptziel sehr ernster Gefechte — wenn nach all diesen Einleitungsphasen immer noch keine Entscheidung gefallen ist — ist dann die Kehle. Die Bisse in die Halsseiten sind meist nicht sehr wirkungsvoll, denn Wildrüden haben hier eine dichte Mähne entwickelt, die von den gegnerischen Zähnen nicht so einfach durchbohrt werden kann. Das Ausweichverhalten beim Ernstkampf zielt immer darauf ab, dem Gegner diese Halsseiten darzubieten, da sie wie ein Schild wirken. So kann man beim Kampf Schulter an Schulter im Stehen sehr gut Bisse in die Kehle abwenden. Um die Kehle des Gegners zu fassen, muß man daher versuchen, ihn umzuwerfen. Ist dieses Stadium des Kampfes erreicht, wird die Geschichte recht unübersichtlich, denn nun wirbeln die Körper der beiden Kämpen über- und untereinander, und es wird wahllos in alle Körperstellen gebissen, die gerade vor den Fang geraten.

Es kann aber auch aus dem Schulter-an-Schulter-Kampf zum Hochstellkampf kommen, bei dem die beiden Hunde auf den Hinterbeinen sich gegenüberstehen und sich die Pfoten auf die Schultern legen. Den Halsbissen weicht man dabei durch Abwenden der Kehle aus, oder man schützt sie mit offenen Kiefern mit etwas gesenktem Kopf. Eine Phase des extremen Hochspringkampfes habe ich einmal bei einem der Paarung vorangegangenen Scheinkampf zwischen Sascha und der Schäferhündin eines Bekannten sehr schön ins Bild bekommen. Trotz aller sehr echt wirkenden Bewegungen und Drohlaute wirkte das hier freilich spielerischer, als man das bei richtig in Streit geratenen Rüden sieht. Allerdings kommt es auch hier wohl kaum zu ernsthaften Verletzungen, man nützt die aufgerichtete Stellung mehr zu wilden Drohungen und imponierenden Größendemonstrationen. Der Effekt liegt hier im Entfalten der eigenen Möglichkeiten, im Unterstreichen der eigenen Kraft und Stärke und ganz besonders im Demonstrieren der ebenso psychisch zu verstehenden Überlegenheit: Man wagt es, sich so zu geben — es geht um den Ausdruck, der nicht nach Zentimetern gemessen wird, sondern nach seelischen Energien. Der kleine Sven, ein Bruder von Stina, der vor dem großen Sascha seine Haare stellt, kann Sascha nicht durch den Zentimetergewinn an Größe imponieren, sondern durch seinen Mut, der in diesem

Sascha und Susi, aneinander hochspringend (Paarungsvorspiel).

herausfordernden Verhalten zum Ausdruck gebracht wird.

Wir haben damit nochmals die Bedeutung des Ausdrucksverhaltens analysiert, das über körperliche Strukturen zwar abläuft, aber diese Strukturen praktisch nur dazu verwendet, um Stimmungsart und Stimmungsintensität kenntlich zu machen. Ohne solche Möglichkeiten würden Artgenossen einfach aufeinander loslaufen und sich so schnell wie möglich totbeißen. Im Sinne der Arterhaltung muß das, wie wir schon sahen, vermieden werden, und so verbindet sich Ausdruck und weiterhin auch Kampftechnik mit der aggressiven Grundhaltung zu einem System, in das viele Blockaden eingebaut sind, um die Frage nach der Überlegenheit so unblutig wie möglich zu lösen.

Zu diesem Zweck ist als letzte Möglichkeit der Demonstration, daß man sich als Verlierer fühlt und aufzugeben bereit ist, nochmals ein Ausdrucksverhalten eingebaut, dessen Wirkung sehr erstaunlich ist. Wir sahen schon, daß es beim Kampf um den gefährlichen Biß in die Kehle geht. Wie das Konrad Lorenz klar herausgearbeitet hat, ist im Tierreich oft genug ein Präsentieren der verwundbaren Stellen zum Demutsverhalten, zur Demonstration der Unterwerfung geworden. Dieses Ausdrucksverhalten bewirkt beim Aggressor sofort eine Tötungshemmung. Sosehr er Sekunden zuvor noch bemüht war, jene verwundbaren Stellen zu treffen, so plötzlich wird er gehemmt, das wirklich zu tun, wenn sie ihm in bestimmter Form aktiv vom Artgenossen dargeboten werden.

So hat der wilde und vielleicht bereits blutig verlaufene Kampf blitzartig ein Ende, wenn sich der Verlierer auf den Rücken wirft und mit angelegten Ohren und langgezogenen Augenschlitzen die Kehle bietet. Knurrend und böse steht der Sieger über dem Besiegten — ungeschützt liegt die Kehle des Feindes vor ihm, ein schneller Biß, und er wäre beseitigt. Aber so groß auch die Erregung sein mag — der Sieger ist nicht imstande, wirklich zuzubeißen, seine diesbezüglichen Bewegungsweisen sind blockiert, er ist unfähig, es zu tun.

Die Wirkung dieser Blockade spiegelt sich deutlich im Ausdruck des Siegers. Da zeigt sich nicht etwa Triumph, sondern eine innere Spannung wie bei einer Konfliktsituation. Der Sieger weiß nicht, was er tun soll; er kann gegen diese Sperre nicht an, und er schwankt zwischen Aggression und Friedfertigkeit. Bewegt sich etwa der seine Unterlegenheit demonstrierende Hund etwas mehr, steigt die Aggression an die Oberfläche, beginnt er leise zu winseln, glätten sich Stirn und Rückenhaare; er schwankt so lange zwischen diesen Stimmungen, bis die Aggression so weit abgeklungen ist, daß der Unterlegene es wagen kann, mit eingezogenem Schwanz das Weite zu suchen.

Ein vielfältiges Inventar an aggressionshemmenden Verhaltensweisen wird vor allem dort gebraucht, wo in einer kopfreicheren Sozietät eine Rangordnung bestehen muß — eine Rangordnung, deren Zustandekommen und Bestand kämpferisch ausgetragen und erhalten wird. Mit anderen Worten, ein Zusammenspiel von Aggression und Aggressionshemmern kann zum gruppenbindenden Mechanismus werden. Das ist so bei den nordischen Wölfen, die sich in der kalten Jahreszeit zu größeren Rudeln zusammenschließen, um durch ihre potenzierten Kräfte die Schwierigkeiten des winterlichen Ernährungsproblems zu meistern.

Paarweise lebende Dingos brauchen diesen Mechanismus nicht, folglich sind bei ihnen die Aggressionshemmer weit weniger entwickelt. Möglicherweise können sie sich unter ihren Lebensverhältnissen den Tötungskampf auch eher erlauben. Denn wenn alle Reviere ihres Lebensraumes besetzt sind, dann kann um die Reviere auf diese Weise gekämpft werden — wohin sollte auch ein unterliegender Aggressor? Dann ist es schließlich besser, wenn der Stärkere das Revier besitzt und für den Bestand der Art sorgt. Sind aber noch Reviere frei, dann bedarf es ja keines Kampfes. Man geht sich höflich aus dem Weg.

Dingos strahlen über das ganze Gesicht, wenn man unter ihnen zwei ineinander verbissene Kämpfer am Genick packt und mit weit gestreckten Armen frei schwebend in der Luft auseinanderhält. Sie sind sehr glücklich, wenn man sie trennt, und zeigen ihre Dankbarkeit deutlich. Aber man muß dafür sorgen, daß jeder sein Revier für sich bekommt. Würde man sie jetzt wieder auslassen, ginge der Kampf mit alter Vehemenz weiter, und wehe, man erlaubt sich, nur einen festzuhalten; der andere würde ihn stückweise aus den Armen fressen. Der Festgehaltene aber bricht in dieser Sekunde die Freundschaft zu diesem einen Menschen, und das ist irreparabel. Mir ist das ganz unabsichtlich mit Luxl an dem Tage passiert, als er sich mit seinem herangewachsenen Sohn Motu in die Wolle bekam. Nach der Trennung entwischte Motu nochmals, während ich den ganz leicht angekratzten Luxl ins Haus trug, sprang an mir hoch und biß immer wieder in seinen Feind und Vater. Ich in meiner Dummheit wollte Luxl dadurch schützen, daß ich ihn an mich preßte, und das war gegen alle guten Dingositten. Jetzt biß Luxl mich! Seine Feindschaft zu mir war besiegelt, und er biß mich auch am nächsten Tag, als ich ihm Futter geben wollte. Dabei hatte er sich, als ich ihn vom Zwinger wegtrug, freudig an mich gedrückt und hatte alle Anstrengungen gemacht, mir die Zunge ins Gesicht zu legen, ein Bündel Dankbarkeit in Reinkultur — und dann genügte der Bruchteil einer Sekunde falschen Verhaltens, um eine Feindschaft zu begründen, die bis zum tragischen Tod des Rüden währen sollte: Ich durfte es nie mehr wagen, seinen Zwinger zu betreten — noch ein Jahr nach diesem Vorfall knurrte er mich gesträubten Haares an, wenn ich nur an das Gitter trat. Zu den anderen Hausbewohnern aber blieb er der liebevolle, anschmiegsame Schoßhund, der er im Grunde seines Herzens immer war.

Wir sind vom Ausdrucksverhalten auf das Thema der aggressiven Auseinandersetzung gekommen, wobei wir nur die Rüden betrachtet haben. Wie ist das bei einer Hündin?

Während es bei den betrachteten Rüden vorzugsweise um territoriale Streitigkeiten geht, gehört bei der Hündin aggressives Verhalten weitgehend in den Bereich der Fortpflanzung. Freilich können wir bei einem so hoch sozialisierten Rudeltier dies nicht so extrem sehen wie bei sehr vielen in Herden lebenden Tierarten ohne ausgeprägte soziale Organisation. Bei letzteren haben die Männchen in der Regel einen Kommentkampf, der sehr viel Ausdrucksverhalten beinhaltet; die Weibchen hingegen kämpfen untereinander ohne Hemmungen, zwischen ihnen gibt es einen Beschädigungskampf ohne ein entsprechendes Ausdrucksverhalten. Das ist vor allem bei jenen Tieren der Fall, bei denen die Fürsorge für die Nachkommen allein oder vorwiegend in Händen der Weibchen liegt.

Im Sozialverband gibt es natürlich auch eine Rangordnung unter den weiblichen Tieren, und die kann auch nur dann funktionieren, wenn man sich nicht gleich totbeißt. So müssen die Hündinnen ebenfalls ein Drohverhalten und ein Demutsverhalten haben. Es ist aber gerade das dem Rüdenkampf vorausgehende Imponieren bei Hündinnen kaum so ausgeprägt zu sehen, und sie neigen viel eher dazu, ihrem Drohen das Beißen folgen zu lassen. Es steckt in ihnen noch viel von dem zuvor erwähnten ursprünglichen Verhalten, das auf Beschädigungskampf abzielt. Es kommt vor allem dann zum Ausdruck, wenn es um Gattenwahl oder Sicherung der Nachkommenschaft geht. Bei Wölfen ist in dieser Zeit — der warmen Jahreszeit — die Rudelorganisation ohnehin aufgelöst.

Das Ehepaar Crisler, das in der Einsamkeit Alaskas mit gezähmten, freilaufenden Wölfen zusammenlebte, mußte eine recht traurige Beobachtung machen. Die junge Wölfin Lady lebte mit dem Wolfsrüden Trigger bei ihnen. Da tauchte zur Zeit der Paarbildung eine wilde Wölfin auf, die sich mit Trigger anfreundete. Der Rüde umwarb sie, und das paßte Lady natürlich nicht. So kam es eines Nachts zum Kampf zwischen den beiden Wölfinnen, und Lady blieb tot auf der Strecke. Offenbar hindert hier kein durch Ausdrucksverhalten geformter Komment die Tötung des Artgenossen, wie das bei rivalisierenden Rüden, bei kämpfenden Hirschen oder Steinböcken und anderen Tierarten der Fall ist.

Wir wissen aus verschiedenen Berichten, daß bei Wölfen auch Rudelmitglieder getötet werden können; dabei kommt es aber nicht zu einem wirklichen Kampf, sondern das ganze Pack fällt über den Verurteilten her und zerreißt ihn. Das mag vielfach das Schicksal überalterter Tiere sein, die ihre Aufgabe in der Gemeinschaft nicht mehr voll erfüllen können. Auslösend ist wohl dabei, daß das Tier durch sein Ausdrucksverhalten die Störung seiner Lebenskraft erkennen läßt. Die Gemeinschaft kann nur erhalten werden, wenn eine klar ausgeprägte Kommunikation gegeben ist. Wird sie von einem Rudelmitglied nicht mehr gewährleistet, so wird dieses zum Fremdkörper und verfällt dem harten Gesetz, das allein ein Wolfsrudel aktionsfähig erhält.

Nun möchte ich noch von dem tragischen Ende meines Neuguinea-Rüden Luxl berichten, das sehr überzeugend den Unterschied zwischen der Kampfesweise einer Hündin und eines Rüden zeigt. Ich hatte Luxl seiner Tochter Suki zugesellt, als diese noch ihre drei Welpen säugte. Die Zusammenführung bereitete keine Schwierigkeiten, Luxl benahm sich als taktvoller Rüde und spielte auch in der Folgezeit so lieb mit den Welpen, als wären es seine eigenen. Es fiel mir nur auf, daß er sie viel seltener züchtigte, als das Dingoväter im allgemeinen tun. Er war in diesem Punkt weicher und zurückhaltender. Auch stand er bald so unter dem Regiment Sukis, daß es nicht mehr anzusehen war. Am deutlichsten kam das zum Ausdruck, wenn es um das Futter ging, denn da beanspruchte die Hündin alles für sich allein. Nun wurden die Welpen langsam recht selbständig, und da war für Luxl der Zeitpunkt gekommen, hier einmal Ordnung zu machen und zu zeigen, wer der Herr im Hause ist. Er verprügelte eines schönen Tages Suki derart, daß sie zwei Tage ein wenig hinkte. Bißverletzungen hatte sie allerdings nicht, denn ein Rüde beißt eine Hündin niemals ernsthaft oder gar zielstrebig — er kneift nur und rempelt sie. Luxl dagegen hatte nach dieser Auseinandersetzung, die natürlich mit einem wilden Geschrei verbunden war, ganz tüchtige Kratzer, denn Suki hatte zugebissen. Aber es hatte ihr schließlich doch nichts genützt, und mit dem Ausdruck höchster Ergebenheit trabte sie von nun an hinter ihrem Herrn und Gebieter drein. Vier Monate ging alles gut, da begann der Machtkampf von neuem. Suki wurde zunehmend frecher, und zuletzt hatte sie wieder »die Hosen an«. Ihre Kinder waren nun sechs Monate alt, die beiden Rüden unter ihnen versprachen prächtige Hunde zu werden. Eines späten Abends hörten wir wieder einmal das uns vertraute Geschrei eines Machtkampfes aus dem Zwinger der beiden. Aha, dachten wir, jetzt zeigt er es ihr einmal gründlich, es ist ja auch höchste Zeit! Wenn man so lange mit Dingos zusammenlebt, denkt man in anderen Kategorien als die Besitzer braver Haushunde. Man gewöhnt sich an die harten Sitten, hört sich das Geschrei aus dem Dunkeln schon fast mit Vergnügen an und freut sich darauf, daß der gute Luxl morgen seine Futterration ungestört auffressen kann und daß Suki wieder »vernünftig« sein wird.

Als der Kampflärm verklungen war, gingen wir zum Zwinger, um uns davon zu überzeugen, daß alles seinen guten Ausgang gefunden hatte. Schon aus einiger Entfernung sahen wir aber im Schein der Taschenlampe, daß Luxl ganz an der Zwingertür lag, und beim Näherkommen entdeckten wir, daß er blutüberströmt war. Rasch öffneten wir den Zwinger, und der Rüde schleppte sich mühsam zwei Schritte heraus, brach zusammen und bewegte sich auch kaum, als wir ihn ins Haus trugen. Sein ganzer Leib war von Bissen bedeckt. Blut strömte anhaltend aus einer großen Wunde am Hinterschenkel. Wir spritzten ein Schlafmittel, da das Tier offensichtlich furchtbare Schmerzen hatte, und untersuchten es genau.

Das Ergebnis dieser Untersuchung veranlaßte uns, sosehr uns das auch schmerzte, unserem Luxl die Todesspritze zu geben. Es war keine Hoffnung mehr: Er hatte tiefe Bisse auch in der Kehle, die Halsschlagader war angerissen, die Luftröhre verletzt, Blut war in seine Lungen gedrungen ... Suki hatte ihn förmlich zerfleischt. Sie hat Luxl aus Gründen, über die man viel diskutieren könnte und die ich daher als nicht gesichert beiseite lassen will, nicht mehr als ihren Rüden anerkannt — das war jedenfalls sicher. Wir untersuchten sie am Folgetag genau: Sie hatte eine ganz kleine Schramme am Hinterlauf — das war alles!

Man kann aus dem Ausgang dieses Kampfes gut rekonstruieren, wie er vor sich gegangen sein muß: Der Rüde hatte auch dann nicht ernsthaft zugebissen, als es um sein Leben ging; möglicherweise hatte er auch seine Unterwerfung zum Ausdruck gebracht — aber sie wurde von der Hündin nicht beachtet und respektiert, wie das unter Hunde-Rüden üblich ist.

Bei unseren Haushunden sind die in diesem Zusammenhang geschilderten Verhaltensweisen vielfach nicht mehr voll ausgebildet. Hier kann dann genau das eintreten, was eben eintritt, wenn die Kommunikation nicht mehr funktioniert: regelwidrige Auseinandersetzung bis zum Tod des schwächeren Hundes. Auch hier kann mangelnde Tötungshemmung dem seine Unterlegenheit anzeigenden Hund zum Verhängnis werden.

Wir können mit Schenkel jene Form der Unterwerfung, bei der sich der Besiegte auf den Rücken wirft (oder geworfen wird!), als passive Unterwerfung der uns schon bekannten gruppenbindenden aktiven Unterwerfung gegenüberstellen. Auch sie hat sich übrigens sicherlich aus dem Welpenverhalten entwickelt, und zwar aus dem Stillhalten, wenn die Mutter (aber unter Umständen auch der Vater) die zum Urinieren oder Kotabsetzen notwendige Bauchmassage mit der Zunge ausführt. Welpen zeigen das Verhalten der passiven Unterwerfung bei jeder Gelegenheit, und recht oft — vor allem, wenn die Situation sehr kritisch ist — urinieren sie dabei auch. Solange sie noch kleiner sind, lösen sie so beim Artgenossen durch Vorweisen ihrer Bauchseite Brutpflegehandlungen aus. Wenn später die Jungenfürsorge ausfällt, genügt diese Körperdarbietung als Aggressionshemmer. Auch im Verkehr mit dem Menschen gilt die passive Unterwerfung; der Hund lernt aber dazu, daß er bei seinen großen Freunden auf diese Weise Reaktionen auslösen kann, die dem Brutpflegeverhalten äußerlich sehr gleichen — er wird gestreichelt. So baut der Hund seine ursprünglich passive in die aktive Unterwerfung ein. Unter meinen Hunden ist es vor allem Binna, die sich bald auf den Rücken wirft, wenn man mit ihr zärtlich ist, und einen so zum Streicheln ihrer Bauchseite auffordert.

Wir haben als Gegenstück zum Drohen und Imponieren die gestaltliche Ausdrucksweise der Fluchtstimmung erwähnt, aber noch nicht genauer betrachtet. Holen wir es hier nach: Sie ist nicht nur ein Gegenstück hinsichtlich des Stimmungsausdrucks, sie ist es auch in ihrer Ausdrucksform. Während Drohen die Größe demonstriert, bewirkt die Fluchtstimmung, wie wir für Angst sagen können, ein ausgeprägtes Sichkleinermachen. Der ganze Hund sinkt in sich zusammen, die Rute wird fest zwischen die Keulen gepreßt, sein Blick meidet den des Gegners. Dieses Bild des Jammers bietet der Hund nicht nur dem überlegenen Artgenossen, er präsentiert es auch dem Menschen und bei Situationen, die ihm furchterregend scheinen.

Wie beim Imponieren, so sehen wir auch bei der Ausdrucksweise für Fluchtstimmung, welche Rolle die Schwanzhaltung spielt. Der seine Stärke und Überlegenheit demonstrierende Hund stellt die Rute senkrecht und steif hoch — der unterlegene zieht sie ein, d. h. er klemmt sie zwischen die Hinterbeine. Das alles hat einen hohen Ausdruckswert, es bietet ein unübersehbares optisches Signal; aber es hat auch einen Ursprung, der mit den geruchlichen Ausdrucksstrukturen in engstem Zusammenhang steht. Es geht nämlich bei diesen Rutenhaltungen um Präsentieren und Verbergen des Eigengeruchs. Die Drüsen der Analregion werden bei der Unterlegenheit ganz fest abgedeckt — der Hund verbirgt seinen Geruch und sagt damit »Ich bin gar nicht da!« Der Überlegene dagegen hält seine Rute erhoben und erlaubt, daß man von seiner Präsenz auch mit der Nase eingehend Kenntnis nimmt.

Es bleibt nun aber noch eine sehr bekannte Verhaltensweise, die der Hund mit der Rute ausführt — das Wedeln. Es ist Ausdruck freudiger Erregtheit, seine Frequenz ist Anzeiger für ihren Grad. So nähert sich ein Hund einem fremden Artgenossen mit langsam pendelndem Schwanz; er sagt damit, daß er gar nichts Böses vorhat, sondern grundsätzlich zu friedlichen Verhandlungen über ein künftiges Arrangement bereit wäre. Bemerkt er beim Näherkommen, daß es sich um eine hübsche Hündin handelt, dann wedelt er schon schneller, und das steigert sich noch, wenn er gar erkennt, daß die Hündin liebesbereit ist. Aber auch die Haltung des wedelnden Schwanzes ist wichtig. Wenn der Hund seiner Sache nicht ganz sicher ist, hält er die Rute erst einmal etwas nach unten — man kann nicht wissen, vielleicht muß man sie am Ende doch noch einziehen, heißt das. Ist das Selbstbewußtsein aber groß, so wedelt man schräg nach oben. So ist das Wedeln ein Stimmungsbarometer, und auch der Geruch spielt wieder mit. Der frohgestimmte Hund kann es sich leisten, seinen Duft nach allen Seiten hin zu verteilen, denn er ist ja in diesem Augenblick von guten Freunden umgeben, denen man sich vorbehaltlos offenbaren kann.

Eine kleine Kuriosität zu diesem Thema möchte ich noch erwähnen, von der ich selbst erst vor kurzem zum erstenmal gehört habe. Ein Bekannter traf dank seiner interessierten Hündin auf der Straße einen Basset-Rüden und stellte zu seiner Verblüffung fest, daß dieser langohrige Engländer nicht nur von links nach rechts wedeln konnte, sondern auch propellerartig, d. h. die Rutenspitze beschreibt einen Kreis. Die Besitzerin dieses Hundes klärte meinen Bekannten darüber auf, daß das alle Bassets tun. Ich kenne sonst keinen Hund, der derartiges fertigbringt; man lernt eben nie aus!

Sicherlich könnte man noch dieses oder jenes zum Gestaltsausdruck des Hundes sagen. So etwa, daß es auch hier, ähnlich wie bei der Mimik, Überlagerungen gibt. Ein Beispiel hierzu mag genügen. Wir haben oft den Eindruck, daß der Hund beim Drohen einen Buckel macht; sein Hinterteil ist dann etwas gesenkt, auch die Rute steht etwas unsicher in die Gegend oder sinkt etwas herab. Das bedeutet nichts anderes, als daß der Hund gleichzeitig in aggressiver und in furchtsamer Stimmung ist. »Er droht vorn und flieht hinten«, würde Lorenz sagen. Je nach dem Verhalten des Gegners wird dann allmählich die eine oder andere Stimmung die Oberhand bekommen und im Ausdrucksverhalten sichtbar werden.

Der akustische Ausdruck

Wir haben den mimischen und den gestaltlichen Ausdruck des Hundes betrachtet und zwischendurch einiges über stimmliche Äußerungen erfahren. Die Ohren haben wir bisher nur als optisches Ausdrucksmittel betrachtet. Wir wollen uns jetzt mit ihrer eigentlichen Funktion beschäftigen.

Aber zuvor noch ein ernsthaftes Wort an alle, die Hunde lieben. Seit einigen Jahren tobt ein stiller, aber verbissener Kampf um ein Ziel: Laßt den Hunden die Ohren, wie sie sind! Ich stelle mich rückhaltlos auf die Seite jener beherzten Tierfreunde, die sich gegen das unsinnige und widernatürliche Stutzen der Ohren (und des Schwanzes) wenden. Sie sind im Recht, da hilft kein noch so ausgeklügeltes Argumentieren wie Schmerzunempfindlichkeit der Welpen und was da alles vorgebracht wird. Mag sein, daß der Mensch das Recht hat, über die Geschöpfe der Erde zu herrschen. Aber er hat nie und nimmer das Recht, sie zu verstümmeln. Ich bin durchaus geneigt, die Züchtung von krummbeinigen oder kurzschnauzigen Hunden zu akzeptieren, denn es handelt sich dabei um vorgegebene Möglichkeiten natürlicher Wandlung der Erbanlagen, die hier ausgenützt werden. Ich will nicht sagen, daß ich über derart verbildete Geschöpfe besonders glücklich bin. Aber ich weiß, daß mit diesen körperbaulichen Abwandlungen vom Urbild des Hundes auch vielfach gleichsinnige Abwandlungen des Wesens und der Lebensansprüche erblich verknüpft sind, und so mag das alles noch angehen. Aber wer einem Hund, der bestimmte Formen angewölft hat, Ohren oder Schwanz beschneidet, macht sich der Körperverletzung schuldig, auch wenn der Hund im Sinne des Gesetzgebers nur eine »Sache« ist. Ich hoffe, daß der Tierschutzbund, daß die Regierungen gesetzliche Möglichkeiten finden, diese mittelalterliche Unsitte des Kupierens endlich zu verbieten. England und andere Staaten haben diesen Schritt schon getan.

Jeder Tierarzt weiß genau, daß das Beschneiden der Ohren oder der Rute mit Schmerzen und mit einer Leidenszeit (Wundheilung) verbunden ist. Nur brutaler Formalismus (Standard-Vorschriften!) kann in unserer aufgeklärten Zeit noch solchen psychophysischen Verletzungen das Wort reden, die nachweislich ein nicht mehr gutzumachendes Trauma, ein jugendliches Schreckerlebnis, setzen – hierzu gibt es ausreichende Stellungnahmen und Gutachten von Fachleuten. Glücklicherweise hat auch der gesunde Menschenverstand schon die von »traditionsbewußten« Standardverfechtern gesetzten Formalismusschranken durchbrochen, und immer mehr Hundebesitzer verzichten auf diese unsinnige Maßnahme. Ich habe in den letzten Jahren schon viele Boxer, Doggen, Pinscher oder Schnauzer gesehen, bei denen die Ohren nicht kupiert waren; wenn man sie mit ihren kupierten Rassengenossen vergleicht, ist einem rätselhaft, wie Hundeliebhaber an jenen Verstümmelungen Gefallen finden können.

Die Form des Ohres hat sich bei den Hundeartigen wie bei allen Tieren in Anpassung an die arterhaltenden Lebensfunktionen entwickelt und ist daher im biologischen Sinne zweckmäßig. Ohrmuscheln haben die Aufgabe, Schall aufzufangen und Richtung sowie Entfernung der Schallquelle zu orten. Hierfür ist eine ausreichende Beweglichkeit dieser »Schallfänger« Voraussetzung. Ein komplizierter »Computer-Mechanismus« des Gehirns »berechnet« dann Winkel und Zeitdifferenz beim

Eintreffen der Schallreize in beiden Ohren, und das Ergebnis ist die Information über die Schallquelle. Unser Vierbeiner leistet dabei eine ganze Menge und übertrifft uns bei weitem. Nicht nur, weil er so hervorragend zweckmäßige Schallfänger besitzt, sondern weil er auch über die Fähigkeit verfügt, Schallfrequenzen von weit mehr als 20 000 Schwingungen pro Sekunde zu hören. Hier liegt bei uns die Wahrnehmungsgrenze für hohe Töne — wir können unseren Hund mit der Ultraschall-Pfeife rufen, ohne daß das menschliche Ohr belästigt wird.

Es ist kein Wunder, wenn ein Tier mit so feinen Schallempfindungen auf Lärm besonders sensibel reagiert. Ich denke da nicht an jene Hunde, die bei für uns unhörbaren Obertönen eines Musikinstrumentes zu heulen beginnen — sondern an unsere armen Großstadthunde. Es wurde schon verschiedentlich nachgewiesen, daß die Hörschärfe dieser dem unerträglichen Großstadtlärm ausgesetzten Hunde stark herabgesetzt ist. Das Auftreffen von Schallreizen ist mit einem Druck, mit einer Belastung der Trommelfelle verbunden; steigt diese Belastung über ein erträgliches Maß, so führt das im Lauf der Zeit ebenso zu verminderter Hörleistung wie zu hohe Lautstärken, die bald als physischer Schmerz empfunden werden. Ist die »Lärmüberflutung« bereits für unsere Gesundheit eine ernsthafte Gefahr, so dürfte sie das für den viel geräuschempfindlicheren Hund erst recht sein.

Tiere, die hören können, verfügen in der Regel auch über eine Stimme, die im innerartlichen Verkehr eingesetzt wird. Die Ohren dienen nicht nur dazu, Beutetiere oder Gefahren auszumachen, sondern auch dazu, die akustischen Ausdrucksmöglichkeiten des Artgenossen zu erfassen. Beim Hund sind sie recht vielseitig, wie man das bei einem sozial lebenden Säugetier, das sich auch über weite Entfernungen hin verständigen können muß, erwarten kann.

So entwickelt jeder Hund seine individuelle Stimmlage, vor allem bei jenen Lauten, die als Erkennungssignale dienen. Wie unterschiedlich Hunde bellen, weiß wohl jeder, und findige Köpfe haben das schon ausgenützt, um kleine Hundeorchester zusammenzustellen, die »Hänschen klein« und ähnliches bellen.

Das Bellen, worunter wir hier ausschließlich die kläffenden, in rascher Folge hintereinander ausgestoßenen Bellaute verstehen wollen (in der Fachliteratur gewöhnlich »Kläffen« genannt), dient ursprünglich als Ausdruck der Unterwerfung, sowohl bei freundlicher als auch bei ängstlicher Stimmung. Wir haben schon mehrfach gesehen, wie ein Ausdrucksverhalten aus diesem Bereich dem Menschen gegenüber sehr zielstrebig angewandt werden kann, etwa als Spielaufforderung. Viele Hunde, die ihren zweibeinigen Freund zum Spiel verleiten wollen, nehmen die typische Haltung ein, die Hunde als Spielaufforderung auch unter sich üben: Sie werfen sich mit einer auffallenden Einleitungsbewegung mit dem Vorderleib auf den Boden, den Hinterleib mit dem wedelnden Schwanz erhoben, Kopf und Augen auf den Angesprochenen gerichtet. Da wir Menschen meist mit anderen Dingen beschäftigt sind und das oft nicht bemerken (oder nicht bemerken wollen), hilft nun unser Hund stimmlich nach – er setzt sein Unterwerfungsgekläff ein, um unsere Aufmerksamkeit zu wecken.

Ich könnte mir vorstellen, daß auf diese Weise das im innerartlichen Verkehr nur seltene Kläffbellen zum Verbindungssignal zwischen Hund und Mensch wurde. Der Jäger, der im Wald seinen auf der Wildfährte dahinziehenden Hund bald aus den Augen verliert, will schließlich wissen, wohin die Jagd geht; er legt daher auf »Spur- und Fährtenlaut« sehr viel Wert. Das mag zur Erzüchtung besonders bellfreudiger Hunde geführt haben. Es ist ja erwiesen, daß die Lautfreudigkeit erblich verankert ist. Ebenso erwünscht ist die Bellfreudigkeit des Hundes bei seiner Aufgabe als Wächter des Hauses. Die nichtjagenden Spitze sind bekanntlich rechte Kläffer, aber gerade das schätzten die Pfahlbausiedler der Mittelsteinzeit sicherlich an ihren Torfspitzen, denn vermutlich liebten sie es ebensowenig, wenn Fremde unbemerkt zu ihren Hütten kamen, wie wir das gern haben, wenn sich Diebe über den Gartenzaun schwingen; da wird dann das oft lästige Gekläff unseres Hundes zum wahren Segen.

Wer allerdings Nachbarn hat, überlege sich bei der Anschaffung eines Hundes, ob auch ihnen besondere Bellfreudigkeit erwünscht ist. Ich würde sehr empfehlen, sich zuvor mit den engsten Anliegern gründlich auszusprechen. Das Gesetz schützt nämlich das Ruhebedürfnis der Mitmenschen. Aber man braucht sich nicht ins Bockshorn jagen zu lassen, wenn böse Nachbarn, die entweder keine Hunde mögen oder Grund zu haben glauben, uns nicht leiden zu können, mit Strafanzeige drohen, nur weil unser Wachhund zwei- oder dreimal täglich kurz bellt, wenn gerade jemand durch den Garten zum Haus geht. Solchen Anfeindungen kann man ruhig ins Auge sehen, denn kein Richter wird sich hier auf die Seite des Klägers stellen. Hierzu gibt es schon eine ganze Reihe von Grundsatzurteilen, die den Büros der großen Zuchtverbände gewöhnlich gut bekannt sind; hier erhält man in Zweifelsfällen leicht Hilfe.

Nun gibt es genug schöne und gute Hunderassen, die keine Kläffneigungen haben; unter ihnen muß man dann eben seine Wahl treffen, wenn man seine Nachbarschaft nicht belästigen will. So wie man einst Kläffer oder lautfreudige Hunde gezüchtet hat, so züchtete man für andere Zwecke auch ruhige Hunde. Es gibt ausgesprochene Schweiger — etwa die Windhunde. Das hat seinen guten Grund. Windhunde wurden als Hetzhunde gezüchtet, die auf freier Steppe nicht mit der Nase, sondern mit dem — besonders gut ausgebildeten — Auge das Wild verfolgten. Man züchtete sie meist in auffallenden Farben und mit wehendem Haar, damit man sie vom Pferd aus gut sehen konnte. Kläffen ist eine mächtige Beanspruchung der Lungen, es verbraucht viel Luft. Das hätte die Schnelligkeit und vor allem die Ausdauer der langbeinigen Hetzjäger herabgesetzt. So wurden sie, wie der Waidmann sagt, »Stummjäger«, und sind es bis heute, obgleich der riesige Barsoi und der seidenhaarige Afghane hierzulande sich mit der Rolle des eleganten Begleiters begnügen müssen. Auch der Dingo muß ursprünglich ein »Stummjäger« gewesen sein, denn auch er kläfft nicht. Er ist zwar imstande, einzelne, abgehackte Belltöne von sich zu geben, tut es aber auch nur dann, wenn er große Gefahr kundtun will; bei mir kommt das vor, wenn fremde Besucher dicht an einen Zwinger herantreten, und zwar vor allem bei den Tieren, die hier geboren sind. Ich habe da oft den Eindruck, daß sie meinen lauthals bellenden Elchhundmischlingen nacheifern wollen. Sonst hört man diesen Bellaut nur, wenn Junge in der Hütte gesäugt werden und irgend etwas bemerkt wird, was gefährlich aussieht.

Der Däne Alwin Pedersen, der sich sehr eingehend mit Grönland-Schlittenhunden befaßt hat, sagt vom ostgrönländischen Hund, daß er, im Gegensatz zu seinem westlichen Vetter, nicht bellt. »Nie hörte ich einen Laut von ihnen, der auch nur entfernte Ähnlichkeit mit dem Bellen hatte. In Situationen, wo andere Hunde bellen, ließen sie ein unartikuliertes Geschrei hören, das meistens sehr bald in ein Geheul überging. Überhaupt war das Heulen die normale und häufigste Ausdrucksweise dieser Hunde.« Das entspricht genau dem Verhalten meiner Dingos, deren — wie ich glaube, nachgeeiferte — Bellaute gewöhnlich ebenfalls in Heulen übergehen. Pedersen bestätigt aber auch, daß die Ostgrönländer das Bellen lernen können, wenn sie als Welpen unter westgrönländischen Schlittenhunden leben. Soweit geht das bei Dingos allerdings nicht.

Diese Beobachtungen lassen erkennen, daß die Lautgebung beim Haushund sowohl durch Umzüchtung wie auch durch Lernen Abwandlungen erfahren kann. Es gibt hier noch ein recht erstaunliches Beispiel, das unter allen unseren Hunderassen wohl so einmalig ist wie das Schwanzdrehen der Bassets. Der zu den Schweizer Niederlaufhunden zählende, verhältnismäßig leicht gebaute, schwarzrote Juralaufhund führt den Namen »Hurleur«, was soviel wie Heuler bedeutet. Oberforstmeister Friess beschreibt seinen Jagdlaut folgendermaßen: »Es ist ein richtiges, langgezogenes, tiefes Heulen, das nach unseren Erfahrungen den tiefen, läutenden Hals (Fährtenlaut) beim normalen Jagen, besonders bei ›Fund‹ und ›Verlust‹, ablöst und unterbricht. Ja, die Heuler bleiben dabei stehen oder setzen sich sogar, stoppen jedenfalls das rasche Gangwerk in den Schritt ab. Sie untersuchen das gefundene Lager oder Bett, einen Anschuß, Absprung, Widergang des gejagten Wildes und heulen dann mit hocherhobenem Kopf gegen den Himmel. Erst dann jagen sie mit ihrem normalen Jagdlaut weiter, ihn öfter oder seltener durch Heultöne unterbrechend.«

Das ist sicherlich alter Wolfsbrauch, der hier in der spezifischen Jagdweise im Schweizer Alpenland in besonderer Form, nämlich gekoppelt mit dem üblichen Fährtenlaut der Jagdhunde, über die Jahrtausende erhalten geblieben ist. Das Heulen ist auch bei Wölfen, Schakalen, Kojoten oder Dingos eine Lautäußerung, die bei Trennung vom Artgenossen den eigenen Standort anzeigen soll. Es ist weithin hörbar, viel weiter als Kläffen oder jene helle Form des Bellens, die der Waidmann »Geläut« nennt. Das Geheul meiner Dingos ist mehr als zwei Kilometer weit zu vernehmen. Sicherlich hört es ein Hund noch auf viel weitere Entfernungen.

Wenn sich längere Zeit niemand vor dem Hause sehen läßt, setzen meine Dingos unweigerlich mit dem Heulen ein. Einer fängt an, und sofort fallen alle anderen ein, und nun »singt« der ganze Chor seine Strophe ab. Aus der Ferne hört sich das wie die Feuersirene an und hat, als ich noch inmitten der Ortschaft wohnte, manchen Nachbarn aus dem Bett getrieben. Es genügt, wenn ich das Fenster öffne – die Dingos merken, daß man doch noch da ist, und stellen das Geheul sofort ein. Sie beginnen auch prompt zu heulen, wenn wir in den Wagen steigen und wegfahren, oder Hunde an die Leine nehmen und fortgehen.

Ein Freund, der einige Jahre in Australien gelebt hatte, wollte unbedingt einen meiner Dingos in Pflege nehmen. Er hatte in München in einem Wohnblock eine größere Wohnung und konnte es sich erlauben, ein Zimmer ganz auszuräumen. Das hatte ich ihm angeraten, da ich aus Erfahrung wußte, daß Dingos, die man alleinläßt, unweigerlich das Mobiliar zerstören. Er war berufstätig und mußte seinen Dingo fünfmal die Woche acht Stunden alleinlassen. Dingos sind aber, mehr als viele unserer Haushunde, ausgesprochene Kontakttiere, die sehr traurig sind, wenn sie alleingelassen werden. Sie heulen dann eben pro Stunde mehrmals, um den Partner herbeizurufen. – Der kam dadurch zwar nicht, dafür aber ein Schreiben von der Hausverwaltung, das unmißverständlich und wirklich nicht anfechtbar war. Heinz brachte mir meinen Dingo wieder und heiratete ersatzweise.

Heulen ist ansteckend. Erik Zimen löst es bei seinen Wölfen

aus, indem er mit großer Begabung vorheult. Er kann auch wie ein Dingo heulen und versuchte, meine Dingos vom Fenster aus dazu zu verleiten. Die fielen aber nicht darauf herein. Sie wußten genau, daß wir da waren — wozu sollten sie also? Hier scheint es bestimmte Unterschiede zu geben. Wölfe versammeln sich nämlich und heulen, wenn das Rudel vollzählig ist. Dieses Chorheulen dürfte dem Nachbarrudel gelten und sagen: »Hier sind wir — das ist unser Land.«

Ich habe es schon erlebt, daß sich Dingos von entfernten Kirchenglocken täuschen ließen und zu heulen begannen. Aber nur dann, wenn sie nicht sicher waren, ob jemand daheim war. Sonst ignorieren sie es. Ich erwähnte schon, daß manche Hunde auf Musik mit Heulen reagieren. Bei dem Schäferhund eines Bekannten lösen die hohen Töne von Düsenjägern das Heulen aus. Daß auf Töne, deren Frequenz offensichtlich den Heulfrequenzen oder bestimmten Teilen des Heulspektrums gleichen, reagiert wird, ist verständlich: Man muß dem rufenden Artgenossen antworten.

Das Heulen hat bei den meisten unserer Hunde viel an Bedeutung verloren oder ist ihnen überhaupt kaum noch möglich oder verständlich. Meine Elchhund-Mischlinge erster Generation kläffen ebensogut, wie sie heulen können. Spätere Generationen, die in Richtung Elchhund ausgelesen oder mit dem Elchhund rückgekreuzt wurden, heulen nicht, sondern fallen in das Heulkonzert der Dingos mit Kläffen ein, was nicht sehr schön ist. Diese Fähigkeiten sind also offenbar erblicher Natur. Nur der kluge Strixi hat sich lange Zeit bemüht, das Dingoheulen nachzuahmen. Es gelang ihm nicht, es wurde ein jämmerliches Kiecksen. Seit sich in meinen Zwingern Heuler und Kläffer die Waage halten, ist er wieder zu seiner normalen Lautäußerung zurückgekehrt. Interessanterweise hat aber die Elchhündin Binna, die erst erwachsen mit Dingos in Berührung kam, ein ganz brauchbares, wenn auch nicht besonders überzeugendes Heulen gelernt — sie hat fast drei Jahre hierfür gebraucht! Wieder ein Beispiel dafür, wie vorsichtig man sein muß, wenn man vorhandene oder nichtvorhandene Fähigkeiten eines Hundes hinsichtlich ererbten Verhaltens beurteilen will.

Hunde sind nun einmal sehr lernbegabt; ich halte es durchaus für möglich, daß viele unserer Haushunde zwar manches Verhalten nicht mehr in ihrem vererbten Inventar haben, es aber trotzdem können, weil sie es bei anderen Hunden gesehen haben.

Ein Laut, den wir bei unserem Hund nur ungern hören, ist das Knurren. Das können wohl alle Hunde, ausnahmslos. Es drückt einfach Drohung aus. Im innerartlichen Verkehr erlaubt sich das nur der überlegene Hund. Gegenüber dem Menschen wagt es jeder Hund, was vielleicht bedeutet, wie wenig er von der Überlegenheit des Menschen hält. Hier muß ich freilich eine Einschränkung machen, die wieder einmal auf die so wichtige Frage der Retardation vieler unserer Hunde hinweist. Nähert man sich unvermutet einem Lager mit Welpen, die älter als drei Wochen sind, hört man sie deutlich knurren, vorausgesetzt, daß sie mit dem Menschen noch nicht Kontakt aufgenommen haben. Welpen nehmen im Rudel eine Sonderstellung ein; sie dürfen knurren, auch wenn sie eigentlich alles andere als überlegen sind. Möglich also, daß Jugendverhalten, das im Umgang mit dem Menschen häufig beibehalten wird, auch hier, unabhängig von der Rangstellung, erhalten bleibt.

Eine Lautäußerung, die wir bei unseren Hunden häufig hören können, ist das Wuffen. Eisfeld, bei dem ich gern nachschlage, wenn ich klare Formulierungen suche, nennt es ein »unterdrücktes Bellen bei geschlossener Schnauze, das gut mit ›wuf‹ umschrieben werden kann. Es tritt auf bei Gefahr für die Jungen oder bei sonstiger ärgerlicher Erregung«. Naturgemäß sagt es dem oder den Artgenossen, daß Gefahr im Verzuge ist; es ist also ein Warnlaut, der dem etwaigen Gegner nicht zu deutlich ins Ohr klingen soll, damit der eigene Standort nicht verraten wird. Wenn sich unserem Hause Schritte nähern, hebt der neben uns ruhende Hund den Kopf, ortet mit gespitzten Ohren die Richtung und läßt sein warnendes »Wuf« los, ehe er aufspringt und, nun seiner Sache ganz sicher, zu kläffen beginnt. Erkennt er die Schritte eines Nachbarn, den er überhaupt nicht leiden kann, weil er mit Steinen nach ihm wirft, dann folgt nach dem Wuffen das Knurren; unser Hund sträubt die Haare.

Jetzt wissen auch wir, wer da draußen vorbeigeht, ohne daß wir aus dem Fenster blicken müssen.

Was wir bei einem erwachsenen Hund eigentlich niemals erleben sollten, ist der laute Schrei, der einen großen körperlichen Schmerz anzeigt. Hören wir ihn bei spielenden Welpen, vor allem dann, wenn sie unter Aufsicht ihrer Eltern stehen, dann hat das für gewöhnlich nicht viel zu sagen. Der Schmerzschrei ist nämlich ein Ausdrucksverhalten, das aggressionshemmend wirkt. Der kleine Welpe merkt bald, daß der Bruder oder Vater sofort von ihm abläßt, wenn er seinen Schmerzschrei losläßt. So schreit er bald schon gellend, wenn er nur den Verdacht hat, er könnte wieder einmal kräftig geschüttelt oder sonstwie »verprügelt« werden! Da kann man etwa beobachten, wie der Lümmel seinen Vater kräftig in die Nase zwickt, um sich danach laut schreiend auf den Rücken zu werfen. So ist der raffinierte Übeltäter sicher, daß seine Frechheit nicht bestraft wird.

Schließlich wollen wir als letztes akustisches Ausdrucksverhalten das bekannte Winseln betrachten. Meiner Meinung nach muß es sich von jenen Lauten, die man bereits am Tag der Geburt vernehmen kann, ableiten. Es ist zumindest am Ende der dritten Lebenswoche schon klar zu erkennen und bedeutungsmäßig verständlich. Der winselnde Hund möchte etwas. Der Spielraum ist dabei sehr groß, sowohl hinsichtlich des Zieles als auch hinsichtlich der Tonhöhe, Lautstärke und Häufigkeit. Man hört es bei futterbettelnden Welpen ebenso wie bei den die Jungen fütternden Alttieren, bei denen es eigentlich ein Herbeilocken ist. Wir hören es, wenn der Hund zu unseren Füßen liegt, den Kopf zwischen den Pfoten, zu uns heraufschielend. Für gewöhnlich heißt das: »Komm endlich, draußen ist so schönes Wetter«; es kann aber auch bedeuten: »Komm, Chef, sei wieder gut, ich werde es nicht mehr tun.« Im Kontakt mit Artgenossen bezeichnet es freundliche Stimmung mit Aufforderung zur engeren Kontaktnahme, sei es durch Spiel oder durch Heirat. Im allgemeinen Sprachgebrauch wird das Winseln mit einem negativen Vorzeichen versehen — in Wirklichkeit entspricht es einem freundlich vorgebrachten »Bitte«, um seinen variablen Inhalt auf den kürzesten Nenner zu bringen.

Die Möglichkeiten des stimmlichen Ausdrucks sind mit den vorstehenden Schilderungen keineswegs erschöpfend behandelt. Jeder Hund hat noch sein persönliches Repertoire von Lauten des Wohlbehagens, Mißmuts oder anderer Stimmungen, oft wie ein Brummen, oft wie ein Grunzen klingend, und selbst mittels lauter Atem- und Schnauftöne kann er noch manches zum Ausdruck bringen. Aber ich denke, daß hier der einfühlsame Kontakt als bester Mittler dienen kann, die »Sprache« unseres vertrauten Hundes zu verstehen. Bei einem derart sensiblen und auf feinste Stimmungen reagierenden Tier reicht die bloße Verhaltensbeschreibung nicht aus. Sie kann nur die Plattform sein, von der aus wir unserem Hund näherkommen. Das letzte Stück dieses Weges muß jeder Mensch mit seinem Hund gemeinsam gehen, denn die feineren Regungen der Hundeseele sind heute und wohl auch künftig dem objektivierenden Zugriff des Wissenschaftlers kaum zugänglich. Ich bin auch sicher, daß sich hier vieles erst im Zusammenklang zwischen Mensch und Hund entwickelt. Unser Hund bleibt hier zeitlebens ein Lernender — vorausgesetzt, daß der ihm zugetane Mensch selbst ein Lernender bleibt und nicht sich und seinen Hund in eine vorkonstruierte Schablone preßt.

Ich habe schon mehrfach auf die Bedeutung der Nase und auf die Riechwelt des Hundes hingewiesen; die Schilderung des Ausdrucksverhaltens ist unvollständig, wenn wir uns nicht die Möglichkeiten des »geruchlichen Ausdrucks« und was damit zusammenhängt, ansehen. Ich möchte das aber auf ein späteres Kapitel verschieben, vor allem deswegen, weil dieser Themenkreis beim erwachsenen Hund eine weit größere Bedeutung erlangt als beim Welpen.

Bleiben wir jetzt noch etwas beim Welpen der Rangordnungsphase. Sie ist ein richtiges Lausbubenalter, das uns mancherlei Probleme stellt, denn jetzt zeigt der kleine Hund in unserem Hause sehr ausgeprägte Tendenzen, auf eigene Faust — wie er das sonst mit seinen Geschwistern machen würde — loszuziehen. Manche Welpen entwickeln diese Neigung auch schon ein wenig früher, wie wir das bei den Möpsen Frau von Keisers sahen. Unser Hund ist jetzt schon recht interessiert an allem, was sich bewegt und das handliche Format einer Beute hat. Er beschleicht — freilich ohne den geringsten Erfolg — Tauben und Sperlinge, und er scharrt leidenschaftlich, wenn er gar ein Mäuseloch findet. Hat er ausreichend Gelegenheit zum Üben gehabt, dann beherrscht er die Technik des Mäusefangs bald ausgezeichnet. Das ist entschieden eine angeborene Verhaltensweise, die unter allen Gattungsverwandten des Hundes gleichartig ausgebildet ist. Es handelt sich dabei um den für den Beobachter recht auffälligen »Mäuselsprung«, bei dem der Hund steil hochspringt und so auf die Vorderpfoten fällt, daß er die überraschte Maus mit seinem ganzen Körpergewicht gegen den Boden preßt. So verschaffen sich die Welpen im Familienverband schon eine äußerst wertvolle Zusatznahrung.

Jetzt ist es auch Zeit, mit »Zusammenarbeits-Spielen« zu beginnen, um die Lernfreude des Welpen auszubauen. Die im Spiel entwickelten Verhaltensweisen, die wir sorgfältig beobachten, zeigen uns so manchen Begabungsschwerpunkt. Wir werden hier mit unserer Erziehung einsetzen und dem Welpen durch Loben und Freudebezeigungen zu verstehen geben, daß wir von ihm etwas wollen. Er ist jetzt soweit, das schnell zu begreifen, wenn wir nicht den Fehler machen, mit ihm zu schimpfen, weil er nicht gleich so arbeitet, wie wir uns das vorgestellt haben. Das Spiel hat in diesem Alter betont gruppenbindenden Charakter, und darum dürfen wir jetzt nicht ungeduldig werden und gegen diese natürliche Tendenz arbeiten.

Wir können jetzt auch damit beginnen, einfache Gehorsams-, bzw. Unterordnungsübungen einzustudieren. Sehr ratsam ist, hierfür immer eine bestimmte Zeit zu wählen und auch einen bestimmten Zeitraum einzuhalten; fünfzehn Minuten reichen. »Sitz« ist so ein einfach zu lehrendes Kommando, das wir dem Welpen dadurch beibringen, daß wir gleichzeitig mit dem Wort einen Druck auf sein Hinterteil ausüben, während wir mit der anderen Hand seine Kehle kraulen oder die Brust streicheln — vor allem damit er sich nicht gleich hinlegt, aber auch, um ihm zu zeigen, daß wir recht friedlicher Stimmung sind und nichts Böses wollen. Sitzt er, wird gelobt — aus. An diesem Tag nicht mehr wiederholen, das erleichtert die Arbeit ungemein. Er merkt nämlich, daß wir mit der richtigen Ausführung des Befehls zufrieden sind und nun was anderes machen, was letztlich wie eine Belohnung wirkt. Eine ständige Wiederholung macht den Hund nur unsicher, denn das sieht danach aus, als wäre es immer noch nicht richtig. Wiederholen können wir das so gelegentlich außerhalb der Übungszeit oder eben am nächsten Tag. Ebenso bringen wir ihm die nützlichen Kommandos »bei Fuß« und »Platz« bei, und was es sonst noch gibt. Diese Hinweise sollen genügen, da hier nicht der Platz ist, eine gesamte Darstellung über die Abrichtung des Hundes zu geben.

Was aber sehr gut hierherpaßt, weil es uns wieder etwas vom Eltern-Kind-Bezug verrät, ist die Tatsache, daß sich der freundschaftliche Gehorsam der Hundeeltern ganz automatisch auch auf ihre Kinder überträgt. Ich möchte das an einem Beispiel erläutern.

Sascha ist ein ausnehmend folgsamer Hund, von dem ich gelernt habe, was »freundschaftlicher Gehorsam« ist. Sagt man ihm mit ruhiger Stimme, er solle auf seinen Platz gehen, dann schreitet er mit gelassener Würde dorthin. Nichts ist da von jenem sklavischen Gehorchen zu merken, das man bei Schäferhunden leider so oft zu sehen bekommt, daß Konrad Lorenz sie zu unterwürfigen Schakal-Abkömmlingen stempelte. Sascha ist genau das Gegenteil, und es gibt Situationen, in denen ihm das Kommando »Geh Platz« nicht passend erscheint; etwa, wenn er gerade ein wunderschönes Stück Holz zum Werfen gefunden hat und es uns überreichen will. Dann sieht er gewissermaßen fragend nach seiner Gebieterin, läßt auch in der Haltung durchaus erkennen, daß er zwar bereit ist, wenn es sein muß, dem Befehl zu folgen, daß aber zuvor vielleicht doch noch einmal zu überdenken wäre, ob es wirklich sein muß. Sagt man es ihm nochmals, dann trollt er sich, um sich, seufzend über soviel Unverstand, hinzulegen. Ist seine Herrin aber gerade nervös und fährt ihn an, weil er nicht sofort gehorcht, dann merkt man ihm sehr deutlich an, was er davon hält. Er hat Erfahrung und weiß, daß in so einem Augenblick der Klügere besser nachgibt; sein Ausdruck aber spricht Bände!

Ich sagte schon, daß Sascha von der achten Woche an völlig freie Hand hatte, sich seine Tochter Rana zu erziehen. Sie lernte bei ihm auch Unterordnung und Gefolgschaftstreue, sie hängt an diesem in jeder Hinsicht überlegenen Hund, und es ist mit ihr nichts anzufangen, wenn er einmal nicht zu Hause ist. Dann wartet sie an der Tür auf ihn wie ein anderer Hund auf seinen Herrn. Kommt er endlich zurück, ist die Freude übergroß. Für Rana ist alles, was Sascha tut oder nicht tut, Leitschnur für ihr eigenes Dasein. Genau in dem Alter, von dem wir hier gerade sprechen, ahmte sie sorgfältig die Befehlsausführungen Saschas nach. Hieß es »Sascha, geh Platz!«, dann lief sie hinter ihm drein und legte sich zu ihm. Hieß es »Sitz!«, dann setzte sie sich dicht neben ihn, und auf diese Weise sind »Komm«, »Sitz«, »Geh Platz« und »Platz« (als Befehl für Niederlegen am Ort) ihr so selbstverständlich geworden, daß es keiner eigenen Abrichtung für sie bedurfte. Sie folgt genau wie er, wenn auch um eine Spur ergebener, unterwürfiger — aber auch das scheint nur ihrer Jugend entsprechend zu sein, denn je älter sie wird, um so selbstbewußter wird sie auch beim Gehorchen.

Die Rudelordnungsphase

Die Wildhunde sind, im Gegensatz zu unseren Haushunden, an bestimmte Fortpflanzungszeiten gebunden; daher ist auch die Jugendentwicklung bei ihnen grundsätzlich so angelegt, daß die eigentliche Kinderzeit gerade dann zu Ende ist, wenn der Herbst das Nahen des Winters kündet. Nordische Wölfe sind spätestens im Oktober fünf Monate alt; im Lebensraum der Schakale setzen die Regenfälle ein, wenn ihre Welpen dieses Alter erreicht haben. Die großen Pflanzenfresserherden wandern nun. Im Norden folgen ihnen die Wölfe, im Süden die Großkatzen, die freilich im Lebensraum des Goldschakals heute ausgerottet sind, was ihn zu weitgehender Umstellung seiner Lebensgewohnheiten gezwungen hat; früher zog er aber wohl auch auf den Spuren des nordafrikanischen und vorderasiatischen Löwen in die winterlichen Weidegebiete der Beutetiere, an denen er partizipierte. Die Überreste der Löwenmahlzeiten teilte er damals ebenso mit den Geiern, wie er das heute als Kulturfolger des Menschen mit dessen Abfällen tut. Auch in Australien sind die Welpen etwa fünf Monate alt, wenn der Winter einsetzt. So ist es also vorbei mit dem fröhlichen Kinderleben, vorbei mit dem Heranschaffen von Nahrung durch die Eltern. Jetzt heißt es wandern, um gemeinsam mit den Wolfseltern die Beute zu schlagen, sie als Schakal gegen Aasgeier und fremde Schakalfamilien zu verteidigen, als Dingo hinter flüchtigen Känguruhs herzuhetzen. Der Ernst des Lebens hat begonnen.

Bei den Wölfen treffen jetzt auch die Jungen des Vorjahres ein und vergesellschaften sich mit der Familie zum Rudel. Sie haben sich damals, als sie selbst fünf Monate alt geworden waren, der Gefolgschaftstreue gegenüber ihrem Vater verschrieben. Diese Gefolgschaftstreue führt sie also wieder zu den Eltern, falls sie nicht schon den Sommer über mit ihnen in engerem oder gelegentlichem Kontakt waren. Möglicherweise finden sich auch noch ältere Nachkommen des Paares ein, die unverheiratet geblieben sind und keine eigenen Verbände gegründet haben.

Wir wissen noch viel zuwenig von diesen Sippengruppierungen der Wölfe in freier Wildbahn, um wirklich genau zu bestimmen, woher die Wölfe kommen, mit denen zu Beginn des Winters ein Rudel aufgebaut wird. Aber gerade diese Erscheinung der Gefolgschaftstreue mag ein Hinweis darauf sein, daß es so ist, wie ich es umriß. Natürlich wird diese Anhänglichkeit im Freileben dann aufhören, wenn der mittlerweile erwachsene Wolf seine eigenen Welpen durch den Winter führt und damit selbst Leitwolf geworden ist; ich würde aber so einem Wolf durchaus zutrauen, daß er samt seiner Familie zu seinen Eltern kommt, um sich ihnen wieder anzuschließen, womit ein Wolfsrudel praktisch drei Generationen umfassen könnte.

Da ich im nächsten Kapitel ohnehin nochmals genauer auf diese jahreszeitlichen Verhältnisse werde eingehen müssen, wollen wir für jetzt dieses Thema verlassen und uns dafür ansehen, was es mit dem Ernst des Lebens in der Rudelordnungsphase auf sich hat. Ich gebrauchte schon den Vergleich mit der Ausbildung zum Handwerker: Die Zeit der ersten Schulbildung und der darauf folgenden, noch spielerischen Einführung in die Handfertigkeiten ist vorbei; jetzt wird der Welpe zum Gesellen, der mit dem Meister — dem Rudelführer — bereits zusammenarbeiten darf, um die letzten Fertigkeiten zu erlernen. Hat er sie nach drei Monaten erlernt, geht er, wie sich das für einen tüchtigen Gesellen gehört, eine Zeitlang auf Wanderschaft, auf der wir ihn später noch begleiten werden.

Schon in der vorangegangenen Rangordnungsphase hat der Welpe mit seinen Geschwistern Meute gespielt, und der Vater hat diese Meutespiele auch selbst in die Hand genommen und trickreich ausgestaltet, damit die Zöglinge später mit den Finten des Wildes zurechtkommen. Jetzt aber ist das Meutenleben nicht mehr nur Spiel. Jetzt geht es erstmals wirklich hinter dem Großwild her. Dessen Bejagung ist nicht ganz einfach. Zwar geht aus den Schilderungen von Louis Crisler hervor, daß die beim Menschen aufgewachsenen Wölfe Trigger und Lady ohne elterliche Anleitung die gemeinschaftliche Jagd auf Großwild versuchten, aber sie beschäftigten sich damit erst, nachdem sie im Alter von acht oder neun Monaten mit anderen Wölfen Kontakt aufgenommen und sicherlich mit jenen gejagt hatten. Ich bin sicher, daß sich fünf- bis sechsmonatige Wölfe nicht an größere Tiere heranwagen, und wahrscheinlich werden sie das auch später niemals tun, wenn sie es nicht von ihren Eltern oder zumindest von anderen erfahrenen Wölfen gelernt haben. Wir kennen das auch bei unseren Hunden. Ein ganz braver Hund wird eines Tages von einem anderen Hund zum Wildern mitgenommen — und aus ist es. Hat er sich bis zu diesem Tag an das Wild nicht herangewagt, so tut er das ab da.

Ich habe die Frage schon einmal aufgeworfen, wieweit die Kunst der Jagd gelernt werden muß. Ganz sicher muß die Jagd auf kleinere Tiere nicht von den Eltern gelernt werden, das werde ich noch zeigen. Die Jagd auf Großwild aber dürfte eine stammesgeschichtlich jüngere Form des Nahrungserwerbs bei den Wölfen sein, deren nächste und engste Verwandte — Kojote und Schakal — bekanntlich keine Großwildjäger sind und auch sonst körperbaulich und verhaltensmäßig ursprünglicher blieben. Für die Großwildjagd hat sich deshalb noch kein entsprechendes Instinktverhalten entwickelt, und so bedarf es der kundigen Führung der darin bereits erfahrenen Eltern.

Ich weiß, daß jetzt natürlich das hübsche Fragespiel einsetzen kann, wer denn nun die ersten Eltern waren, die ihren Kindern das beigebracht haben, und von wem sie es gelernt haben. Das ist gar nicht so scherzhaft — irgendwann muß es diese »Entdekkung«, daß man durch Zusammenarbeit Großwild jagen kann, wirklich gegeben haben. Aber es ist wohl müßig, Theorien darüber aufzustellen, ob es so vor sich ging, daß man ein von der Herde abgekommenes Jungtier erbeutete, oder daß man ein verletztes Alttier aus Hunger anfiel. Interessant ist in diesem Zusammenhang aber, daß bei Tieren schon vielfach beobachtet wurde, wie sich echte Traditionen entwickeln können, die fortan von Generation zu Generation weitergegeben werden. Das mag uns hier genügen.

Die Weitergabe der traditionellen Großwildjagd ist freilich nur möglich, wenn jene schon geschilderten Voraussetzungen gegeben sind: unbedingte Disziplin, enge Zusammenarbeit und Anerkennung des erfahrenen Anführers, also Gefolgschaftstreue. Entschieden war es wohl vorteilhafter, diese Grundlagen als Erbgut weiterzugeben, als angeborene Verhaltensweisen zur Großwildjagd. Es hätte so nämlich für jede Großwildart die notwendige Jagdform instinktmäßig festgelegt werden müssen. Einst gab es Wildpferde und Wildrinder im Lebensraum der Wölfe und außerdem die heute noch vorhandenen Elche, Rentiere, Rothirsche, asiatische Steppenantilopen usf. Das wäre eine recht komplizierte Geschichte geworden, denn dann hätte gleichzeitig auch ein angeborenes Schema für die betreffenden Tierarten entwickelt werden müssen, damit auch etwa der Anblick eines Wildpferds das Instinktverhalten für Wildpferdjagd auslöst. Hätten sich aber Wölfe einer Gegend nur auf Wildpferde spezialisiert, dann wären sie nach dem Verschwinden der Wildpferde elend verhungert.

So war — wegen seiner Elastizität und Offenheit — der Weg

über die sozialen Bindungen und das Weitergeben gesammelter Erfahrungen für die durch ihre Größe, ihr Herdenleben und Feindabwehrverhalten schwierigeren Großtiere bei weitem der bessere. Er wird in seiner weitreichenden Anpassungsmöglichkeit zur Gewähr für das Überleben der Art auch in den Härten des nordischen Winters. Allerdings wurde dies dem Wolf beim Zusammentreffen mit dem Menschen zum Verhängnis. Seine Umweltoffenheit ließ ihn schnell erkennen, daß die großen Herden des Menschen eine viel leichter zu erreichende Beute liefern, und damit zog er sich den Haß des Zweibeiners so zu, daß er nicht nur zum gefährlichen Menschentöter erklärt wurde (was er in Wahrheit nicht ist — der Wolf flieht den Menschen!), sondern heute auch mit den wirksamen Vernichtungsmitteln der modernen Technik ausgerottet wird. Das ist das Schicksal der Wölfe ebenso wie der schafereißenden Dingos.

Der Mensch als Rudelführer

Rudelordnung heißt, daß die Jungwölfe unter Führung des Leitwolfs lernen, wie man beim Jagen vorgeht, wie man sich das Wild zutreibt und welche Rolle jeder einzelne dabei mit absoluter Disziplin zu spielen hat. Rudelordnung heißt Erfahrung sammeln beim Zusammenarbeiten.

Wieder ist der Junghund, der diese Grundlagen mitbringt, in ein neues Lernstadium getreten. Die gemeinschaftliche Aktion unter straffer, aber sehr erwünschter Führung einer Autorität ist für dieses Alter von der Natur vorgesehen und daher für ihn ein Bedürfnis. Er erwartet etwas vom Menschen, der für ihn der Anführer geworden ist, wenn auch er daneben weiterhin mehr oder weniger Elternkumpan bleibt. Letzteres deswegen, da er ja weiter das Futter bringt, diese Eltern-Kind-Beziehung also fortbesteht. Der Hund erwartet die gemeinschaftliche Aktion mit dem Menschen und macht freudig alles mit — vorausgesetzt, daß seine bisherige Entwicklung zum unverbrüchlichen Vertrauensverhältnis geführt hat. Wenn wir ihm also jetzt nichts dergleichen bieten, wenn wir ihn mehr oder weniger sich selbst überlassen, dann unterbinden wir seine weitere Entwicklung zur sozialen Persönlichkeit, wir hemmen sein Heranreifen zum echten Sozialpartner des Menschen.

Wir müssen jetzt sehr genau zwischen Spiel und Arbeit unterscheiden, wobei wir eingedenk bleiben, daß das, was wir als Arbeit bezeichnen, für ihn eigentlich auch Spiel ist — aber eines, das dem Lernen dient. Ich meine das so: Wir spielen mit ihm, ganz einfach ohne Zweck und Ziel, frei und unbekümmert: Spielstunde, wie sie jedem Hund Bedürfnis ist. Scharf davon getrennt aber ersetzen wir jetzt das Lernen der Rudeljagd durch Übungen unterschiedlicher Art. Es kommt natürlich darauf an, was unser Hund einmal werden soll. Wird er ein Jagdhund oder ein Schutzhund, dann gibt es einen Ausbildungsplan. Soll er aber kein Gebrauchshund werden, weil er »nur« ein entzückender kleiner Pudel ist oder ein lustiger Fox-Terrier, dann sollten wir uns etwas einfallen lassen, wie wir die Neigungen und Veranlagungen, die uns mittlerweile bekannt sind, zu beiderseitigem Vergnügen ausbauen können.

Da fällt mir ein kleiner Pudel ein, der mir zeitlebens in Erinnerung bleiben wird, weil er der lebende Beweis dafür war, was ein verständnisvoller Hundefreund in den Tiefen der Hundeseele erwecken kann. Ich hatte das Vergnügen, im Österreichischen Fernsehen Herrn und Hund kennenzulernen: Rolf Kutschera, Direktor des Theaters an der Wien, und sein Pudel kamen zu mir in meine Sendung über Hunde. Sie boten ein Musterbeispiel von Mensch-Hund-Beziehung, zu dem es auch eine sehr beherzigenswerte Begründung gab, die etwa so lautete: »Ich gehe davon aus, daß ein Hund ein Lernwesen ist, das seelisch abstumpft und verkümmert, wenn man diesem seinem Bedürfnis nicht Rechnung trägt. So habe ich meinem Pudel nicht nur seit seiner frühen Jugend im Spiel nach und nach alle möglichen Kunststückchen beigebracht, ich machte noch mehr: Ich war früher einmal Schäferhundbesitzer und habe die ganze Schäferhunde-Ausbildung gelernt. Ich sagte mir, was ein Schäferhund kann, wird wohl auch ein Pudel lernen können. Und er hat ohne alle Schwierigkeiten alles gelernt, was ein ordentlicher

Polizeihund kann — wirklich, er hat sogar sehr viel Freude daran gehabt.« So berichtete Rolf Kutschera in diesem Interview, und sein Pudel schleckte mir bestätigend das Gesicht. Er war sehr freundlich, der kleine Hund, er hatte nicht die geringste Scheu vor Scheinwerfern und Kameras und zierte sich keine Sekunde, alle möglichen Kunststücke vorzuführen, teilweise — und das ist beachtlich — sogar ohne jede Aufforderung. Es machte ihm einfach Spaß!

Wer derartiges erreicht, hat das Leben seines Hundes inhaltsvoll gemacht, indem er die Möglichkeiten des Gehirns zur vollen Entfaltung brachte; eine derartige Entfaltung bringt aber zwangsläufig viel mehr als das Können, das so ein Hund vorführt; darum geht es im Grunde gar nicht so sehr. Weit entscheidender ist, daß das Erlernen all dieser Kunststückchen oder Arbeiten im Sinne einer Gebrauchshunde-Ausbildung einmal ganz grundsätzlich die Tätigkeit des Gehirns aktiviert. Wenn auch die höheren Zentren beim Hund bei weitem nicht den Umfang wie die des Menschen haben, so sind sie doch zu ganz beachtlichen Leistungen fähig. Aber diese grundsätzliche Befähigung hilft gar nichts, wenn jedes Lern-Training fehlt; es ist die Voraussetzung, daß der Hund dann von sich aus das Leben nicht nur triebmäßig, sondern auch sehr einsichtig meistert.

Das andere ist dann, daß er eben dadurch dem Menschen ganz besonders zugetan ist, etwa in dem Sinne: Jemanden, der so großartig ist, daß er einem soviel beibringen kann, den muß man ganz besonders verehren — das ist ein ganz großer Rudelführer!

Diese freie Übersetzung dessen, was in der Hundeseele vor sich gehen mag, ist sicher nicht übertrieben. Mehr als alle körperliche Überlegenheit imponiert dem Hund die psychische Überlegenheit, ob bei Artgenossen oder beim Menschen. Unter befreundeten Hunden werden die körperlichen Kräfte immer wieder gemessen, während die Frage der Autorität unangefochten bleibt. Sascha und Rana raufen gelegentlich mit einer Hingabe, daß es für einen Außenstehenden leicht wie blutiger Ernst aussieht. Rana stellt gern die körperliche Überlegenheit des Rüden in Frage und fordert ihn heraus; seine Führerrolle hingegen ist für sie selbstverständlich, und wenn er ruft, dann ist sie auf der Stelle da.

Mit diesem Rufen hat es seine Bewandtnis. Es kommt bisweilen vor, daß Rana so damit beschäftigt ist, durch das Gitter eines Zwingers mit den Dingos zu albern, daß sie nicht merkt, daß Sascha vor dem Haus auf sie wartet. Nützt es auch nichts, daß er ein Stück auf sie zugeht und durch seine Haltung — eine angedeutete Wendung in die gewünschte Richtung — zu erkennen gibt, daß er sie wegholen will, dann verbellt er entschlossen einen nicht vorhandenen Feind. Mit diesem Trick hat er Rana sofort zur Stelle, denn in einem solchen Fall läßt sie ihren Freund nicht allein; grimmig bellt sie dann mit, wobei sie planlos in der Gegend umhersieht und herauszufinden versucht, wo denn der Feind eigentlich steckt.

Auch dieses Zusammenhalten in der Gefahr wird in der Rudelordnungsphase aufgebaut, wie überhaupt die Selbstverteidigung schon sehr ausgeprägt sein kann. Eine Wölfin, die ich vor vielen Jahren aufzog, wurde in dieser Zeit Fremden, ja selbst flüchtig bekannten Menschen gegenüber ausgesprochen bissig. Ich könnte mir vorstellen, daß die Rückhaltlosigkeit, mit der ein Hund seinen Herrn verteidigt, gerade in dieser Zeit fundiert wird; lernt der Junghund jetzt nicht den Menschen als psychisch überlegenes Oberhaupt verehren und lieben, wird er auch später nicht sein Bestes leisten, wenn es darum geht, für seinen Herrn zu kämpfen.

Sehr genau beobachtet nun der junge Hund seinen Herrn und registriert seine psychische Überlegenheit ebenso sorgfältig wie dessen Unsicherheit oder Inkonsequenz. Er registriert auch, wenn sein Herr ihm seine Überlegenheit nur mit physischer Kraft demonstrieren will. Er merkt sich das gut und wird zu passender Gelegenheit seine Konsequenzen daraus ziehen. Ein Hund nämlich, der sich außerstande sah, in einem gefühlsrohen, seine Vormacht auf brutale Gewalt aufbauenden Herrn das überlegene »Leitbild« des klugen, umsichtigen, selbstsicheren Anführers zu finden, kann, wenn er erwachsen wird, seine Existenz nur dann gesichert sehen, wenn er sich selbst zum Rudelführer emporschwingt. Ich erinnere daran, daß es Junghunden gegeben ist, eine verlorengegangene Elternfürsorge zu ersetzen. Das ist auch jetzt der Fall. Natürlich wird gerade vor einem derartigen Herrn die Angst dominieren, da dem Hund die körperliche Überlegenheit klar ist; aber eines Tages wird es irgendeinen Moment geben, in dem er seine Angst vergißt und mit den Zähnen um seine Anerkennung kämpft.

Nicht anders ist das, wenn auch unblutig, wenn Hunde von sehr lieben älteren Damen aufgezogen werden, die ihrem Liebling wirklich nur das Beste wollen und gerade dabei Fehler über Fehler machen. Selbst der winzigste Zwerg- und Schoßhund — oft sogar mehr als manch großer Hund — hat noch ein ausgeprägtes Bedürfnis nach dem großen Meister, doch in dieser nach menschlichen Begriffen so sympathischen Betreuung voll überströmender Herzlichkeit findet das Hündchen nichts von dem, was ihm leitbildhaft erscheinen könnte. Ganz zwangsläufig werden alle diese Putzis und Mausis ganz ausgekochte Haustyrannen, die unerbittlich die Führungsrolle an sich reißen.

Das gemeinsame Jagen der Wölfe hat uns auf entferntere Themen gebracht. Zu Anfang hatten wir das erlernte und angeborene Können des Beutemachens betrachtet, und das wollen wir uns noch genauer ansehen. Was das Lernen angeht, so dürfte im Zusammenhang mit der Großwildjagd des Wolfsrudels wohl genug gesagt sein. Ich will nur noch erwähnen, daß es hier, beim Großwild, keinen Tötungsbiß gibt, was mir im Zusammenhang mit der verhältnismäßig spät entdeckten Möglichkeit, großes Wild zu jagen, recht bedeutsam erscheint. Die Methode, große Tiere zur Strecke zu bringen, ist nach unseren Maßstäben ungewöhnlich grausam; die hinter dem flüchtigen Wild herjagenden Wölfe gehen keinerlei Risiko ein und greifen nicht von vorn an, sondern springen dem Wild gegen die Flanken und Bauchseiten; sie reißen die Bauchdecke auf, bis das Tier erschöpft zusammenbricht. Möglich, daß auch Bisse in die Kehle vorkommen, aber nur dann, wenn keine Gefahr droht, von Geweih, Gehörn oder Hufen erfaßt zu werden.

Anders ist das bei Kleintieren. Ich erwähnte schon den Mäusesprung als angeborenes Verhalten. Ebenso erfolgt das Töten der kleinen Beute gezielt und gekonnt.

Eines Tages stand ich, an nichts Böses denkend, am Fenster und schaute den Hühnern meines Nachbarn zu, die friedlich auf der großen Wiese pickten und scharrten. Plötzlich schoß ein gelber Körper über das Grün, ein im Sonnenschein leuchtender Blitz, der haargenau in ein Huhn einschlug. Das Huhn sagte gar nichts, nur die anderen liefen flügelschlagend davon, aufgeregt gackernd. Ebenso schnell, wie er gekommen, raste der gelbe Räuber zurück – das weiße Huhn hocherhobenen Hauptes im Fang. Anrennen – Nackenkehlbiß – Zurückrasen, das alles spielte sich in einer Sekunde ab. Es war ein wirklich faszinierendes Schauspiel, das mich wegen seiner brillanten Aufführung begeisterte. Ein derart exaktes Agieren kann nur der Erfolg vieler Proben sein.

In Wahrheit hat es nie eine derartige »Probe« gegeben. Es war das erste Huhn seines Lebens, das Abo, der sechsmonatige Dingorüde, erbeutete – und das der Auftakt zu vielen weiteren sein sollte. Ich war sehr froh, das gesehen zu haben! Abo war mit seiner Schwester Suki im Haus aufgewachsen und praktisch Tag und Nacht unter Kontrolle gewesen. Ich weiß mit Sicherheit, daß er außer einigen Mäusen niemals bisher ein lebendes Tier zu fassen bekommen hatte. Wohl konnte er die Hühner oft aus der Nähe beobachten, niemals aber lernen, wie man ein Huhn tötet; er hatte bislang noch nicht einmal ein totes zu fressen bekommen. Wie aber kommt es, daß der jugendliche Hühnerdieb sein Handwerk so gut verstand? »Instinkt«?

Beruhte der gesamte Ablauf eines solchen Hühnerschlagens allein auf Erbkoordinationen, dann müßte ein Hund für die verschiedenen Kleintiere – ähnlich, wie ich das für die Großtiere ausführte – jeweils einen eigenen Instinkt haben, denn auch hier verlangt jedes Beutetier eine andere Jagd- und Tötungsform. Man kann einen Hasen nicht auf dieselbe Weise erbeuten wie ein Huhn oder eine Maus. Uneinsichtig ablaufende Beutefanghandlungen kann sich nur ein hochspezialisierter Räuber leisten, einer, der nur eine einzige Art von Beutetieren frißt. Der Mäuselsprung ist einer solchen Kette von Erbkoordinationen sehr nahe, sicher gibt es da wenig – verhältnismäßig wenig! – Lücken zwischen den einzelnen Gliedern, die durch Erwerbkoordinationen, also durch Lernen, ausgefüllt werden müssen. Das Wenige dieser Art wird wohl mit Hilfe von vorgeprägten Lerndispositionen bestritten. Das ist ein Hinweis darauf, daß die Hundeartigen von einstmals kleinen Mäusefressern abstammen müssen. Bei größeren Tieren, Hühnern oder Hasen, mögen auch noch etliche Erbkoordinationen eine gewichtige Rolle spielen — dazwischen aber klaffen die entscheidenden Lücken, die mit Erfahrung ausgefüllt werden müssen, um die Beutefanghandlung der jeweiligen Beute und Situation anzupassen.

Damit ist aber immer noch die Frage offen, wie es Abo wohl gelernt haben mochte, ein Huhn so absolut ziel- und erfolgssicher zu erbeuten. Die Antwort ist: im Spiel mit Artgenossen! Der amerikanische Forscher Fox hat einen aufschlußreichen Versuch gemacht. Er hat zunächst sechs Welpen getrennt von Hand aufgezogen. Während der ersten fünf Lebenswochen hatte keiner der Welpen irgendwelche Kontakte mit Artgenossen. Als die Welpen mit dem Bild eines Hundes konfrontiert wurden, konnte keiner damit etwas anfangen, es sagte ihnen nichts. Daraufhin ließ Fox jeden von ihnen genau 30 Minuten lang mit normal aufgewachsenen Welpen spielen. Als er ihnen danach abermals das Hundebild vorführte, versuchten sie, den aufgemalten Hund an Kopf und Genick mit den Zähnen zu fassen.

Die erfahrungslos aufgezogenen Welpen hatten also in dieser so kurzen Zeit gelernt, wie man sich beim Kampfspiel am Kopf und im Genick faßt. Hier handelt es sich also ganz offensichtlich um präadaptiertes Lernen. Die Lerndisposition, für die im Gehirn bereits eigene Schaltstellen eingerichtet sind, ist aber sehr »offen«. Ich will damit sagen, daß sich nur eine Art Schema einprägt: Das, was da vorn abgesetzt am Hals sitzt und Augen hat, das ist der Kopf; wenn man dicht dahinter anpackt, dann hat man das Tier fest und dann »überkommt« es einen zu schütteln (die lustbetonte Erbkoordination). Erinnern wir uns auch daran, daß auch unser Kopf vom Hund sehr gut als solcher verstanden wird, daß schon der ganz kleine Welpe, kaum daß er richtig sehen kann, begreift, wo unsere Augen sind und wo der Mund, den er ganz richtig mit den Lefzen seiner Artgenos-

Jungrüde Aboriginal rupft instinktsicher die erste Taube seines Lebens.

sen identifiziert. Es muß wohl so sein, daß die Beobachtung eines Huhnes – vielleicht nur für kurze Sekunden – genügt, um seine Anatomie zu erfassen. Die Zielsicherheit ist dann eine im Welpenspiel geübte Fähigkeit wie die Erfahrung, auf welche Weise man eine größere Beute fortträgt, ohne daß man darüber stolpert. Jeder Welpe hat das ausgeprägte Bedürfnis, größere Gegenstände – unsere Pantoffeln, ein Buch oder eine Tischdecke – fortzutragen; man kann dann auch so wunderschön Beutezerreißen üben!

Noch eine Erfahrung mag hinzukommen. Bei Abo etwa die: es hat prächtig geklappt. Man muß nur fest zupacken, blitzschnell einen Kopfschüttler machen, und schon kann man das leblose Huhn forttragen. Und weil das so wunderschön geklappt hat, hat Abo bei seinen letzten Beutezügen im Dorf immer gleich fünf Hühner hintereinander umgelegt (das Ablaufen von Erbkoordinationen, besonders wenn sie lange aufgestaut waren, ist stets von Lustgefühlen begleitet).

Da wir schon dabei sind: auch gleich etwas über die weitere Verwertung eines solchen Fangs. Zunächst einmal ist sehr bezeichnend, daß die Beute nach Hause getragen wird. Das ist das Normalverhalten. Wer jetzt dem Hund das Huhn um die Nase schlägt, verleitet ihn eigentlich nur, künftig klüger zu sein und es irgendwo in einem Versteck aufzufressen. Da ich schon bei Konrad Lorenz gelesen hatte, daß es völlig hoffnungslos ist, einem Dingo das Jagen abzugewöhnen, hielt ich mich nicht damit auf, sondern lobte Abo und nahm ihm das Huhn aus dem Fang, um es ihm später wiederzugeben. So erreichte ich wenigstens, daß ich auf dem laufenden war, wie viele Hühner meine Dingos rissen, denn sie lieferten sie ab. — Das gab mir auch die Möglichkeit, zu kontrollieren, ob es sich wirklich stets um erstklassige Legehühner handelte, wie behauptet wurde.

Aber jetzt lernen wir gleich noch eine Erbkoordination kennen, nämlich das Rupfen. Auch das hat Abo niemand beigebracht, und doch konnte er es auf Anhieb. Das systematische Abrupfen der Federn am Bauch ist der Anfang. Der Bauch selbst wird beim ersten toten Vogel — so scheint es mir wenigstens — erst einmal gesucht; da wird lange mit der Nase geschnuppert und getastet, das Tier umhergedreht und jede Stelle geprüft. Schließlich ist es klar, wo der Bauch ist, dessen Inhalt dann auch als erstes gefressen wird. Die Geschmacksrichtungen sind halt verschieden; für Hunde sind prall gefüllte Eingeweide eine besondere Delikatesse!

Fassen wir also zusammen: Die im kindlichen Spiel ausgebildeten Fähigkeiten werden beim freilebenden Hund im fünften und sechsten Monat am Ernstfall erprobt. Eine abermals besondere Lernwilligkeit bedingt, daß der Junghund aus der Anleitung des erfahrenen Althundes bei Jagd und Feindbekämpfung bzw. Feindvermeidung seine Fähigkeiten weiterhin verbessert und schult. Außerdem erfährt er die Vorteile und Möglichkeiten gemeinsamer Aktionen, die Feinheiten der Zusammenarbeit und den Sinn des Füreinander-Einstehens. Er richtet seine eigene Stellung nach der psychischen Überlegenheit des Leittieres aus, er findet in der Anerkennung der Autorität Befriedigung und entwickelt seine Gefolgschaftstreue.

Alles in allem wieder ein wichtiger Abschnitt im Leben des heranreifenden Hundes, der genauso im Zusammenleben mit dem Menschen Berücksichtigung finden muß. Der Mensch muß der selbstsichere, der erfahrene Lehrer sein, der nun ganz gezielt die vorhandenen Anlagen zur bestmöglichen Entfaltung bringen wird, um die Umweltoffenheit des vierbeinigen Freundes zu bewahren.

Pubertät und Reife

Es hat sich auf Grund eines Vorschlages des hundeforschenden Ehepaares Menzel eingebürgert, von einer Pubertätsphase des Junghundes zu sprechen. Sie beginnt nach dem Ende des sechsten Lebensmonats und reicht bis zum Eintritt der Fortpflanzungsfähigkeit. Diese beginnt nun bei sehr vielen unserer Hunde bereits mit sieben Monaten, wodurch die Pubertätsphase sehr kurz werden kann. Ich habe bei meinen Dingos die erste voll ausgeprägte Läufigkeit – die »Hitzeperiode« der Hündin – bereits bei der genau sieben Monate alten Suki gesehen, und ich konnte feststellen, daß Rüden in diesem Alter deckfähig sind.

Es gibt auch genug spätreife Rassen, die erst mit elf oder zwölf Monaten fortpflanzungsfähig werden. Man sagt, man solle eine Hündin nicht vor dem 14. Monat decken lassen; man kann ruhig ein Stück zulegen und die Hündin 20 bis 24 Monate alt werden lassen, ehe man ihr einen Rüden zuführt, speziell dann, wenn es sich um Hunde schwerer gebauter Rassen – die Zeit zum »Ausreifen« haben sollen – handelt.

Auf das Züchten möchte ich später noch zurückkommen und hier noch bei jener unterschiedlich langen Pubertätsphase bleiben. Verhaltensmäßig bringt sie uns eigentlich nichts Neues. Denken wir wieder an das Wolfsrudel: Die Jungwölfe jagen im Sozialverband mit ihren Eltern, bei denen sie bis zum Januar oder Februar bleiben. In dieser Zeit werden nur die Erfahrungen, die in der Rudelordnungsphase gemacht wurden, ausgebaut und vertieft.

Dementsprechend bringt auch unser Verhältnis zum Hund in dieser Zeit nichts Neues. Wir achten auf ein gutes Zusammenspiel, das wir inzwischen schon zu Unterordnungsübungen ausgebaut haben. Wenn wir daran denken, eine geregelte Ausbildung des Hundes (und des Hundeführers!) vorzunehmen, werden wir uns jetzt umsehen, wo sich hierfür Gelegenheit bietet. Überlassen wir es dem erfahrenen Blick des Ausbildungsleiters, wann wir beginnen. Mancher Hund ist früher reif, mancher sollte noch ein wenig Zeit bekommen. Der Ausbildungsleiter wird auch gute Ratschläge geben können, was wir schon vorbereitend mit dem Hund unternehmen können und was wir lieber lassen sollen. Es kann auch ein Zuviel an Erziehen und Unterricht geben, gerade in diesem Alter. Der Ehrgeiz, möglichst schnell einen »guterzogenen« und fertig ausgebildeten Hund zu haben, hat schon so manchen Hund völlig verdorben. Geduld sollte im Umgang mit dem Hund immer unsere erste Tugend sein — wie viel Geduld hat der Hund doch mit uns!

Die Geruchskontrollen

Da nun die Zeit heranrückt, da unser Rüde durch sein Beinheben sein Erwachsenwerden beweist und die Hündin bald zur ersten Läufigkeit gelangt, möchte ich jetzt auf ein Thema kommen, das mit diesen Dingen sehr viel zu tun hat. Ich meine jenes Ausdrucksverhalten, das mit dem Eigengeruch in Zusammenhang steht. Diese »geruchlichen Ausdrucksstrukturen« spielen beim Hund naturgemäß eine überragende Rolle, und ihnen ist auch sehr viel von jenem Ausdrucksverhalten zugeordnet, das wir als optischen Ausdruck bereits geschildert haben.

Vermittlerorgan ist die Nase, deren Leistungsfähigkeit ich ebenfalls schon geschildert habe. Ich bringe hier ein Bild vom sogenannten Nasenspiegel des Hundes, das zeigen soll, wie kompliziert die Struktur jener schwarzen, stets feuchten Nasenkuppe ist, die als äußerer Schutz dieses Organs zu sehen ist, aber auch als auffälliges optisches Signal dient.

Wenn sich zwei fremde Hunde begegnen, gehen sie mit langem Hals und waagrecht vorgestreckter Schnauze aufeinander zu und versuchen schon aus der Entfernung, die Witterung des anderen zu erfassen. Auf diese Weise kommt man sich so nahe, daß sich die Nasenspitzen fast berühren. Das ist die »naso-nasale Kontrolle«, das von Nase-zu-Nase-Beschnuppern, das bei miteinander gut bekannten Hunden viel seltener zu sehen ist,

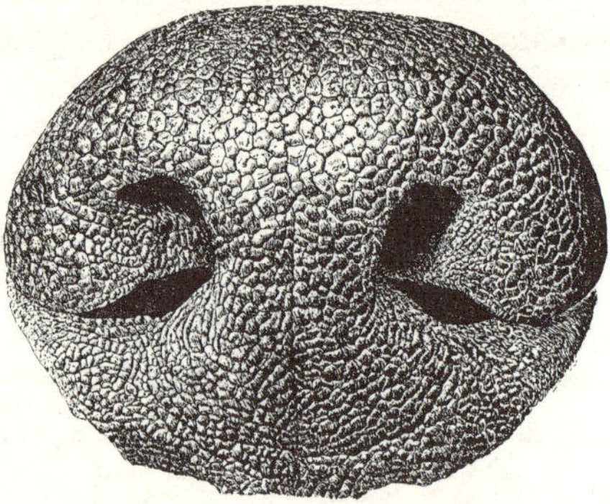

»Nasenspiegel« eines Dingos.

da hier bereits intimere Kontrollen erlaubt sind. Die ganze Körperhaltung macht es unmöglich, unvermittelt gegen den anderen zu springen. So sind die Hunde vor Überraschungsangriffen sicher und sie haben Zeit, die Reaktion und Gestimmtheit des anderen zu erkunden. Sollte der andere nun — etwa ein älterer Rüde — ein unfreundliches Gesicht machen und gar die Haare sträuben, kann man sich schnell zurückziehen, will man es auf eine Herausforderung nicht ankommen lassen. Ist der andere hingegen ebenfalls friedlich gestimmt und gibt er zu erkennen (z. B. durch Schwanzwedeln), daß er nichts Böses im Schilde führt, dann wird dieser Nasenkontakt zur Einleitung eines Begrüßungszeremoniells, dessen Ablauf auf die geruchlichen Ausdrucksstrukturen abgestimmt ist.

Den Nasenkontakt sehen wir auch bei den Vorspielen des Paarungsverhaltens, die in der Zeit zu beobachten sind, in der sich die Läufigkeit der Hündin langsam vorbereitet. Ähnlich gehen auch befreundete Hunde frontal aufeinander zu, um die

Nasenkuppen aneinanderzubringen, doch in diesen beiden Fällen fehlt dabei die gespannte Körperhaltung, wie sie bei einander fremden Hunden üblicherweise zu sehen ist. Man wedelt vielmehr von vornherein sehr freundlich, Haltung und Bewegungen sind frei und gelöst. Man kann das so übersetzen wie »Hallo Kumpel, wir kennen uns schon, deine Nase kommt mir bekannt vor!«

Sosehr sich die menschliche Nase von der Hundenase unterscheidet, so wird sie doch vom Hund als solche erkannt, und wenn uns unser Hund einmal frontal die Nase hinstreckt, dann wissen wir, wie es gemeint ist. Begegnen wir auf einem Spaziergang einem fremden Hund, der keine Tendenzen zeigt, unseren ausdruckssicheren Rex oder Fifi in der geschilderten Weise anzuschnuppern, dann stimmt etwas nicht. Es handelt sich dann mit ziemlicher Sicherheit um einen unhöflichen, instinktlosen Rüpel. Anders ist die Sachlage, wenn sich ein Fremdling auf das von unserem Hund bewachte Gartengrundstück einschleicht. In diesem Fall ist man nicht verpflichtet, den anderen zu begrüßen, sondern man wird ihm lautstark erklären, daß er hier nichts zu suchen hat, und diese Erklärung notfalls auch mit gefletschten Zähnen unterstreichen; es hilft — kein Hund kämpft gern auf fremdem Boden. Großstadthunde, die sehr viele und darunter auch unangenehme Hundebegegnungen erlebt haben, sind häufig aus Erfahrung heraus nicht immer daran interessiert, schon wieder einen Hund kennenzulernen. Sie wenden den Blick ab und sind plötzlich sehr intensiv mit anderen Dingen beschäftigt. Ist nun unser Hund höflich, wird er das respektieren, seine Begrüßungsnase wieder einziehen und weitergehen, als hätte er den anderen auch nicht gesehen. — Also immer die gesamte Situation überblicken, will man Schlüsse auf das Instinktverhalten unserer Hunde ziehen!

Nach jener naso-nasalen Kontrolle gehen die Hunde aneinander entlang und bringen die Nasen in Richtung des gegenteiligen Körperendes. Damit sind wir bei den geruchlichen Ausdrucksstrukturen, die uns jetzt beschäftigen sollen. Wir wollen dabei aber nicht gleich beim Hinterende des Hundes anfangen, sondern zuerst die anderen Möglichkeiten betrachten.

Von den geruchlichen Ausdrucksstrukturen, die der Welpe in der vierten Lebenswoche an seinen Geschwistern entdeckt, spielen zunächst jene der Kopf- und Halsseiten eine untergeordnete Rolle. Möglicherweise entdeckt er sie als etwas Besonderes bei seiner Mutter, etwas später im Spiel mit dem Vater. Wir kennen schon das schnuppernde Bohren im Fell jener Körperpartien, das sich aus dem typischen Fellbohren des Saugwelpen entwickelt hat.

In erster Linie ist dieses Verhalten beim Paarungsvorspiel zu sehen, wie das Seitz und Eisfeld beschreiben. Beide Beobachter unterstreichen den Aufforderungscharakter dieses Fellbohrens. Meinen Beobachtungen zufolge macht das auch der größere Welpe bei seiner Mutter, und es kann gelegentlich als Spielaufforderung gedeutet werden. Soweit wäre das alles klar, wenn nicht die Frage hinzukäme, warum es ausgerechnet die Kopf- und Halsseiten und die Schulterpartie sind, die als einzige Ziele für das Nasenstupsen dienen. Warum wird nur hier im Fell gebohrt und nur hier geschnuppert? Warum nicht genauso irgendwo am Rücken oder in den Flanken?

Wir könnten jetzt sagen, das ist eine rein akademische Frage, die wir als Hundehalter nicht unbedingt lösen müssen. Sie bringt uns aber auf eine komplementäre Verhaltensweise, die uns als Hundehalter bestimmt schon einmal beschäftigt hat und die uns gelegentlich sehr unangenehm auffällt. Manchmal ist sie sogar direkt widerlich und könnte uns fast die Freude am Hund verderben. Erfahrene Hundeleute wissen schon, worauf ich hinauswill: auf jene merkwürdige Hundesitte nämlich, sich Kopf-, Hals- und Schulterseiten mit stark duftenden Substanzen zu parfümieren.

»Stark duftende Substanzen« ist hier die Umschreibung für frische Hinterlassenschaften von Rindern, Menschen, Schweinen und anderem Getier, für den grasgrünen Inhalt eines Rindermagens, unter Umständen sogar Malerfarbe (frisch gestrichene Gartenzäune!). Einmal beobachtete ich eine Hündin, die sich an einem Pfahl rieb, der vielen Rüden zum Beinchenheben gedient hat. Erstmals sah ich dieses Verhalten bei einem etwas mehr als drei Monate alten Welpen, als er — für ihn etwas ganz

Neues! — einen Hundekuchen bekam. Er trug ihn ein Stück von den Geschwistern weg, warf ihn auf den Boden und wischte mit Kopf- und Halsseiten darüber weg, mehrmals hintereinander, erst dann knabberte er ihn an. Wenn ein Hund — wie das bei einer so kopfreichen Hundehaltung, wie ich sie hier betreibe, oft genug vorkommt — eine ihm fremde Futterschüssel vorgestellt bekommt, wird er diese in der Regel ebenfalls mit den Kopf-, Hals- und Schulterseiten reiben, ehe er daraus zu fressen beginnt. Auch an Wasserschüsseln habe ich das schon beobachtet.

Wenn meine rotgelben Dingos vorne prächtig grün sind, so stört das nicht besonders. Der Inhalt der Rinderpansen, die ihnen ungeöffnet vorgelegt werden, wird von ihnen sehr gern aufgefressen, er ist wohl das natürlichste »Gemüse«, das man Hunden vorsetzen kann. Aber wenn unser Hund vom Spaziergang mit kotbeschmierten Halsseiten heimkommt, da hört der Spaß dann eigentlich auf. Leider kann man nichts dagegen machen als aufpassen und ihm, sobald man merkt, was er vorhat, ein lautstarkes »Pfui« in die Ohren jagen und ihn gege-

Halsseitenreiben der Mischlingshündin Bente.

benenfalls zurückreißen. Wenn er ganz harmlos an einer Haus- oder Zaunecke schnuppert, um sich danach daran zu reiben, ist das vergleichsweise noch ertragbar, denn es handelt sich — falls der Zaun nicht frisch gestrichen ist — nur um Duftmarken seiner Artgenossen, die unserer Nase ohnehin weitgehend verborgen bleiben. Bleibt er aber nach Beschnuppern unappetitlicher Dinge am Erdboden stehen, um sich vorne niederzulassen, wobei er den Vorderkörper nach einer Seite wendet, dann ist höchste Gefahr im Verzuge! Häufig wälzt sich unser Freund nach dem Halsseitenreiben noch ganz verzückt in jenen selbst unserer unterentwickelten Nase noch bestialisch erscheinenden Duftträgern.

Das Nasenstupsen und Fellschnuppern könnte also recht gut die Frage bedeuten: »Womit hast du dich wieder so herrlich parfümiert?« Aber *warum* sich unsere Hunde auf diese Weise parfümieren — diese Frage kann ich nicht beantworten, und, soweit ich die Fachliteratur kenne, ist sie auch noch nicht beantwortet worden. Manchmal denke ich, es könnte so sein, daß so eine prächtige Duftwolke das Ansehen im Rudel steigert, aber wahrscheinlicher ist, daß man damit den Eigengeruch — den Raubtiergeruch — übertönt, um sich unbemerkter dem Wild nähern zu können. Das wäre eine Deutung, aber eben nicht mehr.

Ein neugebackener Hundehalter gewöhnt sich nur mühsam daran, daß sein Liebling für nichts mehr Interesse zeigt als für den Duft jener Körperpartien seines Artgenossen (und peinlicherweise auch seines zweibeinigen Freundes), über die man im allgemeinen nicht so gerne spricht. Da in den meisten Hundebüchern die wunderschöne Seele des Hundes, seine Treue bis in den Tod und sein überwältigendes Verlangen, gescheiter als der Mensch zu sein, gepriesen werden, kurz, die unbestrittenen Sonnenseiten des Hundes im Vordergrund stehen, halte ich es hier für angebracht, auch von dem zu sprechen, was man als die Schattenseiten bezeichnen könnte. Der Ausdruck mag da zutreffen, wo gedanken- oder gar skrupellose »Züchterkunst« aus gesunden, natürlichen Geschöpfen arme, bedauernswerte Kreaturen geschaffen und sich dem Hund gegenüber schuldig gemacht hat; er mag auch da zutreffen, wo der Hund aus verständnisloser Haltung und Behandlung heraus zum Neurotiker oder asthmatischen Fettberg geworden ist. Ich möchte aber doch meinen, daß die natürlichen Verhaltensweisen, die sich in Jahrmillionen herausgebildet haben und die im Dienste jener sorgfältig entwickelten Sozialnatur des Hundes stehen, die ihn uns so nahe gebracht hat, auch dann nicht wirkliche Schattenseiten sind, wenn sie sich in Regionen bewegen, die uns nicht so ganz passen.

Ich habe es schon so oft erlebt, wie sonst ganz vernünftige Leute laut schreiend ihren braven Hund an der Leine zurückgerissen haben, weil er es sich einfallen ließ, den Hund des Nachbarn unter dem Schwanz zu beriechen. Wer so wenig Verständnis für die Welt des Hundes aufzubringen vermag, dem sollte das Hundehalten polizeilich verboten werden! Ich erspare ganz bewußt dem Leser das aller-, allerwichtigste Kapitel im Bereich der auf das Sozialleben des Hundes geprägten geruchlichen Ausdrucksstrukturen nicht. Wir müssen uns die zentrale Bedeutung dieser Dinge ganz unvoreingenommen vor Augen führen, es so gut zu verstehen suchen, wie wir das als »Nicht-Riecher« nur können, um der Natur des Hundes gerecht zu werden.

Die Natur hat es nun einmal so eingerichtet, daß bei den Hunden in der Umgebung des Afters Hautdrüsen liegen, die Geruchsstoffe erzeugen. Es sind das die Anal-, Zirkumanal- und Analbeuteldrüsen. Wir merken zwar nichts von ihren Produkten, aber für die feine Nase des Hundes dürften sie im übertragenen Sinne etwa den gleichen Aussagewert haben wie für den Zollbeamten der Reisepaß eines Menschen. So wie jener durch ihn den Reisenden identifizieren kann, stellt der Hund die Individualität eines Artgenossen an jenem spezifischen Duft fest.

Mein Vergleich paßt auch in anderer Hinsicht. Wenn uns jemand nach unserem Paß oder anderen Papieren fragt, so vergewissern wir uns erst einmal, ob er überhaupt berechtigt ist, das zu verlangen. Er muß sich also selbst erst legitimieren, falls ihn nicht seine Uniform bereits legitimiert. Der Polizeibeamte oder der Grenzbeamte sind zu solchen Kontrollen berechtigt, sie haben während ihrer Dienststunden uns gegenüber ein soziales Vorrecht.

In der Hundegesellschaft ist die Kontrolle jener Drüsenprodukte in gewissem Sinne ein soziales Vorrecht, das vor allem ranghohen Rüden zukommt. Sie dürfen kontrollieren, und sie allein lassen sich auch ohne jede Einschränkung kontrollieren, sie präsentieren betont die Analregion. Wie sich der Grenzbeamte durch seine Uniform ausweist, so weist sich der Hund durch seine Haltung aus. Er präsentiert die Analregion und sagt damit, daß er sich überlegen fühlt. Anerkennt der andere Hund diese Überlegenheit, so drückt er das dadurch aus, daß er sich bemüht, seine eigene Analpartie so wenig als möglich zu präsentieren; anerkennt er sie nicht, wird er dem anderen in der gleichen Haltung gegenübertreten.

Hier sind also auch optische Ausdrucksstrukturen mit im Spiel. Genauer gesagt: sie dominieren sogar zunächst, denn von ihnen hängt es ab, ob geschnuppert werden darf oder nicht. Wir können nicht beurteilen, ob der Individualgeruch mehr aussagt als »das bin ich«, ob er etwa auch die Ranghöhe des Individuums zum Ausdruck bringt. Da aber so auffallende Sichtzeichen zur Demonstration der Ranghöhe vorhanden sind, können wir vielleicht den Schluß ziehen, daß hier wirklich nicht mehr geboten wird als die jeweilige Individualität.

Auf jeden Fall ist, wie Schenkel es ausdrückt, die Afterkontrolle ein sehr wirkungsvoller Ausdruck sozialer Initiative. Auf unseren Spaziergängen haben wir oft genug Gelegenheit, das festzustellen. Nach dem Nase-zu-Nase-Kontakt stellen sich die einander fremden Rüden Körper an Körper, um sich genauer kennenzulernen und sich den Individualgeruch des anderen einzuprägen. Sie beschnuppern sich hinten sorgsam, und von da ab besteht zwischen beiden Tieren eine Beziehung: Man kennt sich.

Bleiben wir noch beim Geruchsbild. Gewisse Drüsen dieser Region parfümieren auch den Kot. Wenn unser Hund an der Hinterlassenschaft eines anderen Hundes schnuppert, so erfährt er, ob er deren Produzenten persönlich kennt oder nicht. Sicherlich kann er auch feststellen, ob es sich um eine Hündin oder einen Rüden handelt. Hunde sind nicht nur soziale Lebewesen, sie sind auch sehr territorial bestimmt. Es ist ihnen also wichtig zu wissen, wer in einem Territorium, das sie selbst begehen, wann gewesen ist. Wir wissen, daß Hunde in der Lage sind, auf Grund des Geruchs eine zeitliche Einordnung zu treffen. So sagt unserem Hund das Häufchen am Wegrand, daß Nachbars Flocki heute viel zeitiger von seinem Herrchen ausgeführt worden ist als in den letzten Tagen. Das ist für ihn eine ganz interessante Feststellung. Soziale Lebewesen lieben solche Feststellungen; Frau Meier am Fenster vis-à-vis registriert es auch, wenn wir mit unserem Hund diesmal schon um zwei statt wie sonst um drei spazierengehen und denkt sich allerlei, denn es muß ja einen sicherlich interessanten Grund hierfür geben. Wir sind nur allzuschnell bereit, das Verhalten besagter Frau Meier als »lästige Neugier« zu verdammen. Möglicherweise ist es das, aber die Wurzel hierfür liegt auf jeden Fall im gesunden Sozialverhalten des Menschen. Zu wissen, was wer wann und wo tut, ist für die Sippe lebenserhaltend in jener Zeit gewesen, in der sich die heute noch existenten sozialen Strukturen des Menschen entwickelt hatten. Der Mensch ist in dieser Hinsicht immer noch ein Mitglied der Urhorde, genauso wie unser folgsam an der Leine laufender Hund in seinem verhaltensmäßigen und psychischen Zuschnitt immer noch ein Rudeltier ist. Daß wir seine Verhaltensweisen in vielen Fällen so vermenschlichend interpretieren können, liegt daran, daß tatsächlich gleichartige Sozialstrukturen bei Mensch und Hund vorhanden sind.

Unser Hund, der den Individualgeruch eines bestimmten anderen Hundes bereits kennt, kann aber auch dann feststellen, daß jener kürzlich die Kaiserstraße entlanggelaufen ist, wenn kein Häufchen am Wege liegt. Er riecht nämlich die Schweißabdrücke seiner Pfoten!

Diese Duftspur kommt dadurch zustande, daß die harten Sohlenballen und die Zehenballen sehr viele Schweißdrüsen enthalten, die stark Sekrete absondern. Wie wohl jedem Hundefreund bekannt, sind die Schweißdrüsen der Haut beim Hund verkümmert; er schwitzt nur an den Pfoten. Das reicht allerdings für den Wärmehaushalt nicht aus, die Regulation erfolgt beim Hecheln, jener lauten Atmung durch das geöffnete Maul bei weit hervorhängender Zunge. So kühlt sich der erhitzte

Hund ab. Ein laufender Hund hinterläßt also eine Duftspur, die einer gesunden Hundenase nicht verborgen bleibt. Unser Hund beschnüffelt sie ein Stück weit und weiß dann ganz genau: Nachbars Flocki ist vor einer Stunde hier gelaufen, und zwar in Richtung Domplatz. Zwei Fragen stellen sich uns dabei: Kann ein Hund etwas Gemeinsames in dem analen Individualgeruch und der Duftspur der Sohlenballen wahrnehmen? Woran erkennt er die Laufrichtung der Spur?

Zu der ersten Frage gibt es ein hübsches Experiment, das der große Förderer der Verhaltensforschung Otto Koehler in einem Vortrag beim Kynologischen Weltkongreß in Dortmund 1956 geschildert hat. Es ging dabei um die von dem hundeforschenden Ehepaar Menzel entwickelte Dressur auf den »Riech«. »Jeder der etwa zehn Zuschauer«, so berichtet Koehler, »mußte vom Boden einen der massenhaft herumliegenden Kiefernzapfen aufheben und eine Minute lang in der geschlossenen Hand halten; dann markierte er ihn unauffällig und warf ihn wieder hin. Der nun hereingeführte Hund beschnüffelte einen von uns unter den Achseln — welchen, das durften wir bestimmen. Dann ließ sein Führer ihn los, und auf den Befehl ›Such den Riech‹ stöberte er so lange an immer neuen Kiefernzapfen herum, bis er plötzlich einen aufnahm und ihn dem Führer brachte. Es war jedesmal der, den der vom Hund Berochene hingeworfen hatte. Der so dressierte Hund erkennt also, was der Achsel- und Handgeruch eines Menschen gemeinsam haben, eine bewundernswerte sensorische Abstraktion, die wohl kein Mensch fertigbrächte.«

Wir können uns demnach ohne weiteres vorstellen, daß analer Individualgeruch und Fußschweiß eines Hundes als zusammengehörend erkannt werden. Wie wichtig diese Fähigkeit im Leben eines Wolfsrudels sein mag, bedarf keiner ausführlichen Begründung.

Das Bestimmen der Laufrichtung beruht auf einer nicht weniger erstaunlichen Abstraktionsleistung. Bekanntlich verströmt der Geruch, d. h. er breitet sich aus, die Duftmoleküle wandern von dem Ort, wo sie abgesetzt wurden, ab. Je älter eine Duftmarke ist, um so weniger bleibt von diesen flüchtigen

Geruchsträgern übrig; schließlich verlöscht sie ganz. Sind nun noch genügend Duftmoleküle auf einer Spur, so kann der Hund, der ihr ein Stück entlangläuft und sie mit tiefer Nase kontrolliert, aus dem Duftgefälle erkennen, in welcher Richtung der Vorgänger gelaufen ist: Folgt er der Spur gegen die Laufrichtung, wird der Duft immer geringer, folgt er in der Laufrichtung, wird er stärker.

Dieser kleine Exkurs in die Fährtenarbeit ergänzt das im Kapitel über das Spiel Gesagte und soll hier weiterhin erhellen, wie wichtig die geruchlichen Ausdrucksstrukturen für das soziale Rudeltier Hund sind.

Ganz aufregend wird es aber für einen Rüden, wenn er den Duft einer läufigen Hündin feststellt. Es muß sich hier um einen Duft handeln, der eine große Fernwirkung hat — das weiß wohl jeder, der eine Hündin besitzt und in einer Gegend wohnt, wo es viele freilaufende Hunde gibt. So wurde ich kürzlich aus einer Nachbarortschaft angerufen, ob ich Hunde vermißte, denn es seien plötzlich viele Hunde da, die man noch nie hier gesehen habe. Mir fuhr der Schreck in die Glieder, denn wenn ein Dingo auskommt, dann bedeutet das meistens, daß die Hühnerbestände der Gegend stark dezimiert werden, und meine Dingos haben offenbar eine Vorliebe für ganz besonders gut legende, äußerst wertvolle Hennen und prämiierte Zuchthähne (wenigstens steht das dann so auf den Rechnungen!). Ich zählte also eilends die Häupter meiner Lieben und stellte mit Erleichterung fest, daß mein Volk vollzählig versammelt war. Mitarbeiterin Eva fuhr nun schnell einmal in dieses Dorf, um sich die Sache anzusehen. Tatsächlich gab es eine kopfstarke Versammlung von Rüden; einige kannte sie persönlich aus viele Kilometer entfernten Dörfern!

Die Funktion des starken Läufigkeitsduftes — den wir natürlich auch nicht wahrnehmen — ist wohl klar. Wie immer und überall geht es um die Arterhaltung, in der die Fortpflanzung eine zentrale Stellung einnimmt. Die Brunft einer Hündin darf nicht übersehen werden, um so weniger, als sie ja höchstens zweimal im Jahr eintritt und eine Hündin normalerweise nur wenige Jahre der Vermehrung ihrer Art zur Verfügung steht.

So muß also unbedingt weithin signalisiert werden, daß das physiologische Geschehen im Fortpflanzungssystem der Hündin jenen Stand erreicht hat, in dem eine Befruchtung möglich ist. Was neben jenem Brunftgeruch dabei noch alles geschieht, wird uns in einem späteren Kapitel beschäftigen.

Zu dem Thema »Beschnuppern« ist noch zu sagen, daß natürlich bei der Begegnung einander fremder Hunde nicht nur der anale Individualgeruch kontrolliert wird, sondern auch der genitale Geruch, denn schließlich ist die Frage, ob man es mit einer Hündin oder mit einem Rüden zu tun hat, von wesentlicher Bedeutung. Zum Abschluß noch die Frage, ob die »anogenitale Kontrolle«, wie wir diesen Komplex des Sich-hinten-Beschnupperns nennen, über das Kennenlernen des Individualgeruchs hinaus noch eine weitere Funktion im Zusammenleben der Hunde hat. Das freie Präsentieren jener Zone erwähnten wir schon; es signalisiert jedenfalls Stärke und Macht. Das Gegenteil, nämlich Verbergen, bedeutet dann Demut und Ergebenheit, unter Umständen sogar Angst — wieder ergänzen optische Signale das Duftbild. Kontrollieren eines ohnehin schon längst bekannten Rudelmitgliedes wird zur Rangdemonstration, zu einer mehr symbolischen Handlung, mit der der Rudelführer seine Herrschaft bestätigt. Niederrangige Rüden im Rudel kontrollieren niemals — es steht ihnen nicht zu. Auch Hündinnen kontrollieren nicht oder nur ausnahmsweise, es sei denn, es geht um ihre Welpen. Diese werden natürlich stets und wiederholt ano-genital kontrolliert, solange sie im Nest sind; laufen sie draußen herum, tut der Vater das gleiche, zunächst wohl mehr aus dem Bestreben, die neuen Familienmitglieder genau kennenzulernen, später aber auch, um den Welpen zu demonstrieren, wer hier das Kommando führt. Hundeväter sind, wie wir wissen, sehr streng und legen größten Wert auf Disziplin.

Der Eigengeruch als Visitenkarte

Wir haben bislang mehr darauf geachtet, was der Hund mit den Gerüchen anderer Hunde anfängt, da wir vom Welpen in der Übergangsphase ausgegangen sind, der als erstes sichtbares Zeichen, daß er sich zu einem sozialen Lebewesen entwikkelt, seine Geschwister und seine Mutter eingehend mit der Nase zu untersuchen beginnt. Jetzt wollen wir betrachten, was der Hund mit seinen eigenen Gerüchen anstellt.

Zweckmäßigerweise beginnen wir mit der olfaktorischen Eigenkontrolle, dem Beschnuppern des eigenen Körpers sowie der Kontrolle der eigenen Ausscheidungen. Für uns als Hundehalter ergeben sich da mancherlei Anregungen und Nutzanwendungen.

Das Sich-selbst-Beschnuppern gehört in den Funktionskreis des Komfortverhaltens. So pflegen sich die Verhaltensforscher auszudrücken, wenn sie alle Handlungen zusammenfassen, die der Eigenpflege eines Tieres dienen. Wir Menschen verwenden hierfür den Überbegriff Hygiene.

Man könnte über das Komfortverhalten unserer Hunde ein dickes Buch schreiben, denn es gibt da mindestens ebensoviel zu erzählen wie über unsere eigene Hygiene. Als Hundehalter sollten wir uns mit der Hygiene unseres Hundes eingehend befassen, zu seinem und zu unserem Nutzen. Im Freileben unserer Hundeahnen war das alles ganz einfach und von der Natur bestens gelöst. Dann aber kam der Mensch und züchtete die harmonisch in ihre Welt eingepaßten und ausgerüsteten Tiere mit gekonnter Verständnislosigkeit um. Die Strafe folgte auf dem Fuße: Jetzt muß er sich selber um die Pflege seiner Umkonstruktionen kümmern, denn er hat es zwar geschafft — um nur ein Beispiel anzuführen —, dem Scotchterrier ein Fell anzuzüchten, das bis auf den Boden reicht, er hat aber im Eifer vergessen, ihm auch ein Verhalten anzuzüchten, mit dem dieser reizende Hund sein Fell allein sauberhalten kann. So hat der Hund bestenfalls (!) sein ererbtes Fellpflegeverhalten, das eben nur für den Wolfspelz bestimmt war, und der Besitzer eines Scotchterriers (oder Maltesers, Komondors, Pekinesen) hat eine Menge

Arbeit, mit dem Haar seines Hundes fertig zu werden. Wobei ich aber gerne einräumen will, daß das eine nette Beschäftigung ist, die — wenn man sie von vornherein richtig anpackt — zwischen Hund und Herrn (hier wohl mehr Frauchen) freundschaftliche Bande vertiefen kann. »Soziale Hautpflege«, wie man das nennt, wenn man das Fell des anderen säubert, ist auch unter Tieren eines der erfolgreichsten Mittel, dem Sozialpartner seine Verbundenheit zum Ausdruck zu bringen. So wendet sich also für den, der genug Zeit und Freude an einem sauber gepflegten Hundefell hat, alles zum Guten. Man hüte sich aber, das eben erstandene Hündchen, kaum im neuen Heim angekommen, mit Kamm und Bürste zu überfallen. Sich von einem anderen das Fell pflegen zu lassen, setzt auf jeden Fall voraus, daß man ihn gut kennt und Vertrauen zu ihm hat. Hier heißt es unbedingt: Zeit lassen, die soziale Haut- und Haarpflege langsam und schrittweise aufbauen und dem Hund das Gefühl geben, daß man sich der Bedeutung solcher Handlungen wohl bewußt ist. Da man Hunde normalerweise im zarten Jugendalter erwirbt, kann ohnehin nicht viel passieren, denn das lange Haarkleid ist zu der Zeit noch längst nicht voll entwickelt. Erhält man aber einen erwachsenen Hund dieser Machart, dann ist es gut, wenn man das zuvor Gesagte bedenkt, vor allem dann, wenn er in diesem Punkt noch das Ahnenerbe besitzt. Nur ein befreundeter Wolf darf seinem Rudelgenossen das Fell säubern!

Der Schäferhund, die Dogge und der Kurzhaardackel im Garten, der seinen Waidmann täglich auf den Reviergängen begleitende Deutsch-Kurzhaar brauchen die Bürste nur an hohen Feiertagen — das übrige besorgen sie selber. Ein instinktsicherer Hund pflegt sein Fell mit Bedacht und Sorgfalt, wobei ihm seine Nase ausgezeichnete Dienste leistet. Er beschnuppert sich und merkt es genau, wenn Schmutz an seinem Fell haftet. Die Nase findet auch den Floh, der bei einem Hund mit normalem Haarkleid gewöhnlich kein langes Leben hat. Im Filz ungepflegten Langhaars allerdings können die kleinen Hüpfer wie Gott in Frankreich leben und ihr Geschlecht mehren; da helfen dann nur die Pülverchen, die jede Tierhandlung für solche Notfälle bereithält.

Die Nase tritt auch in Aktion, wenn sich der Hund eine Verletzung zugezogen hat; die Stelle wird genau beschnuppert, ehe die fast alles heilende Zunge in Aktion tritt. Ein anständiger Hund läuft nicht wegen eines kleinen Lochs im Fell zum Tierarzt; derartiges versorgt und heilt man mit Hilfe der Zunge. Onkel Doktor wird dann konsultiert, wenn das Loch groß und tief ist und genäht werden muß. Was aber nicht heißen soll, daß es unzweckmäßig ist, eher einmal zu oft als einmal zu wenig den Weg zum Hundedoktor einzuschlagen.

Bei der geruchlichen Eigenkontrolle wird die Anal- und Genitalregion am häufigsten untersucht. Was die Kenntnis des spezifischen Eigengeruches für den Welpen bedeutet, wird uns noch beschäftigen. Unser Hund beschnuppert sich am Südpol aber auch, wenn dort etwas nicht stimmt. Verdauungsstörungen zeigen sich durch ungewöhnlich häufiges Schnuppern an, ebenso Wurmbefall, bei dem Juckreiz den Hund veranlaßt, sitzenderweise, die Hinterpfoten über den Boden erhoben, umherzurutschen. Geschieht letzteres allerdings nur gelegentlich einmal, dann handelt es sich bloß um den Versuch, jene Gegend zu reinigen; der handgeknüpfte Perserteppich bietet sich ja geradezu hierfür an.

Unseren Hund interessiert auch die Genitalregion, sie ist Gegenstand häufiger Geruchskontrollen. Er wird nie begreifen, warum jemand »Pfui!« ruft, wenn er das tut, sondern hält es für seine Pflicht, darauf zu achten, daß auch hier alles sauber ist. Er ist eben ein normaler Hund.

Hunde verbinden das Angenehme mit dem Nützlichen. Sie haben ihre Stoffwechselprodukte in das Informationssystem fest eingebaut, was im Sinne des Sparsamkeitsprinzips ein Vorteil ist: Man schlägt zwei Fliegen mit einer Klappe. Damit erlangen aber die Ausscheidungen eine zentrale Bedeutung im Leben des Hundes — und werden etwas, mit dem er sich mehr beschäftigt, als uns lieb ist. Leider können wir in unserer zivilisierten Welt auf den Hund nicht immer Rücksicht nehmen, sondern müssen manches tun, was seiner Natur entgegensteht.

Es sei gleich erwähnt, daß all das, von dem nun die Rede sein wird, bei manchem unserer Rassehunde nur noch in abgeschwächter Form zu erkennen ist; es soll sogar Hunde geben, die jene Instinkte gänzlich verloren haben. Die Stadtväter einer Schweizer Stadt scheinen davon recht viel zu verstehen, denn sie haben eine Gesetzesvorlage durchgesetzt, derzufolge nur noch — wie es in einer Zeitungsmeldung heißt — ganz »humane« Hunde gehalten werden dürfen: Hunde, die kein Bein heben und keine »Verunreinigungen« hinterlassen. Menschliche Züchterkunst bringt alles fertig, auch Hunde, die keine Hunde mehr sind. Es wäre jetzt leicht, die Herzen aller Tierfreunde zu gewinnen, wenn ich über solche »Auswüchse« herzhaft schimpfen wollte. Aber ich bin vorsichtig geworden. Ich stelle mir die Frage, welcher Hund eigentlich schlechter dran ist: Der, dem jeden Augenblick ein »Pfui« zugerufen wird, weil er seinen vollentwickelten Instinkten folgen möchte, mehr noch: muß; oder der, der diese Instinkte gar nicht mehr hat und daher mit den Erfordernissen der menschlichen Zivilisation nicht in Konflikt gerät?

Ich möchte weder der einen noch der anderen Möglichkeit das Wort reden, denn man darf das nicht mit bloßen Meinungen tun, dazu ist das Thema zu schwerwiegend. Es geht nicht an, wenn ich sage, mir persönlich ist ein normaler, instinktsicherer Hund lieber — das würde der Sache nicht gerecht werden. Eine Antwort könnte vielleicht gefunden werden, wenn sich Verhaltenskundler und Tiermediziner, die als »Hunde-Psychiater« Erfahrung haben, nicht nur zu Diskussionen, sondern zu wohlüberlegten Untersuchungen zusammensetzten. Solange durch solche Untersuchungen nicht das Gegenteil bewiesen ist, darf man sich der Möglichkeit nicht verschließen, daß der instinktlose Hund wirklich die Lösung des Problems »Großstadthund« wird.

Bleiben wir beim instinktsicheren Hund und den Sorgen, die er uns gelegentlich macht, und versuchen wir, uns Sinn und Zweck des »Harn- und Kot-Zeremoniells« verständlich zu machen.

Der Zweck des Beinhebens liegt, wie wohl jeder Hundefreund weiß, darin, andere Artgenossen über die eigenen Territoriumsansprüche zu informieren. Da die Markierung ja beachtet werden soll, muß man sich auffallende Geländemarken suchen. Die Hausecke ist eine solche, der Alleebaum, die Ecke des Gartenzauns. Diese Landmarken also müssen markiert werden, damit sie ein vorbeilaufender Rüde ganz gewiß nicht übersehen — d. h. »überriechen« kann. Wie soll man eine solche Landmarke aber markieren, wenn man sich nach Welpen- oder Hündinnenart einfach daneben hinhockt? Es geht nicht anders, man muß das Bein anheben, damit die Stelle getroffen wird.

Wir haben große und kleine Hunde gezüchtet. Sie alle heben das Bein nach Urväter Sitte. Aber ich glaube nicht, daß ein großer Hund in den Augen — sprich: Nasen — anderer Hunde mehr sein soll, weil er sein Bein höher hebt! Es klingt freilich sehr gut und erscheint sehr logisch, daß der Hund mit der Höhe seines Markierens gleichsam imponiert. Aber blicken wir doch zurück zum Wolfsrudel. Da ist es ohnehin so, daß die rangniederen Wölfe — so erzählte mir wenigstens Erik Zimen, der bärtige Leitwolf — erst gar nicht das Bein heben. Das ist vielmehr ein Vorrecht des Starken, des großen Anführers. Das Territorium eines Wolfsrudels markiert also der Chef persönlich. Im Nachbarterritorium markiert wieder der Rudelführer, und der ist bestimmt so groß und stark wie sein Nachbar. Trifft man als Leitwolf eine Landmarke, die von einem anderen markiert worden ist, dann wird einfach übermarkiert, d. h. man setzt seine Duftmarke auf die des anderen, um sie auszulöschen.

Das nämlich ist der tiefere Sinn der ganzen Sache. Man braucht nur einen Rüden zu beobachten, der in ein Territorium kommt, in dem vorher ein anderer gewesen ist und markiert hat. Der Neue ergreift Besitz von dem Raum, indem er genau auskundschaftet, wo der Vorgänger markiert hat, und nun genau diese Stellen mit seinen Duftmarken besetzt. Es imponiert einem kleinen Rüden überhaupt nicht, wenn sein Vorgänger ein großer Hund war, wohl aber hat er Schwierigkeiten, sein Beinchen so hoch zu heben, daß er genau die Stelle trifft. Wie gesagt, es handelt sich um uralte, ererbte Verhaltensweisen aus einer Zeit, da es noch keine großen und kleinen Hunde gegeben hat. Es gibt kein auf Größenunterschiede geprägtes Markierungsverhalten, es kommt allein darauf an, die Marken des

Vorgängers zu überdecken. Deswegen hebt der Bernhardiner sein Bein nur lässig, wenn vor ihm ein Dackelrüde seine Visitenkarte hinterlassen hat. Kommt dann am nächsten Tag der Dackelmann vorbei, stellt er fest, daß seine Duftmarke von einem anderen Rüden überdeckt worden ist, und erneuert sie. Zwei Stunden später wird wieder der Bernhardiner vorbeigeführt, merkt dies und zielt seinerseits haarscharf auf die Stelle, und nicht zwanzig Zentimeter höher.

Für den Hund gibt es nur den Artgenossen und nicht Begriffe wie großer und kleiner Artgenosse oder eine Kenntnis davon, was der Mensch umgezüchtet hat. Der Bernhardinerrüde ist ebenso nur ein Hunderüde wie es der Zwergdackel ist. Wer das Bein hebt, ist ein Rüde, der territoriale und führungsmäßige Ansprüche stellt, nicht mehr und nicht weniger. Jeder Rüde stellt aber für sich diese Ansprüche, wenn er nicht im Rudel lebt, in dem die Frage geklärt wurde, wer hier was zu sagen hat. Deswegen zeigen alle unsere Haushunde in diesem Sinne Leitwolfverhalten, denn alle Rüden der Nachbarschaft sind ebenfalls Leitwölfe — jeder für sich allein. Nur in Dörfern, wo die Hunde Tag und Nacht frei laufen, kann man Rangordnungsstrukturen beobachten, denn dort kann der Herrschaftsanspruch wirklich ausgefochten werden, dort bilden die Hunde wirklich ein geschlossenes Rudel.

Hier klafft nun aber auch eine Lücke im Bezugssystem Hund—Mensch. Wir gefallen uns sehr in der Rolle des Rudelführers mit Befehlsgewalt, wir beanspruchen unserem Rüden gegenüber die Stellung des Leitwolfs. Wenn es aber um die Sicherung der territorialen Ansprüche geht, versagen wir jämmerlich in den Augen unseres Rüden: Wir sind Leitwölfe, die nicht markieren! Wir gehen achtlos an den Landmarken vorbei, wir erkennen sie nicht einmal — und so etwas will ein Leitwolf, der starke Rudelführer sein? Unser Rüde findet sich damit ab und fühlt sich verpflichtet, wenigstens in diesem Punkte als Leitwolf in Erscheinung zu treten. Wieviel Verständnis muß ein Hund aufbringen, um mit diesem merkwürdigen Zweibeiner zurechtzukommen!

Unser Rüde hebt sein Bein an des Nachbarn frisch gestrichenem Gartenzaun. Wir wollen keinen Ärger bekommen und reißen ihn in letzter Sekunde zurück, wir verbieten ihm, das zu tun, wozu er sich unseres offenkundigen Mangels wegen verpflichtet fühlt! Natürlich haben wir als Leitwolf das Recht, derartiges zu verbieten — aber wie, um Himmels willen, soll ein anständiges Rudel existieren, wenn es keiner tut? Was ist nur mit einem Leitwolf los, der zwar seinen Anspruch auf Alleinmarkierungsrecht durchsetzt, aber selbst gar nicht markiert? Wir sollten gut zu unseren Hunden sein, denn es gibt noch mehr derartiger Ungereimtheiten, die wir ihnen zumuten. Ich staune immer wieder, wie sie sich damit abfinden, mit welchem Gleichmut sie oft unser jeder guten Hundesitte widersprechendes Verhalten ertragen.

Dingos haben ein ziemlich bescheidenes Repertoire an mimischem Ausdrucksverhalten; aber es fasziniert mich immer wieder, wenn ein Dingo zum Ausdruck bringt, was er von mir hält. Dingorüden sind sehr selbstbewußt und lassen sich ungern etwas verbieten, aber man kann sich doch weitgehend durchsetzen. Sie sind, um es richtig zu sagen, nicht abgeneigt, die Führungsrolle eines Menschen anzuerkennen. Wenn nun ein Dingorüde ausgerechnet das Tischbein in der guten Stube markieren will und von mir ein unmißverständliches »Pfui« zu hören bekommt, läßt er es unter Umständen sein. Aber er dreht sich dann ganz langsam und gelassen um, blickt geradeaus in meine Augen und mustert mich in einer Art und Weise, die man einfach nicht anders übersetzen kann als mit »Der Kerl spinnt offensichtlich — mit dem stimmt doch etwas nicht!« Ja — wie kann man auch etwas verbieten, das einfach so sein muß, weil es nicht anders sein darf? Bei unseren geduldigen Haushunden ist unser Versagen hinsichtlich anständiger Hundesitten offenbar kein Anlaß mehr, ernsthaft böse zu werden — man hat sich abgefunden. Bei Dingorüden aber kann ein wiederholtes und tiefergehendes Versagen des Menschen gegenüber dem, was sich für einen Hund gehört, eines Tages zum Bruch führen — zu einem endgültigen, nicht mehr gutzumachenden Abbruch aller freundschaftlichen Beziehungen.

Das Harnzeremoniell unserer Hunde, wie man das spritzweise Harnen mit angehobenem Bein bezeichnet, verursacht uns also mancherlei Kummer, und sicherlich hat auch unser Hund seinen Kummer mit uns, die wir da sooft eine für ihn unbegreifliche Fehllogik an den Tag legen. Lustig ist, daß fast jeder Hundebesitzer es als freudiges Ereignis betrachtet, wenn sein Jungrüde zum erstenmal das Bein hebt: denn jetzt ist er erwachsen. Manche Rüden lassen sich in dieser Hinsicht Zeit; dann macht sein Herrchen ein sorgenvolles Gesicht und wird von Ängsten geplagt; er meint schon, mit seinem Hund stimmt etwas nicht, um schließlich erleichtert aufzuatmen, wenn so ein Spätentwickler mit neun Monaten erstmals ein ordentliches Harnzeremoniell vorführt. Endlich — es ist soweit! Eine Woche später wird dann der Rüde beschimpft, weil er an einer uns nicht genehmen Stelle sein Bein hebt. Das ist die Inkonsequenz des Menschen ...

Es gibt auch Hündinnen, die das Hinterbein anheben, meist ältere Tanten mit ausgeprägtem Sinn für territorialen Besitz und ihre eigene Vorrangstellung. Das sind allerdings Ausnahmen, möglicherweise sogar hormonell bedingt (»Mannweiber«). Grundsätzlich kennt auch die Hündin ein Harnzeremoniell mit Spritzharnen, das sie hauptsächlich während der Brunft ausübt. Stellungsmäßig unterscheidet es sich gewöhnlich nicht auffallend von ihrer üblichen Harnstellung. Der Rüde merkt es freilich sofort und übermarkiert die betreffende Bodenstelle zum Zeichen seines Besitzanspruches. Doch kann auch eine Hündin erhöhte Territoriumsmarken bedenken, ohne das Bein zu heben. Sie stellt vielmehr ein Hinterbein etwas vor und hebt den Hinterleib hoch empor, als wollte sie im nächsten Moment einen Handstand probieren. Rüden und Hündinnen hinterlassen so oft abwechselnd ihre duftenden Visitenkarten zum Zeichen, daß sie dagewesen sind, wobei die Funktion des Harnzeremoniells nun eine andere ist als unter Rüden. Es kann zu geeigneter Zeit — wenn nämlich die Hündin läufig geworden ist — zur Paarbildung führen. Rüde und Hündin mögen sich noch nie von Angesicht zu Angesicht gesehen haben, durch ihre Markierungen aber haben sie längst Bekanntschaft geschlossen und finden zur Liebeszeit dann auch den Weg zueinander. Der

Rüde ist über den physiologischen Zustand jener »Stammbaum-Freundin« auf diese Weise laufend informiert und weiß genau, wann der richtige Zeitpunkt gekommen ist, um in einem unbewachten Augenblick durchzubrennen. Die Hündin ihrerseits kann es bestimmt auch feststellen, daß der Rüde Bescheid weiß, denn ihre Läufigkeit veranlaßt ihn, mehr Harnspritzmarkierungen anzubringen. Wenn unser Rüde sich vor lauter Markieren nicht mehr ansprechen läßt, wissen wir, daß eine läufige Hündin in der Nähe ist oder doch war. Da gibt es nichts anderes, als ihn an die Leine nehmen, sonst läuft er weg.

Die flüssige Duftmarke dient also der Territoriumsmarkierung, dem Bekanntschaftenschließen, der Paarbildung, und sie weist den Rudelführer aus, seine soziale Vorrangstellung. In diesem Sinne wird das Absetzen der Duftmarke mit dem auffallenden Anheben des Hinterbeins auch zum optischen Signal. Der Rüde demonstriert seine Überlegenheit auf diese Weise. Als einmal Saschas Vater zu Besuch kam, stand Sascha gerade auf der Wiese. Vater Schlapp machte einige Schritte auf seinen Sohn zu — den er wohl kaum erkannte —, blieb dann auf der freien Fläche stehen und hob demonstrativ ein Bein hoch, ob-

Schäferhundrüde Schlapp, das Beinheben als Demonstration vorführend.

gleich nichts da war, was man hätte markieren können; das Produkt seiner Bemühungen düngte nur die Wiese. Erst dann schritt er würdevoll dem Jüngeren entgegen und nahm Nasenkontakt auf.

Selbstverständlich ist es kein Problem, einen Rüden im Hause zu halten. Durch seine Stubenreinheit, zu der er in einem Alter erzogen wurde, in dem er noch längst nicht an Markieren dachte, ist diese Angelegenheit geklärt. Von Jugend an im Heim, besteht auch gar kein Anlaß für ihn, innerhalb des Hauses zu markieren. Das kann sich freilich schlagartig ändern, wenn einer unserer Bekannten auf den Einfall kommt, uns mit seinem eigenen Rüden zu besuchen. Wir sperren vorsichtshalber den unseren weg, denn wer weiß, vielleicht raufen sie. Nun kommt der fremde Rüde ins Zimmer, schnuppert natürlich und stellt fest: hier war ein Rüde. Die nächste Reaktion ist Beinheben. Unser Bekannter ist ein Gemütsmensch und unterhält sich köstlich über seinen Hund, der an allen Tisch- und Stuhlbeinen sowie am Schrank das Bein hebt, damit unser eigener Rüde später mit Sicherheit diese Grüße auch entdeckt. Wenn man den freundlichen Gast wieder los ist, lasse man auf keinen Fall den eigenen Hund in das Zimmer — er würde sich verpflichtet fühlen, die Angelegenheit in Ordnung zu bringen, und alle markierten Stellen übermarkieren. Es hilft nichts anderes, als alle Stellen mit scharf riechenden Seifen, mit Essigwasser oder anderem gut, sehr gut und gründlich abzureiben. Es steht zwar nicht im Knigge, aber es gehörte hinein: Wer einen Rüden hat, besuche mit ihm niemanden, der auch einen hat. Das gilt auch für eine läufige Hündin — aus dem gleichen Grund läßt man sie auch besser zu Hause.

Soviel zur sozialen Funktion der flüssigen Ausscheidungen. Aber ehe wir uns den festen Ausscheidungen zuwenden, die ja auch den Eigengeruch aufweisen und eine Zusatzfunktion als Visitenkarte haben, sei die zuvor erwähnte Stubenreinheit betrachtet.

Erinnern wir uns noch einmal an meine Problemhündin Stina. Sie war nicht stubenrein und sie ist es bis heute nicht — sie wird es auch nie werden. Ihre eingefleischte Scheuheit verhindert das. Es besteht keine Möglichkeit, der Hündin klarzumachen, daß man ein Häufchen nicht mitten ins Zimmer setzt. Die Situation ist sogar so, daß ich ihr dabei resigniert zusehe — würde ich nur ein lautes Wort sagen, würde sie erschreckt ihrem Versteck zueilen. Und irgendwann muß der arme Hund ja!

Ich wüßte freilich, wie wir mit Stina klarkommen könnten. Macht man die Haustüre auf und ruft sie in den Garten, dann läuft sie sofort hinaus. Sie kommt auch wieder, allerdings nicht, wenn ich es will, sondern wenn sie es will. Es gibt allerdings einen Trick: Sie will auch, wenn Sascha und Rana ins Haus gerufen werden; sie liebt ja die großen Hunde und läuft dann brav hinterher. Es wäre also verhältnismäßig einfach, die Zeit abzuwarten, da Stina Tendenzen zeigt, ihr Geschäft zu erledigen, und sie rechtzeitig ins Freie zu lassen. Denn eines ist bereits erreicht — sie wartet mit ihren Geschäftchen nicht mehr, bis sie wieder in das Haus darf, sondern erledigt sie nun auch, wenn es gerade so paßt, im Freien. So wäre die Frage vielleicht zu lösen, wenn Stina der einzige Hund des Hauses wäre. Aber wer nun einmal 40 Hunde hat, wer dabei, im Gegensatz zum normalen Hundehalter, weniger Interesse daran hat, die Hunde seiner Welt einzugliedern, sondern es sich in den Kopf gesetzt hat, Verhalten an unerzogenen Hunden zu studieren — der muß sich damit abfinden, sein Leben irgendwie in die Welt der Hunde einzugliedern. Dann noch Zeit und Muße finden zu wollen, einem Hund — noch dazu einem so kleinen — mit List und Fleiß Stubenreinheit beizubringen, ist illusorisch!

Aber das Beispiel von Stina ist aufschlußreich, weil es fast alle Bedingungen enthält, die eine Stubenreinheit verhindern. Von der eigenen Inkonsequenz brauche ich nicht mehr zu reden. Es ist auch zu erkennen, daß mangelnder Kontakt zwischen Mensch und Hund die Angelegenheit erschwert. Stinas Verhalten aber in jenen ersten Wochen, als ich die Absicht hatte, sie zu einem Schoßhund umzuerziehen, ist etwas, was bei Hunden öfter vorkommt. Bei solchen Hunden nämlich, die wie Stina unter einer psychischen Belastung stehen, die sich in einer Situation befinden, mit der sie nicht fertig werden. Derartige Konfliktsituationen sind sehr häufig die Wurzel von mangelnder Stubenreinheit. — Wird nun damit eine Art von Protest zum Ausdruck gebracht?

An sich wäre derartiges unverständlich, wüßten wir nicht, daß mit diesen Ausscheidungen der Eigengeruch verknüpft ist und im sozialen Bereich eine Aufgabe erfüllt. Der Hund, der seinen Individualgeruch, seine Visitenkarten, nicht über das ganze ihm zugängliche Territorium verteilt, sondern ganz im Gegenteil in seinem Heim absetzt — dieser Hund zieht sich in sich zurück, er verkriecht sich in seiner Eigensphäre, er ist kontaktscheu geworden. Die Belastung seiner ungelösten Probleme hat ihn unsicher gemacht, er wagt es nicht mehr, sich selbst in Form seiner Duftmarken unter seine Artgenossen zu mischen. Ein klarer Fall für den Psychiater.

A. Zweig hat 1957 einen derartigen Fall aufgezeichnet, der nicht vereinzelt dasteht. Ein völlig stubenreiner Hund, ein fünf Monate alter Mischlingsrüde, lebte schon drei Monate völlig zufrieden bei einem Ehepaar. Eines Tages brachte ein Bekannter eine hübsche große Puppe ins Haus; die Leute hatten Spaß an ihr und spielten viel mit ihr. Da wurde der Hund sehr eifersüchtig und ging sogar so weit, einen Schuh der Puppe zu zerbeißen. Die Strafe für diese Mißachtung menschlichen Eigentums folgte auf dem Fuße. Nun war der Hund tief getroffen — von da an zeigte er seine Eifersucht nicht mehr, sondern setzte still und leise seine Häufchen in der Wohnung ab. Natürlich gab es jedesmal Schelte, Klapse und Niederdrücken der Schnauze neben dem Kot (übrigens ein Verfahren, das ich für sehr ungeeignet halte). Als das alles nichts half, versuchten es die ratlosen Besitzer mit Güte. Als er wieder sein Häufchen abgesetzt hatte und auf die gewohnte Strafe wartete, wurde es wortlos entfernt, der Hund erhielt einen Leckerbissen und wurde herzlicher als sonst behandelt. Das wirkte sofort: Von dieser Stunde an war der Hund wieder stubenrein!

Es wäre verkehrt, zu denken, daß der Hund sich rächen wollte oder daß er damit die Aufmerksamkeit auf sich ziehen wollte — das ist es nicht. Ein Hund protestiert nicht auf diese Weise — ihm stehen diese Mittel nicht wie dem Menschen zu Gebote, weil er die mögliche Wirkung eines Protestes nicht vorausbedenken kann. Bei allem einsichtigen Verhalten, das wir vom Hund kennen, so weit reicht es nun doch nicht. Für ihn ist — wie in diesem Beispiel — der Entzug der Liebe seiner Betreuer einfach ein Schicksalsschlag, an dem er zerbricht. Er hat alles getan, um ihnen seine Liebe zu zeigen, er ist gegen die Puppe, die ihm die Liebe entzog, aggressiv geworden, um die Sachlage zu klären — soweit konnte er sich ausdrücken. Da er aber nun auch noch dafür bestraft wird, daß er das Objekt, das sich zwischen ihn und seine Freunde geschoben hat, vernichten, aus dem Weg räumen wollte, ist für ihn einfach alles zu Ende — er kann mit der Situation nicht fertig werden. Es ist ihm unmöglich geworden, sich seiner Sozietät verständlich zu machen, er zieht sich vor ihr zurück, hinter die »Glasmauer«, die ihn von ihr trennt. Nur hier wagt er noch, sein »Ich« zu entfalten — seine Duftsphäre aufzubauen. Das ist genauso wie mit jenen bedauernswerten Menschen, die sich in sich zurückziehen und nur noch mit sich selbst oder den Gestalten ihrer Phantasie sprechen. Der Eigenduft des Hundes ist ein Teil seiner kommunikativen Möglichkeit, ein Teil seiner »Sprache«. Das Absetzen von Harn und Kot im Hause ist daher ganz anders zu bewerten als jener schöne bayerische Brauch, dem bösen Nachbarn einen »Haufen« auf die Türklinke zu legen.

Alles in allem ist Stubenreinheit eine Frage der Intelligenz und Konsequenz des Menschen. Wer einen Hund bestraft, weil er ganz gegen seine eigene Natur nicht stubenrein ist, beweist, daß ihn diese Eigenschaften zumindest teilweise verlassen haben.

Es gibt zwei weitere Gründe für einen Hund, nicht stubenrein zu sein. Das ist einmal Angst, zum anderen Freude. Große Angst kann sogar zur Verflüssigung des Stuhles führen. Sonst erleben wir bei einem Hund, der Angst vor Strafe und anderen Dingen hat, daß er Wasser läßt. Angstneurosen sind bei Hunden durchaus keine Seltenheit, vor allem in der Großstadt, deren Struktur sich heutzutage ganz grundlegend von all dem unterscheidet, was zum ursprünglichen, natürlichen Lebensraum des Hundes gehörte. Verkehrslärm, Übervölkerung (Menschen und Hunde!), Reizüberflutung — all das ist für einen

Hund, der in der ländlichen Stille in einem Zwinger aufgewachsen ist, oft nicht zu verarbeiten. Es stürmt zu plötzlich auf ihn ein und führt zu psychischen Schäden. Ich habe schon von den Veröffentlichungen des Tierarztes Ferdinand Brunner gesprochen, der in Wien täglich mit diesen Problemen in Berührung kommt – es ist erschütternd, was er aus seiner Praxis zu berichten weiß. Es sind arme, gequälte Kreaturen, die da zu ihm gebracht werden: Hunde, die zittern, wenn sie auf die Straße geführt werden, Hunde, die vor allem und jedem erschrecken und vor Angst Wasser lassen – eine Vielfalt von krankhaften Störungen seelischer Natur, deren weitere Schilderung ich dem Leser ersparen möchte. Was ich hier aber herausstreichen will, denn es klingt als fast resignierte Klage aus den Schilderungen Brunners deutlich genug heraus: Schuld hat immer und in jedem Fall der Mensch, dagegen helfen weder Tee noch Pillen. Der Tierarzt kann zwar helfen, sehr viel sogar – aber seine ganze Kunst versagt, wenn der Mensch nicht auf seinen Rat hört und den Hund als Spielzeug, als Luxusartikel, als Wohlstandssymbol, kurz, als »Sache« betrachtet, wie das unsere Gesetze leider auch noch immer tun.

Ich hoffe, daß es mir gelungen ist, verständlich zu machen, wie sensibel die seelische Struktur des Hundes ist und wie leicht man viel, wenn nicht sogar alles zerstören kann, wenn man nicht immer der Tatsache eingedenk ist, daß der Hund ein höchst soziales Lebewesen ist. So sozial, daß ihn die geringsten Störungen und Behinderungen seines Bestrebens, das ihm innewohnende Bedürfnis nach sozialer Bindung zu stillen, seelisch zerstören können. In manchen Dingen ist er hier viel weiter entwickelt als der Mensch, viel differenzierter, und vor allem fehlt ihm eine so hohe Entwicklung des Gehirns, daß er – wie der Mensch – soziale Konflikte überschauen und durchschauen kann. Er scheitert an ihnen viel leichter als wir.

Hinzu kommt vielfach ein durch Überzüchtung geschwächtes Nervensystem, häufig verbunden mit einer generellen Konstitutionsverminderung; das bedeutet, daß so mancher Rassehund körperlich und seelisch viel zu weich und empfindlich ist. Eben solche Hunde neigen auch oft zu jenem Angst- und Freudennässen. Die emotionale Erregung — etwa bei der Rückkehr des Herrchens — ist dann übersteigert und führt besonders bei jüngeren Tieren zu jener sehr unerfreulichen Erscheinung. Hier hilft wohl nur Geduld und Einfühlungsgabe, vielleicht verbunden mit Drogen, die beruhigend wirken. Meist verschwindet dann dieses emotionale Nässen, wenn der Hund älter und gesetzter wird. Für immer verdorben wird jedoch der Hund, wenn man glaubt, man könne ihm diese »Unsitte« durch Bestrafung abgewöhnen.

Genug von jenen unerfreulichen Erscheinungen, die im Grunde alle nichts anderes aussagen, als daß so ein Hund kein »hundewürdiges« Dasein führen darf. Wenden wir uns wieder dem gesunden, instinktsicheren Vierbeiner zu. Für ihn ist das Absetzen der »großen Sachen« keinesfalls eine Angelegenheit, die man so nebenher und stillschweigend erledigt, sondern im sozialen, kommunikativen Sinne äußerst ernst nimmt.

Schon die Wahl des Platzes kann unter Umständen für unseren Hund ein umfassendes Problem sein, mit dem er sich gründlich auseinandersetzt, ehe er zur Tat schreitet. Unsere Geduld wird da oft auf eine harte Probe gestellt. Nun, wir wundern uns nicht darüber, denn wir wissen bereits, welche Zusatzfunktion das Kotabsetzen hat.

Interessant ist aber die Frage, was es wohl bedeutet, wenn der Hund — vor allem der Rüde — danach mit den Hinterpfoten lebhaft scharrt. Es geht bestimmt nicht darum, den Kot einzugraben, zu verbergen, wie man vielfach sagen hört. Das stünde im genauen Widerspruch zu allem, was wir über die Wichtigkeit des Eigengeruches wissen. Außerdem würde dann zumindest gelegentlich bei dem einen oder anderen Hund — oder einem Wolf, Schakal oder sonst einem Wildhund — zu beobachten sein, daß er seine Hinterlassenschaft wirklich genau und erfolgreich zudeckt. Das wurde aber noch nie beobachtet, und es würde in völligem Widerspruch zum Beispiel zum Verhalten des Fuchses stehen, der sehr gezielt seine Häufchen auf Baumstrünke setzt, damit sie nur ja weithin erkennbar sind. Das Scharren ist sicher viel eher ein zusätzliches Markieren der Stelle; möglicherweise wird der Geruch der Ballen dem weiteren

Umkreis des Kotplatzes zugefügt, um ein intensiveres und vielseitigeres Duftfeld zu etablieren. Mein Strixi, jener schwarze Bastard, von dem ich schon sprach, nimmt es als ungemein selbstbewußter Rüde mit diesen Dingen sehr genau; er hat mir bewiesen, daß diesem Instinktverhalten wesentliche Erfahrungskomponenten eingeschoben werden können. Seine Scharrintensität ist nicht immer gleich und reicht von einem angedeuteten Scharren, das nur flüchtig und mit zwei oder drei Bewegungen ausgeführt wird, bis zu einem langanhaltenden, sehr viel Bodenmaterial umherschleudernden, intensiven Scharren, das unter Umständen sogar nach eingehender Prüfung des Ortes noch wiederholt wird. Alldem geht stets ein intensives Beschnuppern der Örtlichkeit voraus, und wenn sie aus irgendwelchen, menschlichen Sinnen nicht erschließbaren Gründen besonders wichtig ist, wird eben auch noch zwischen den einzelnen Scharrabläufen und danach aufmerksam geschnuppert, ehe sich der Rüde schließlich zum Weiterlaufen bequemt.

Allein diese auffallenden, offensichtlich situationsgebundenen Unterschiede beim Kotzeremoniell lassen erkennen, daß es sich auf jeden Fall um weit mehr handelt, als jenem inneren Drange der Stoffwechselprodukte nachzugeben. Außerdem kann das Scharren sogar dann erfolgen, wenn gar nichts Derartiges vorhergegangen ist, so etwa beim Anblick eines fremden Rüden, dem man nicht grün ist. Jetzt wird es also sogar zur optischen Demonstration, die einen ausgesprochen herausfordernden Charakter hat, genauso wie wir das bereits vom Beinheben her kennen.

So spielt der Individualgeruch des Hundes also eine sehr große Rolle im Bereich eines für uns nicht immer ganz leicht durchschaubaren kommunikativen Systems und wird gerade vom instinktsicheren Hund mit großer Wichtigkeit gehandhabt — ein bedeutender Teil seines Daseins ist darin beschlossen.

Wohl die meisten Hundehalter wachsen, wenn man das so sagen kann, im Laufe der Zeit mit ihrem Hund zusammen; sie finden sich mehr oder weniger mit seinen Neigungen und Eigenheiten ab. Und umgekehrt ist es nicht anders. Es können sehr schöne, harmonische Beziehungen entstehen, denn die Anpassungsfähigkeit des Hundes ist oft erstaunlich groß, und wieder stoße ich hier des öfteren auf die Frage, ob der Instinktausfall nicht zum Segen für den Hund wird. Freilich gerät er leicht in Verwirrung, wenn er mit Artgenossen konfrontiert wird, die anders sind als er.

Ich möchte hierzu eine Geschichte erzählen, die sehr schön zeigt, wie schwierig doch die Entscheidung ist, wenn es um das Zusammenleben mit solchen Hunden geht; sie ist überdies interessant, weil es sich hier um Hundebrüder handelt, die wesensmäßig so sehr verschieden sind, daß sie miteinander Schwierigkeiten haben. Diese ungleichen Brüder beweisen auch, daß es kaum möglich ist, eine Rasse als instinktreicher und eine andere als instinktärmer zu bezeichnen — es kann alles in einem Wurf verwirklicht sein.

Die Geschichte beginnt mit einem Telefonanruf. Es handle sich um zwei Leonberger Rüden aus einem Wurf, von klein auf in einem Hause mit einem riesigen Garten aufgewachsen — aber sie vertrügen sich immer weniger, je älter sie würden, und ihre Auseinandersetzungen nähmen immer ernsthafteren Charakter an. Da zwei instinktsichere Rüden unter den geschilderten Verhältnissen friedlich zusammenleben müßten, tippe ich auf einschneidende Wesensunterschiede und schlage vor, die Hunde zu testen. Für den Leser mag das nun auch aus dem Grunde interessant sein, weil er solche Tests leicht selbst mit seinem Hund anstellen kann.

Bekanntlich führen Hunde oft die unterschiedlichsten Menschen zusammen, und ich verdanke es diesen ungleichen Leonbergern, daß ich den großen Komponisten Carl Orff persönlich kennenlernte. Nachdem das Ehepaar Orff in meinem von vielen Hundegerüchen durchzogenen Wohnzimmer der Türe gegenüber Platz genommen hatte, wurde der erste Hund hereingelassen. Asko machte genau das, was man von einem erwachsenen Hund in fremder Umgebung erwartet: Er untersuchte mit der Nase jeden Zentimeter Boden von der Türschwelle bis in die Zimmerecke, von der aus wir ihn beobachteten. Erst nach dieser sorgfältigen Prüfung wandte er sich seinen Besitzern zu. Er wurde danach wieder hinausgeführt, und dann erschien Bruder Arras. Dieser Hund nun schaute weder links noch rechts, sondern lief geradewegs auf seine Besitzer zu, zeigte ihnen seine Freude, sie hier vorzufinden und blickte sich danach ein wenig im Zimmer um, aber trotz der vielen Hundedüfte ohne sonderliches Interesse.

Allein dieser Test spricht Bände. Während es Asko um den Artgenossen ging, interessierte Arras nur der Mensch, könnte man vereinfachend sagen. Ich wollte nun weiter wissen, wie der Instinktunterschied beider Hunde ausgeprägt ist. Asko wurde mit einem Welpen konfrontiert. Er war sehr an ihm interessiert, als er aber merkte, daß der Welpe Angst hatte, zog er sich zurück und tat alles, ihn von seiner freundlichen Gesinnung zu überzeugen. Er legte sich hin, er wedelte, er zeigte Spielaufforderung — aber alles auf eine Art, die erkennen ließ, daß er den kleinen Welpen nicht erschrecken wollte: er war in allen Bewegungen ausgesprochen vorsichtig. Als wir danach Arras mit dem Welpen zusammenbrachten, erlebten wir das genaue Gegenteil. Dieser Rüde benahm sich dem kleinen Hund gegenüber ausgesprochen taktlos; er stürzte auf ihn zu, versuchte, ihn mit den Zähnen zu fassen, und verstand auch nicht die Angstlaute des Kleinen. Wir mußten den Welpen schnell wieder wegtragen, um dieses unschöne Spiel nicht zu weit zu treiben.

Auch hier hatte sich wieder gezeigt, daß Asko im Gegensatz zu seinem Bruder Arras ein völlig instinktsicherer Hund ist. Weitere Tests führten wir dann am Gartenzaun des Orffschen Besitzes aus. Die beiden Brüder wurden wieder getrennt getestet. Zuerst führte meine Mitarbeiterin den bekanntermaßen freundlichen Schäferhund Sascha von außen an den Zaun heran. Während Arras wütend bellend gegen das Gitter sprang und

Sascha bedrohte, benahm sich Asko sehr hundegemäß: Er schritt langsam auf den Zaun zu; seine Körperhaltung zeigte weder aggressionsähnliche Absichten noch Freundlichkeit – er verhielt sich zunächst abwartend neutral. Als er erkannte, daß Sascha ebenfalls nichts Böses im Schilde führte, begann er ganz allmählich zu wedeln, wurde zunehmend freundlicher und wäre offensichtlich bereit gewesen, mit dem fremden Rüden vor dem Zaun Freundschaft zu schließen.

Der letzte Test wurde mit der jungen Hündin Rana ausgeführt, bei der damals allererste Anzeichen einer beginnenden Läufigkeit zu bemerken waren. Auch sie ging an der Leine an den Gartenzaun heran. Arras fuhr genauso wild und ungestüm gegen das Gitter wie bei Sascha, er bestand nur aus Aggression und Unhöflichkeit; Rana hatte Angst und zerrte an der Leine weg – aber auch das beeindruckte Arras nicht. Asko hingegen freute sich sichtlich über diesen »Zaungast«, warf sich zur Spielaufforderung hin und hätte sicherlich um die Gunst der Hündin geworben – wieder ein klarer Ausdruck seines unveränderten Instinktrepertoires. Kein Wunder also, daß sich Arras und Asko nicht mehr vertrugen. Sie waren damals knapp elf Monate alt und fühlten sich erwachsen genug, um Vorrechtsansprüche durchzusetzen. Asko war etwas stärker als Arras, und für ihn war es wohl klar, daß er der Anführer sein müßte. Arras hingegen ist, wie seine Besitzer selbst sagen, ein »Schlitzohr«, das es sehr gut versteht, sich die besondere Gunst des Menschen zu sichern, und unter diesem Schutz erkennt er seinen Bruder als Bevorrechtigten nicht an. Hier zeigt sich das von Konrad Lorenz beschriebene Phänomen, daß ein Tier mit Instinktausfällen mehr Lernmöglichkeiten hat, es ersetzt die fehlenden Instinkte auf diese Weise und kann so seinem Artgenossen überlegen werden. Der kann das natürlich nicht verstehen, und so gibt es ewig Reibereien, die bei derart mächtigen Hunden entsprechende Dimensionen annehmen. Ich habe selbst eine Auseinandersetzung zwischen Asko und Arras miterlebt und bekam weiche Knie; um so mehr bewunderte ich Frau Orff, die mit wahrer Todesverachtung diese Monsterhunde auseinanderzureißen versteht.

Aber nun kam die große Entscheidungsfrage: Was tun? Ich hatte es leicht, einen Rat zu geben. Weg mit Arras, dem Instinktlosen, und dafür eine kleine Hündin im Welpenalter zu Asko. Ich schilderte Orffs mit allem nur möglichen Eifer, wie reizend es war, als sich Sascha seine kleine Tochter Rana aufzog, welch schöne, friedliche Bilder das gibt, welche reine Freude solche Hundeerlebnisse sind. Natürlich hatte ich leicht reden — bei mir waren ja Asko und Arras nicht aufgewachsen. Es wäre wohl vernünftig gewesen, Arras wegzugeben — aber kann man einen Hund fortschicken, dessen Entwicklung man vom Kleinkind an miterlebt hat? Orffs haben es nicht getan und zittern weiter, wenn die ungleichen Brüder einander anknurren. Arras, das Schlitzohr, hat sich eben zu tief in die Seele seines Herrn eingeschlichen! Es sollte uns allen eine vorbildliche Handlungsweise sein, auch wenn man vernünftige Argumente dagegen anführen könnte. Die Anschaffung eines kleinen Hundes ist für den echten Hundefreund ein Entschluß, der nicht mehr rückgängig gemacht werden dürfte, wenn nicht höhere Gewalt es erzwingt. Es ist aber nicht höhere Gewalt, wenn sich ein Hund anders entwickelt, als man es erwartet hat. Vielleicht wäre es einem versierten Welpenkenner möglich gewesen, damals, als die acht Wochen alten Brüder ins Haus kamen, diese Wesensunterschiede festzustellen und entsprechend zu raten. Hier läge ein Schwerpunkt für die Verhaltensforschung.

Die Verlockung, die vom Kindchenschema des reizenden Welpen ausgeht, hat schon manchen Hund ins Unglück gestürzt. Man ist einer spontanen Eingebung gefolgt, und wenn der Hund dann erwachsen ist, sieht man, daß er nicht in die gegebenen Wohn- oder Familienverhältnisse paßt. Aber dann ist es zu spät. Daran muß immer wieder erinnert werden, denn die modernen Tendenzen, den Hund zum »Konsumgut« zu degradieren, sind unvertretbar.

Es ist nicht jedermanns Sache, einem Verein anzugehören. Aber ich denke doch, daß die Zuchtverbände für die einzelnen Hunderassen eine sehr notwendige und wichtige Einrichtung sind, deren Bedeutung man sich auch als Gegner jeder »Vereinsmeierei« nicht verschließen sollte. Sie sind in gewissem Sinne soziale Einrichtungen, denn es gehört neben vielen anderen Dingen zu ihren Aufgaben, dafür zu sorgen, daß die Hunde nicht nur in die richtigen Hände kommen, sondern auch ihren Anforderungen entsprechend richtig gehalten werden. Der Hundebesitzer hat so immer die Möglichkeit, bei Problemen um Rat zu fragen, sich mit erfahreneren Hundehaltern und Züchtern auszusprechen und so sich und dem Hund Kummer zu ersparen.

Was mir dabei aber noch besonders wichtig erscheint, ist, daß man als Hundebesitzer im Rahmen seines Vereines und unter sachkundiger Beratung daran denken kann, mit seinem Hund auch einmal zu züchten. Einmal ist das für den Hund eine sehr erfreuliche Angelegenheit, die einfach zu seinem Dasein gehört; aber darüber hinaus ist das auch für den Hundebesitzer das schönste Erleben, das ihm das Zusammensein mit seinem Hund bieten kann.

Es ist doch so, daß die Lebenszeit eines Hundes leider sehr begrenzt ist. Zwölf Jahre, vielleicht vierzehn Jahre, sicher nicht wesentlich mehr, sind ihm gegeben. Das ist die traurigste Seite der ganzen Hundefreundschaft. Leider veranlaßt sie so viele Menschen, dem Hund die Qualen eines langen Siechtums nicht zu ersparen. Blinder Egoismus widersetzt sich dann bedenkenlos dem Rat des Tierarztes und sieht in einem treuen Augenaufschlag, einer gelegentlichen Aktivität des müden Tieres entscheidende Beweise dafür, daß der Hund eigentlich noch ganz in Ordnung ist. Es hilft aber nichts: Es ist von der Natur nicht vorgesehen, daß ein Hund, der nicht im Vollbesitz aller seiner Kräfte ist, weiterlebt. Alternde Wölfe etwa werden unbarmherzig von ihrem Rudel zerrissen. Damit bleibt ihnen das Los des Nicht-mehr-Mitkönnens, das Los des Unvollkommenseins erspart. Die Mittel, die dem Tierarzt heute zur Verfügung stehen, sind so vollkommen, daß der alte Hund ahnungslos in das Jenseits hinüberschlummert.

Der treue Freund muß aber nicht nur in unserer Erinnerung weiterleben — er kann für uns auch in seinen Nachkommen weiterleben. Wenn ich meinen Paroo ansehe, dann steht sein Vater Abo vor mir, und ich werde mir dieses für mich damals so schmerzlichen Verlustes gar nicht mehr recht bewußt. So habe ich ganz mit Absicht das wichtige Kapitel über Liebeszeit und Geburt an das Ende dieses Buches gestellt, um mit diesem Ausklang Interesse und Mut des Lesers zu erwecken, selbst zu züchten. Ehe ich aber an dieses Thema gehe, möchte ich noch einen Entwicklungsschritt im Leben des erwachsen gewordenen Hundes erwähnen, an den mich das Schicksal meines ersten Dingorüden Abo erinnert.

In den ersten Tagen nach der Niederkunft seiner Hündin darf der Rüde nicht viel mehr tun, als das Wurflager bewachen. Ich habe schon erzählt, wie sich Abo verhielt, als seine Frau Suki erstmals geworfen hatte. Er war voll brennender Neugierde, aber er zeigte auch damals schon sehr deutliche Bewachungsreaktionen, wenn Fremde vorbeikamen. Abo war auch sehr freundlich zu uns, als seine Frau zum zweitenmal gewölft hatte, und machte niemandem Schwierigkeiten, wenn er die Welpen zum Wiegen aus dem Lager holte. Als aber Suki zum drittenmal niederkam, da passierte es dann.

Es war an einem schönen Sonntag, ich zeigte Bekannten meine Hunde und erzählte ihnen, daß Dingos dem Menschen gegenüber ausgesprochene Beißhemmungen haben, daß sie, wenn ein Fremder sie berühren will, zwar schnappen, aber immer sehr gezielt dicht neben seiner Hand. Das gibt ein scharfes Klappgeräusch, das recht bedrohlich wirkt. Auch erzählte ich, wie ein kleiner Junge einmal seinen Finger durch das Gitter streckte: Abo hatte danach geschnappt — aber seine Kiefer blieben starr, so weit klaffend, daß der Junge den Finger herausziehen konnte, ohne an den Zähnen anzustreifen.

Das hatte ich gerade erzählt, als meine Mitarbeiterin Eva mir zurief, Suki hätte Junge bekommen. Unbekümmert ging sie in den großen Zwinger, an dessen Eingang Abo freudig wedelnd an ihr hochsprang mit dem üblichen Versuch, das Gesicht abzulecken. Eva spielte zur Begrüßung kurz mit ihm, dann ging sie weiter nach hinten zu der Hütte. Sie war noch keine fünf Schritte an diese herangekommen, da sprang ihr Abo mit gesträubtem Haar und wütendem Knurren an die Kehle! Sie erwischte ihn gerade noch an den Ohren und hielt ihn fest. Nun war aber der Zwinger von innen verriegelt. So schnell ich konnte — nach einigen Sekunden Zögerns, denn es war ja so unbegreiflich! —, kletterte ich in den Zwinger, öffnete die Verriegelung, und Eva schleppte Abo bis zur Tür, aber da war es ihm auch schon gelungen, sich in ihrem Unterarm, dicht hinter dem Handgelenk, so fest zu verbeißen, daß beim Abschütteln die vier langen Eckzähne breite Risse im Arm hinterließen. Eva mußte sofort zur Behandlung in das Krankenhaus gebracht werden und trägt nun zeitlebens große Narben als Erinnerung an Abo, der von Stund an so böse auf sie war, daß wir aus Sicherheitsgründen eine betrübliche Lösung treffen mußten. Freundlich wedelnd ließ sich das mir gegenüber weiterhin vertrauensvolle Tier von mir die Spritze geben, die einen langen, tiefen Schlaf bewirkte, aus dem es nicht mehr erwachte.

Die Frage war nun, warum diesmal, beim dritten Wurf, der Rüde einen derart wilden Verteidigungswillen an den Tag legte. Es wird wohl so sein, daß die jugendliche Anhänglichkeit bisher die Schutzbereitschaft uns gegenüber unterdrückt hatte. Inzwischen war der Rüde drei Jahre alt geworden. Wir hatten schon seit einiger Zeit beobachtet, daß er gesetzter, zurückhaltender und erwachsener in seinem ganzen Verhalten wirkte; so konnte wohl die Verteidigungsbereitschaft die bisherige Schranke durchbrechen. Seither führen wir erwachsenere Dingorüden erst an der Leine aus dem Zwinger (worüber sich die Tiere immer sehr freuen!), ehe wir uns einen Wurf ansehen. Draußen, an der Leine, ist auch ein alter Dingo ein freundliches Tier — hier besteht ja kein Grund, die alte Freundschaft zu brechen. Falsches Verhalten von seiten des Menschen ist nicht nur bei Dingos aggressionsauslösend — die besten Hunde können da böse werden!

Es ist eben so, daß bei dem Hund um den Beginn des dritten Lebensjahres die endgültige Wandlung seiner Persönlichkeit vor sich geht. Er ist nun ausgereift, seine Entwicklung ist abgeschlossen, er ist, um bei jenem früheren Vergleich mit handwerklicher Ausbildung zu bleiben, zum »Meister« geworden.

Man kann sich das am besten verdeutlichen, wenn man wieder die Verhältnisse in der Lebensentfaltung der Wölfe betrachtet. Wir sahen schon, daß Wölfe erst mit 22 Monaten eine eigene Familie gründen; das Wolfspaar ist etwa zwei Jahre alt, wenn erstmals Welpen in seinem Lager sind. Sie ziehen die Welpen auf und schließen sich, wenn nicht alles täuscht, wohl nur ausnahmsweise nochmals ihren Eltern im Herbst an. Weit sicherer ist, daß aber das Jungpaar mit seinen Welpen im Herbst ein eigenes Rudel aufbaut. Wenn die Welpen in die Rudelordnungsphase kommen, sind ihre Eltern zweieinhalb Jahre alt; sie müssen nun ihren Welpen tüchtige Anführer sein, sie müssen ihnen in jeder Weise überlegen und Vorbild sein — kurz, sie müssen »Meister« vorstellen.

Man kann nicht bei allen unseren Hunden diese Persönlichkeitsreifung klar erkennen. Das hängt entschieden davon ab, wieviel Ahnenerbe in ihnen noch lebendig und nicht durch domestikative Wandlungen verschüttet oder abgeschwächt worden ist. Für unser Verhältnis zum Hund mag das Wissen um die Ausreifung im dritten Lebensjahr insofern von Wichtigkeit sein, weil wir unsere Elternrolle etwas überlegter spielen sollten. Wir müssen uns daran gewöhnen, daß aus unserem kleinen Welpen ein erwachsener Hund geworden ist. Denken wir an den Protest von Jugendlichen, deren Eltern nicht sehen wollen, daß aus Kindern allmählich Erwachsene werden. Es gibt auch hier gewisse Parallelen, die bei Hunden dann besonders deutlich werden, wenn sich kein gut fundiertes Vertrauensverhältnis zwischen Herr und Hund eingespielt hat. Die Gefahr, daß nun ein Hund gegen die ständige Unterdrückung durch einen Menschen revoltiert, der nur Tyrann, aber kein Leitbild als sozial hochstehender Rudelführer ist, wird nun akut. Wer etwa wie ich einmal die Auflehnung eines unterdrückten Schäferhundes beobachten konnte, erhält einen sehr nachhaltigen Eindruck vom Kampfgeist eines solchen Tieres. So sehr ich es ablehne, Hunde so abzurichten, daß sie sofort zubeißende »scharfe Wächter« werden, so wenig konnte ich damals diesem Tier meine Bewunderung versagen, das als letzten Ausweg sein Recht mit den Zähnen verteidigte.

Ich habe mich verschiedentlich in diesem Buch bemüht, die von Natur aus friedliche und auf Gruppenbindung abgestimmte psychische Struktur des »Raubtieres« Hund hervorzuheben und zu zeigen, daß der Aggression eine weitaus geringere Bedeutung zur Aufrechterhaltung der Ordnung des Sozialverbandes zukommt. Ich könnte seitenlang darüber erzählen, wie Hunde, die eine normale Jugendentwicklung hinter sich haben, alle ihnen gegebenen Mittel einsetzen, Bande zu knüpfen und Aggressionen zu vermeiden, oder wie mit übertriebenen Bewegungen und übertriebenem Ausdruck miteinander befreundete Hunde Aggression spielen und sie dadurch abwerten.

Alle diese Dinge sprechen eine deutliche Sprache und unterstreichen, wie schwerwiegend die Anlässe sein müssen, die einen normal sozialisierten Hund zur effektiven Aggression treiben. Aber ich weiß auch, daß wohl ein großer Teil der Fälle, in denen Hunde gegen ihresgleichen oder gegen Menschen aggressiv werden, weit weniger von der unmittelbar sichtbaren Ursache bedingt wird, sondern seine eigentliche Erklärung in einer naturwidrig verlaufenen Jugendentwicklung findet. Durch sie kann die »Reizschwelle« für Aggression so erniedrigt werden, daß auch verhältnismäßig geringfügige Vorkommnisse zum Auslöser werden.

Was der Hund also nun im dritten Lebensjahr manifestiert, ist das Bild von Soll und Haben auf dem Konto seiner Jugendentwicklung. Gewiß gibt es im Bereich des Sozialverhaltens und der Aggressionsbereitschaft auch erbliche Abwandlungen. Man hat oft genug Hunde auf Aggressionsbereitschaft gezüchtet; jeder Hundefreund denkt nur mit Grauen daran, daß zivilisierte Mitteleuropäer ihr Vergnügen daran finden konnten, in großen Veranstaltungen zuzusehen, wie sich Hunde gegenseitig zerreißen. Heute werden auffallend aggressive Hunde nicht zur Zucht zugelassen, wodurch die Gefahr einer angewölften Aggressionssteigerung wohl sehr gering ist. Aber ich denke doch, daß noch viel zuwenig dafür getan wird, die erblichen Grundlagen sozialen Verhaltens einer ausreichenden Prüfung zu unterziehen. Sind jene instinktmäßigen Anteile des Sozialverhaltens reduziert, muß bei einer vernünftig gelenkten Jugendentwicklung ein Hund noch lange nicht zum »Verbrecher« werden, doch wird sicherlich die Reizschwelle der Aggressionsauslösung mehr oder weniger erniedrigt sein.

Für den Hundefreund ergibt sich daraus der Schluß, daß hinter den Fragen Hundeanschaffung, Hundehaltung und Hundezucht eine sehr große Verantwortung steht.

Wer sich einen Hund anschaffen will, wird gut daran tun, lange zu prüfen; er wird die Qualifikationen des in die engere Wahl kommenden Hundes ebenso überdenken wie — seine eigenen! Ein Hundekind aufzuziehen und in die Familie einzugliedern ist ein vergnügliches Spiel — aber eines, das nur dann ein ebenso erfreuliches Resultat zeitigt, wenn das nötige Verständnis, der nötige Ernst, viel Geduld und noch mehr Verantwortung die Grundlage für das vergnügliche Spiel sind.

Es heißt dann, zehn bis fünfzehn Jahre lang ein Geschöpf zu halten, das nur dann zur vollen Lebensentfaltung kommt und damit auch den Sinn unserer Hundehaltung erfüllen kann, wenn es ein echtes Mitglied der Familie sein darf. Mit allen Pflichten eines Familienmitglieds — aber auch mit allen Rechten. Wer einen Hund nur als Eigentum betrachtet, über das er frei verfügen kann, sollte kein Hundehalter werden.

Den letzten Punkt, die Hundezucht, will ich nur mit positiven Vorzeichen umreißen. So möchte ich sagen: Wer Verantwortung auf sich nehmen will, wer Freude an der Verantwortung für das Leben hat, der sollte unbedingt züchten. Wenn er dazu in der Situation ist, daß er nicht danach zu fragen braucht, ob er an seiner Nachzucht auch etwas verdienen kann, dann sollte er es erst recht tun. Er soll auch dann züchten, wenn er aus jener Verantwortung heraus Selbstüberwindung genug besitzt, nur das Beste am Leben zu lassen. Wer schließlich Freude daran hat, unentwegt zu lernen, um wirklich zu wissen, was das Beste ist, dem würde ich dann sogar sagen, daß er verpflichtet ist, seinen Beitrag zum Fortbestand der Hunde zu leisten.

Es wird mir wohl jeder Leser zustimmen, wenn ich fordere, daß Hundezucht nur in den Händen verantwortungsbewußter Menschen liegen darf und daß alles getan werden muß, zu verhindern, daß aus dieser Aufgabe ein Tummelplatz für geschäftstüchtige Spekulanten wird, die Hunde als Handelsware in Massenzwingern »fabrizieren«. Ich bin kein Schwarzmaler: Wir sind heute auch in Europa schon soweit!

Das Paarungsverhalten und die Tragzeit

Wir haben schon davon gesprochen, daß eine Hündin gewöhnlich zwei Perioden im Jahr hat, während derer sie zur Fortpflanzung bereit ist. Ich möchte nicht weiter auf die physiologischen Vorgänge jenes sechsmonatigen Zyklus eingehen, die zur Ausbildung befruchtungsreifer Eier führen. Uns interessieren hier mehr die sichtbaren, vor allem verhaltensmäßig zum Ausdruck kommenden Anzeichen der Läufigkeit.

Wer seine Hündin genau beobachtet, wird schon lange vor dem Einsetzen der eigentlichen Läufigkeit eine sich zusehends steigernde Aktivität bemerken, eine Unruhe, die gern im Spiel abreagiert wird. Aber auch eine leichte Reizbarkeit kann auftreten, die sich in der Woche, die als »Vorbrunst« bezeichnet wird, auffallend steigern kann. Viel häufiger ist jedoch die Spielfreudigkeit, die, hat man gleich zwei Hündinnen im Hause, groteske Formen annehmen kann. Es ist keine allzu seltene Erscheinung, daß zusammenlebende Hündinnen zur selben Zeit läufig werden; wahrscheinlich gibt es hier eine Art Stimmungsübertragung, die auf die Drüsentätigkeit der anderen Hündin aktivierend einwirkt.

In der Vorbrunst werden bereits sehr ausgiebig jene Duftstoffe erzeugt, von deren Fernwirkung ich schon sprach. Unser täglicher Spaziergang bringt jetzt Schwierigkeiten mit sich, denn nun folgen uns alle freilaufenden Rüden der Umgebung mit beharrlicher Ausdauer. Unsere Hündin sieht das gern — aber sie zeigt ihnen auch die Zähne, wenn sie allzu zudringlich werden. Ihr Verhalten ist ein beständiges Anlocken und Abwehren der Rüden, das auch der — sonst Vermenschlichungen abholde — Verhaltensforscher sehr treffend Kokettierverhalten nennt. Natürlich spornt das die Bemühungen der Rüden nur noch mehr an, und das ist ja auch der Zweck der Sache.

Interessant und für das hohe Niveau des Sozialwesens Hund sprechend ist dabei die Tatsache, daß die liebeshungrigen Rüden — im Gegensatz zu allen menschlichen Vorstellungen — nicht um die Hündin kämpfen. Sie beten sie ganz im Gegenteil vereint auf das friedlichste an und überlassen es ihr, wem sie ihre

Gunst schenkt. Wie oft habe ich doch schon gesehen, wie sich die liebeskranken Rüden im Überschwang ihrer Gefühle gegenseitig besprangen!

Paarweise gehaltene Hunde zeigen in dieser Zeit jenes Zärtlichkeitsverhalten, dessen Einzelheiten wir schon kennengelernt haben. Ganz ähnlich wie verliebte Menschen werden auch die Hunde recht kindisch und albern umher; wir sehen auch das Nasenstupsen mit dem Beschnuppern, natürlich auch sehr viele genitale Kontrollen.

Nach der etwa einwöchigen Vorbrunst setzt mit dem Auftreten von Blutungen die Hochbrunst ein. Eine instinktsichere Hündin achtet dabei selbst sorgsam auf das Austreten der hellroten Blutstropfen und beseitigt sie mit der Zunge. Leider ist dieser Instinkt bei den meisten unserer Hündinnen weitgehend verlorengegangen, was zu Problemen in der Wohnung führt. Gelegentlich kann es schon während der Blutungen auch zu Vereinigungen mit dem Rüden kommen, die jedoch in der Regel noch zu keiner Befruchtung der Eizellen führen. Meist wehrt die Hündin Aufreitversuche des Rüden ab und entzieht sich ihm, indem sie sich einfach hinsetzt oder ihr Hinterteil gegen eine Mauer drückt.

Der Besitzer einer Hündin wird sich natürlich längst im klaren darüber sein, was jetzt weiter geschehen soll. Die erste Frage lautet: Ist die Hündin überhaupt zur Fortpflanzung geeignet? Als Rassehundbesitzer wird ihm diese Entscheidung von den strengen Zuchtvorschriften abgenommen. Ist das Urteil »Nein«, dann stehen dem Hundehalter noch einige schwere Tage bevor, denn eine liebeskranke Hündin im Haus ist für alle Beteiligten eine beachtliche Qual. Dabei muß man ständig auf der Hut sein, daß das liebe Tierchen nicht entwischt, denn das kann schreckliche Komplikationen ergeben!

Ich sagte schon, daß Hunde kein angeborenes Schema von groß oder klein bei Artgenossen haben. Wenn unsere Dogge an einen Zwergpinscherrüden gerät, ist das nicht weiter schlimm. Es sei denn, die Dogge ist eine sehr erfahrene Hündin und kommt dem kleinen Freier entgegen, indem sie sich auf den Boden legt. Aber wenn eine Dackeldame zufällig gerade einem

Schäferhund begegnet, wird es brenzlig. Es ist kein so großes Unglück, wie manche Leute meinen, wenn eine Hündin von einem Hund anderer Rasse gedeckt wird. Daß sie dann für alle Zeiten verdorben sei, ist ein Aberglaube, von dem man glauben sollte, daß er längst ausgestorben ist (und doch ist das eine der häufigsten Fragen, die man zu hören bekommt). Wird die Hündin aber von einem Rüden einer wesentlich größeren Rasse gedeckt, dann ist es etwas anderes – das gibt bei der Geburt meist sehr folgenschwere Komplikationen, die eine Hündin für immer fortpflanzungsunfähig machen können. In einem solchen Falle unbedingt und so schnell als möglich in die Tierklinik oder zu einem verläßlichen Tierarzt! Es gibt Mittel und Wege, die Entwicklung der befruchteten Eizellen im Mutterleib zu verhindern.

Ist die Hündin aber von einem gleichgroßen oder gar kleineren Rüden gedeckt worden, würde ich mich nicht aufregen. Ich würde die Hündin ihre Schwangerschaft ausleben lassen und ihr sofort nach der Geburt die Welpen wegnehmen.

Das ist keineswegs so grausam, wie es klingt. Die Natur hat eine Vorsorge für derartige Fälle getroffen. Das Leben in freier Wildbahn ist nur in unseren romantischen Vorstellungen von Glück und Freiheit so wundervoll; in Wahrheit gibt es immer wieder schwierige Lebensumstände, die oft genug auch zur Vernichtung von Welpen führen können. Ich erzählte schon, wie Stasi sogar die Milchproduktion einstellte, weil ihre Welpen nicht genügend »Saugdruck« hatten. Noch einfacher geht die Milchbildung – und gleichsinnig jeder Pflegetrieb – zurück, wenn die Welpen erst gar nicht viel dazu kommen, an den Zitzen zu saugen. Die Geburt war dann für die Hündin nur der Abschluß einer Tragzeit, und sie lebt ihr gewohntes Leben weiter, um in sechs Monaten wieder läufig zu werden, als wäre nichts gewesen.

Wenn der Tierarzt die neugeborenen Welpen einschläfert, nehmen sie es kaum wahr. Auf keinen Fall darf man versuchen, sie zu ertränken oder auf ähnliche Weise aus dem Wege zu räumen. Es ist nämlich von der Natur vorgesehen, daß sie über eine Zähigkeit verfügen, die sehr vielen Einwirkungen der Außenwelt einen erstaunlichen Widerstand entgegensetzt. Sie sind auch darauf geeicht, viele Stunden ohne Nahrung auszukommen, und das können wir uns zunutze machen, wenn wir den Tierarzt nicht mitten in der Nacht belästigen wollen. Wir legen die Welpen auf ein weiches Tuch in einem Schuhkarton, stellen diesen an einen zwar warmen, aber von der Hündin genügend weit entfernten Ort (den sie nicht ahnen darf); so warten die Kleinen sehr geduldig bis zum Morgen im Schlaf, ohne von Hunger oder anderen Beschwernissen geplagt zu werden. Wer hier Bedenken haben sollte, denke an die Neugeborenen in einer Klinik – sie werden auch von der Mutter separiert und üblicherweise 20 Stunden ohne Nahrung gelassen.

Aber wir wollen nun doch den Fall setzen, daß unsere Hündin zur Zucht geeignet ist. Viele Menschen haben nun Bedenken, da sie meinen, es fehle ihnen an Möglichkeiten, Welpen aufzuziehen. Man stellt sich das gewöhnlich alles viel zu umständlich vor. Diese Bedenken sind leicht auszuräumen, ich werde mein Bestes dazu beitragen. Aber eine Warnung zuvor: Es ist unbedingt erforderlich, daß man sich vergewissert, ob man für die Nachkommen auch eine Unterbringung finden wird. Sonst geht es Ihnen eines Tages so wie mir, der ich niemanden so hasse, daß ich ihm eine meiner wilden Bestien zumuten möchte.

Grundsätzlich ist ja davon auszugehen, daß ein vernünftiger Hundehalter von vornherein nur einen Hund hat, dessen Raumansprüche er befriedigen kann. Ich meine damit also Leute, die in ihrem Einzimmer-Appartement nicht einen Bernhardiner halten, sondern bestenfalls einen Bichon, einen Zwergpudel, ein Malteser-Hündchen oder sonst einen Zwerghund. Wo aber für eine Hündin Platz genug ist, reicht es auch für ihre Welpen, auch dann, wenn man ihr gleich sechs Junge lassen sollte. Bis zur achten, neunten Lebenswoche genügt das vollkommen! Wie wir schon erfahren haben, sind die territorialen Ansprüche der Kleinen bis dahin noch nicht größer als die ihrer Mutter. Wer aber Angst vor der Geburt hat, für den wird das, was ich später darüber erzählen werde, sehr aufschlußreich sein. Nur soviel schicke ich voraus: Wer wirklich berechtigte Angst haben muß, weil er eine Hündin hat, die infolge Überzüchtung mit Sicherheit Schwierigkeiten haben wird, der wird als verantwortungsbewußter Mensch und Hundefreund ohnehin nicht züchten!

Sind alle diese Voraussetzungen geklärt, kann ich mit reinem Gewissen viele Stunden echter Freude versprechen, denn das Erlebnis der Geburt und der Mutter-Kind-Beziehungen gehört zu dem Schönsten im an sich schon erlebnisreichen Dasein eines Hundehalters. Um aber zu diesen Freuden zu kommen, heißt es jetzt die Hündin rechtzeitig mit dem erwählten Rüden zusammenzubringen. Der richtige Termin hierfür läßt sich leicht bestimmen; er liegt zwischen dem neunten und dreizehnten Tag nach Einsetzen der Blutung, die normalerweise nur eine Woche andauert. Die Eizellen der Hündin sind in dieser zweiten Woche der Hochbrunst meist ausgereift und damit befruchtungsfähig. Für gewöhnlich genügt ein einziger Deckakt, um eine ausreichende Anzahl von Eizellen zu befruchten.

Nicht alle Eizellen werden gleichzeitig befruchtungsreif; war der Termin günstig gewählt, ist auch noch gewährleistet, daß zwei oder drei Tage später reifende Eizellen von der einmaligen Bedeckung her befruchtet werden, da die Samenzellen so lange am Leben bleiben. Passiert es unbemerkt, daß eine bereits gedeckte Hündin zwei Tage später von einem zweiten Rüden gedeckt wird, dann erlebt der Besitzer eine merkwürdige Überraschung: Im Wurflager befinden sich neben reinrassigen Welpen auch zweifelsfreie Bastarde! Das ist schon vielen Leuten passiert, die geglaubt haben, daß nichts mehr geschehen kann, wenn ihre Hündin einmal aufgenommen hat. Zwar gehen in der Regel die Läufigkeitsanzeichen nach erfolgreicher Bedekkung rasch zurück – eine zusätzliche Eizellenbefruchtung durch einen zweiten Rüden ist aber dennoch nicht ausgeschlossen, wenn bei der ersten Bedeckung nur ein Teil der Eizellen reif war. Auch bei abklingender Läufigkeit ist manche Hündin nicht abgeneigt, sich nochmals mit einem Rüden einzulassen; meine Elchhündin Binna zum Beispiel hat es fertiggebracht, meinen Bastard Strixi noch am 18. Tag nach Beginn der Blutung zu erhören, zu einem Zeitpunkt also, da bei ihr kaum noch etwas von Läufigkeit zu bemerken war und ich dachte, daß ich nun nicht mehr aufzupassen bräuchte. Sie bekam freilich davon keine Jungen mehr, aber ganz ausschließen kann man grundsätzlich eine derartige Möglichkeit nicht. Wer seine Hündin auf keinen Fall decken lassen will, tut gut daran, sie ganze vier Wochen lang zu bewachen: eine Woche Vorbrunst, eine Woche Blutungszeit, eine Woche Deckzeit und eine Woche Nachbrunst — sicher ist sicher, zumal bei manchen Hündinnen das Einsetzen der Blutungen nicht gleich erkannt wird.

Führt man eine Hündin einem Rüden zu, so braucht man nicht gleich die Segel zu streichen, wenn sie ihm bei der ersten Begegnung die Zähne zeigt. Schließlich können wir von einem Tier, über dessen seelische Qualitäten wir doch sonst so voll Lobes sind, nicht erwarten, daß es die von uns getroffene Wahl bedingungslos akzeptiert. Ich sprach schon davon, daß es unter natürlichen Verhältnissen die Hündin ist, die sich den Freier auswählt. Unsere Hündin aber weiß nichts von Stammbäumen und Ausstellungssiegern — sie hat nur ein gutes Gefühl dafür, was ein ordentlicher Rüde ist, in den man sich verlieben kann. Sie muß daher mit unseren züchterischen Überlegungen nicht unbedingt einverstanden sein, und so kommt es im Extremfall vor, daß sie sich hartnäckig weigert, mit dem ausgesuchten Rüden eine Verbindung einzugehen.

Für gewöhnlich aber müssen wir nur ein wenig Geduld haben und der Hündin Zeit lassen, sich mit dem Rüden anzufreunden. Handelt es sich um einen ganzen Kerl, dann wird er seine Anträge so geschickt formulieren, daß sie, berückt von soviel Zärtlichkeit, am Ende doch ihr Jawort gibt. Versteht sich der Rüde aber nicht auf das Werbezeremoniell, dann sollten wir selber auch auf ihn verzichten, auch wenn er noch so schöne Zuchtpapiere hat. Wenn nämlich das Instinktverhalten im Bereich der Fortpflanzung einen Knacks hat, dann sollten wir doch ernsthaft darüber nachdenken, wohin wir kommen, wenn wir hier nicht scharf selektieren. Instinktabschwächung in diesem Bereich kann in den nächsten Generationen bis zur Fortpflanzungsunfähigkeit führen, und wir müßten schließlich unsere Hündinnen vom Tierarzt auf künstlichem Wege besamen lassen. Mag sein, daß manche Menschen das nicht schlimm finden — aber was dann doch wirklich schlimm ist, ist die Tatsache, daß es bereits sehr viele Hündinnen gibt, die infolge einer solchen Auffassung vieler Züchter nicht mehr gebären können; sie müssen mittels Kaiserschnitt entbunden werden. Und hier muß einfach jedes Verständnis ein Ende haben! Ein derart unbiologisches Züchten artet in Tierquälerei aus.

Es ist leider etwas betrüblich, wie ärmlich doch das Liebesleben für unsere Hunde geworden ist. Wenn man um das hohe soziale Niveau der Hunde weiß, dann versteht man auch, daß der Vorgang der Fortpflanzung bei ihnen nicht allein eine Frage des Deckaktes sein kann. Was man in Zwingern beobachten kann, in denen Hunde artgemäß, also paarweise, leben dürfen, steht unseren menschlichen Vorstellungen von Liebe nicht nach. Der Unterschied liegt im Symbolgehalt unserer Sprache, die ein weitaus differenzierteres Ausdrucksmittel ist als das Ausdrucksverhalten der Hunde; aber das, was dahinter steht, die »unbenannten« seelischen Empfindungen, halte ich für kaum weniger differenziert als die unseren.

Wir dürfen uns nicht täuschen lassen, wenn wir sehen, daß sich unsere Hündin etwa am elften Tag ihrer Hochbrunst einfach hinstellt und vom Rüden bespringen läßt. Die Ursachen für ein derartig ausdrucksloses Verhalten liegen einmal wohl in einer Instinktreduktion, sie liegen aber auch darin, daß eine während der langen Zeit vorher isoliert gehaltene Hündin einfach nicht mehr Herr über ihre Gefühle ist. Das erleichtert zwar unser Vorhaben, und verständnislos, wie wir nun einmal sein können, sind wir mit so einer »braven« Hündin sehr zufrieden. Auch der Rüde, der so bedenkenlos aufspringt, ist ein »guter Zuchtrüde«, meinen manche Leute, die von Hunden nicht mehr verstehen als das, was in den Abstammungsnachweisen zu lesen ist.

Da wir uns auf diese Weise aber der Möglichkeit berauben, zu beurteilen, ob erste Instinktreduktionen im Fortpflanzungsbereich als Alarmsignal für künftige biologische Schwächungen, wie Fortpflanzungsträgheit, Tragzeit- und Geburtsschwierigkeiten, Ausfall von Mutterinstinkten und noch mehr, auftreten, landen wir mit unseren Züchtungsergebnissen unweigerlich bei diesen Entartungen.

Selbstverständlich müssen wir bei unseren Rassehunden genau überlegen, welchen Rüden wir für unsere Hündin wählen, und dabei ergibt es sich dann, daß der Rüde vielleicht in einem 200 Kilometer entfernten Ort lebt. Wer kann es sich dann aber leisten, ein bis zwei Wochen Urlaub zu machen, um die beiden Tiere einige Stunden am Tag miteinander spielen zu lassen? Das sind nun einmal Schwierigkeiten, die oft nicht lösbar sind. Es bleibt nichts anderes übrig, als mit der Hündin auf ein oder zwei Tage dorthin zu fahren und die Sache in aller Schnelle zu erledigen. Deshalb müßte jeder vorher seine Hündin oder seinen Rüden bei irgendeiner sich bietenden Gelegenheit testen. Wenn dieser Test negativ ausfällt, wenn er zeigt, daß das normale Fortpflanzungsverhalten arge Störungen aufweist, sollte man so viel Verantwortungsbewußtsein aufbringen, auf eine Weitervererbung dieser Schäden zu verzichten.

Ich möchte hierzu nur noch ergänzend sagen, daß wir negative Anzeichen im Bereich der Fortpflanzung nicht isoliert betrachten dürfen. Ein Organismus besteht nicht aus Einzelteilen; jede Störung in einem Teilbereich beeinflußt das ganze lebende System. Fortpflanzung ist aber ein zentraler Teilbereich, der, tief im Organismus verankert, mit allen anderen Bereichen engstens verknüpft ist. Ein altes chinesisches Sprichwort sagt: Wenn sich ein Blatt im Winde bewegt, erzittert der ganze Baum.

Die Verhaltensweisen während der Hochbrunst sind die gleichen, die wir schon als Liebesvorspiele kennen. Der Rüde weicht der Hündin nun nicht mehr von der Seite, beide nehmen sich kaum Zeit zum Fressen, es wird gespielt, gebalgt und geschnuppert. Die Hündin gibt schließlich zu erkennen, daß sie bereit ist. Sie springt nicht mehr davon, sie wehrt nicht mehr im Kampfspiel ab, sondern bleibt stehen und hält den Schwanz zur Seite. Nun kann der Rüde aufspringen; er umklammert die Hündin, die regungslos verharrt, mit den Vorderbeinen an den Weichen und bohrt seine Nase in ihr Schulterfell oder legt den Kopf mit weit zurückgezogenen Mundwinkeln und starrem Ausdruck an die Seiten ihrer Schultern gepreßt, oft auch auf ihrem Halsansatz aufliegend.

Diese Stellung währt nicht lange, meist eine knappe Minute. Dann sinkt der Rüde herab, die Hündin dreht sich zu ihm um, aber die Tiere bleiben verbunden. Es folgt das so oft mißverstandene Hängen, das zwischen zehn und zwanzig Minuten andauert. Dies ist eine allen Hundeartigen eigene Verhaltensweise, die auf anatomisch-physiologischen Besonderheiten des männlichen Begattungsorganes beruht. In ihm befindet sich ein die Verbindung während der Vereinigung sichernder Schwellkörper, der sich nur sehr langsam wieder verkleinert. Hängende Hunde mit kaltem Wasser zu übergießen oder ähnlicher Unfug sind unverzeihliche Grausamkeiten.

Sobald das Hängen vorüber ist, reinigen sich die Hunde. Gewöhnlich legt die Hündin dann ein überaus vergnügtes Verhalten an den Tag, verbunden mit übertriebenen Spielaufforderungen und grotesken Sprüngen, während der Rüde wenig Neigung zeigt, diesen Gefühlsausbruch seiner Partnerin zu beantworten.

Man kann bisweilen auch außerhalb der Paarungszeit Aufreiten eines Rüden auf eine Hündin beobachten, ohne daß es dabei zu Erektion oder Vereinigung kommt. Mit Sicherheit geschieht das, wenn man einen Rüden und eine Hündin zusammenbringt und ihnen Gelegenheit bietet, sich anzufreunden. Dieses »symbolische« Aufreiten ist eine Demonstration der Besitzergreifung. Auch angesichts eines fremden Rüden demonstriert der männliche Partner auf diese Weise sein »Eherecht«. Oft genug reiten Rüden auf andere Rüden auf, was dann als Demonstration der Ranghöhe zu werten ist.

Die Tragzeit beträgt bei unseren Hunden — genau wie bei Wolf und Schakal — in der Regel 63 Tage, mit einem Schwankungsbereich zwischen 59 und 65 Tagen. Bei meinen Dingos stellte ich bislang ausschließlich Tragzeiten von nur 59 und 60 Tagen fest. Auch bei vielen unserer Haushunde sind sie nicht länger.

Während der ersten Hälfte der Tragzeit passiert nichts Besonderes. Erst gegen Ende dieser Zeit arbeitet sich die Hündin allmählich zur Dominanz über den Rüden empor, wie sie dann in der zweiten Tragzeithälfte ganz offenkundig wird. Der Rüde steht nun unter dem Pantoffel, läßt sich von der Hündin alles gefallen und respektiert sie in jeder Weise. Der ganze Ausdruck der Hündin bietet nun ein Bild der Selbstsicherheit und des Selbstbewußtseins.

Besonders deutlich wird die Überlegenheit der Hündin, wenn es um das Futter geht. Während bislang der Rüde das Recht geltend machte, als erster ans Futter zu gehen, und die Hündin sich mit dem begnügen mußte, was er ihr übrigließ, ist es jetzt umgekehrt. Das ist auch notwendig so, denn die ab der fünften Schwangerschaftswoche rasch heranwachsenden Nachkommen bedingen einen entsprechenden Nahrungsbedarf der werdenden Mutter. Es ist ein weit verbreiteter Irrglauben, daß unsere Hunde in der Domestikation zu Gemüse- und Kohlehydratfressern geworden seien. Der Hundehalter sollte wenigstens während der Schwangerschaft vernünftig sein und Kohlehydrate bestenfalls als Zusatzfutter in geringen Gaben verabreichen, sonst aber Fleisch füttern, wie es einem Hund in Wahrheit zukommt. Rohes Fleisch, rohe Innereien, nicht gekocht — nicht etwa, weil es den Hund »scharf macht«, wie so oft zu hören ist. Der Hund wird nicht scharf davon, sondern er wird bei dieser Kost gesund leben. Nur ein mit Fleisch gefütterter Hund ist aktiv und entfaltet wirklich alle seine Fähigkeiten und Kräfte. Vorwiegend mit eiweißarmer Kost gefütterte Hunde werden stumpf, gleichgültig, träge, ihr ganzes Verhalten ist in jeder Richtung abgeschwächt. Nur ein richtig ernährter Hund entfaltet seine ihm eigenen Verhaltensweisen, deswegen ist es angebracht, an dieser Stelle auch davon zu reden.

Natürlich können kleinere bis kleinste Hunderassen mit verkürzten Kiefern und dadurch schlecht gestellten Zähnen nicht wie ein Wolf grobe Fleischstücke zerreißen. Für sie suchen wir zartes Fleisch oder helfen notfalls mit dem Fleischwolf nach. Die tragende Hündin darf kein Fett ansetzen (die Folge von kohlehydratreicher Nahrung), da dies nicht nur die Entwicklung der Welpen beeinträchtigt, sondern auch Geburtsschwierigkeiten bedingt. Die im Mutterleib heranwachsenden Kleinen sollen

Knorpel und Knochen ausbilden, sie sollen Muskeln, Nerven und Gefäße aufbauen – alle diese Dinge können nicht aus Haferflocken gemacht werden, sondern nur aus vitamin- und kalkreichem Eiweiß; also müssen wir den Speisezettel entsprechend gestalten. Rohe Eier sind eine nützliche Zusatzkost, und etwas Lebertran oder Multivitamin schließt mit Sicherheit alle etwa noch vorhandenen Lücken im Bereich der Aufbaustoffe. Die Hündin soll jetzt auch so oft fressen können, wie sie mag, damit sie sich nicht bei einer einzigen Mahlzeit den Bauch zu sehr anfüllen muß. In den letzten drei Wochen muß sie auf jeden Fall wenigstens drei Mahlzeiten pro Tag erhalten.

In der zweiten Hälfte der Tragzeit nimmt das Ruhebedürfnis der Hündin zu. Wir werden nicht auf die gewohnten Spaziergänge verzichten, aber wir sollten es der Hündin überlassen, wenn sie wieder nach Hause will; sie weiß am besten, wieviel Bewegung ihr guttut. Auch ihr Bauch rundet sich nun allmählich, aber wir sollten nicht dauernd daran umhertasten, ob man schon was von den Kleinen spürt – zu leicht kann man eine der Früchte verletzen, und das hat dann sehr böse Folgen. Wenn wir wirklich nicht sicher sind, ob die Hündin aufgenommen hat oder nicht, und es aus irgendwelchen Gründen genau wissen wollen, ist der Weg zum Tierarzt das beste, was wir tun können. Ein weiteres Anzeichen der Schwangerschaft ist, daß sich nach der fünften, sechsten Woche die Zitzen vergrößern und härter werden. Das Gesäuge selbst schwillt erst einige Tage vor der Geburt an.

Reizbarkeit und Nervosität der Hündin in den letzten Wochen ertragen wir mit geduldiger Nachsicht; gewöhnlich werden wir das nur bei der ersten Schwangerschaft erleben, bei den folgenden »weiß« die Hündin dann schon, was da los ist, und benimmt sich gelassener. Wenn sich der zunächst noch farb- und geruchlose Ausfluß ins Grünliche verfärbt, dauert es meist nur noch Stunden. Wer genaue Temperaturmessungen vorgenommen hat, wird nun auch feststellen, daß die Körperwärme um ein bis zwei Grade abgesunken ist. Die in den letzten 24 Stunden übliche Freßunlust weist ebenfalls darauf hin, daß die große Stunde naht.

Ich möchte hier zunächst einen Überblick darüber geben, wie sich eine normale Geburt abspielt. Dabei gehe ich von meinen Dingohündinnen aus, bei denen ich schon einige Geburten in allen Einzelheiten beobachtet und fotografiert habe. Alle diese Geburten verliefen völlig gleichartig, und ich könnte eines der vorliegenden Protokolle als Muster für alle anderen verwenden. Die Natur hat derart wichtige Dinge bei ihren Geschöpfen nun einmal so entwickelt, daß alles klaglos vonstatten geht und auf bestmögliche Weise erfolgt. Nur das Wildtier kann Maßstab dafür sein, was normal ist; Anomalien kann sich die Natur nicht leisten. Sie können bis zu einem gewissen Grad unter der schützenden Fürsorge des Menschen bestehen, aber wenn es sich um solche handelt, durch die sich eine Hündin bei der Geburt schwertut, dann sind wir schlicht und einfach Tierquäler.

Einige Stunden vor der Geburt beschäftigt sich die Dingohündin sehr eingehend mit der Wurfkiste, beschnuppert sie, kratzt an ihr und scharrt gegebenenfalls Strohreste und ähnliches Material hinaus. Der Boden der Wurfkiste muß glatt und sauber sein! Nun setzt die höchstens eine Stunde dauernde »Eröffnungsphase« ein, in der durch Wehen die Geburtswege vorbereitet werden. Nur in dieser Stunde läßt auch eine Dingohündin erkennen, daß sie Schmerzen hat. Sie krümmt dabei das Rückgrat hoch, zieht sich zusammen, die Muskeln verkrampfen sich, sie hat einen starren Gesichtsausdruck. So eine Wehe dauert kaum eine Minute und wiederholt sich zwei- bis dreimal. Zwischen den Wehen beleckt die Hündin sorgsam die Vulva, säubert die ganze Umgebung und ruht zwischendurch ein wenig; es hält sie aber nie lange, sie springt wieder auf und beschäftigt sich weiterhin mit dem Lager. Uneinsichtiges, zwanghaft ablaufendes Scharren auf dem glatten Holz der Wurfkiste zeigt uns wieder einmal sehr deutlich, was Erbkoordinationen sind; dieses Scharren mit dem sorgfältigen Schnuppern dazwischen hat doch nur bei Naturboden einen Sinn. Der Zwangscharakter dieses Scharrinstinkts zeigt sich auch in der gespannten Haltung, im starren Gesichtsausdruck, der wie abwesend

Zwanghaftes Scharren vor der Geburt.

wirkt, durch die weit nach hinten gezogenen Mundwinkel und die völlige Unansprechbarkeit des Tieres.

Zwischen diesen Wehen und den Scharranfällen sind alle meine Dingohündinnen äußerst liebenswürdig, sie freuen sich sichtlich über die Anwesenheit des Menschen und legen den Kopf auf die Knie, wenn eine neue Eröffnungswehe einsetzt.

Ist diese Phase vorbei, rollt sich die Hündin im Lager zusammen und erholt sich ein Viertelstündchen. Ab und zu wacht sie aus dem nur leichten Schlaf auf, hebt ein Hinterbein und kontrolliert die Geburtsöffnung. Nun heißt es scharf aufpassen, wenn man etwas von der Austreibungsphase sehen will. Denn irgendeinmal bleibt das Hinterbein oben und aus dem Kontrollieren wird ein Ablecken der Eihäute des austretenden Welpen. Meist sind die Eihäute bereits völlig aufgefressen, wenn der Welpe den Boden neben der Hündin erreicht hat — so schnell und erfolgssicher geht das selbst beim ersten Welpen des ersten Wurfes einer Dingohündin!

Nur eine Blitzaufnahme von der ersten Austreibung schaffe

ich, denn ehe die sieben Sekunden bis zum Wiederaufladen um sind, hat die Hündin auch schon die Nachgeburt aufgefressen und den Welpen drei bis vier Zentimeter vor dem Bauch abgenabelt. Beim nächsten Blitz ist die Hündin bereits beim Ablecken des klatschnassen Welpen, der nun auch sein Mäulchen weit aufreißt, die Zunge hervorstreckt und seinen ersten, tiefen Schnaufer macht.

Zehn bis zwanzig Minuten hat die Hündin nun Zeit, sich mit dem Welpen zu beschäftigen und sich ein wenig auszuruhen. Der Welpe strampelt an ihrem Bauch herum und saugt sich fest. Dann setzt wieder eine Preßwehe ein, der eine zweite, selten eine dritte folgt, und es geschieht die nächste Austreibung. Die ganze Geburt von fünf oder sechs Welpen umfaßt einen Zeitraum von nicht mehr als zwei Stunden.

So verläuft also eine Geburt, die ich als ideale Hundegeburt bezeichnen möchte. Ich habe schon von Hundegeburten gelesen, die weniger Zeit in Anspruch nahmen, aber an denen gefällt mir etwas nicht: Die Hündin hat bei ihnen zu wenig Ruhe, sich um die einzelnen Welpen zu kümmern und sich zwischendurch noch ein wenig zu erholen. Das Trockenlecken eines Welpen erfordert wenigstens fünf Minuten; das sorgsame Auflecken des ausgetretenen Blutes braucht seine Zeit, und das Reinigen der Geburtswege ebenfalls. So mögen derartige Schnellgeburten bei unseren Hunden wohl kaum wünschenswert erscheinen.

Bei meiner Elchhündin Binna dauerte die Geburt jedesmal vier Stunden vom Austritt des ersten bis zum Austritt des siebenten Welpen, also etwa doppelt so lang wie bei den Dingohündinnen. Binna befreit den Welpen erst von der Eihaut, wenn er ganz ausgetreten ist und neben ihr liegt. Man kann genau verfolgen, wie sie an der Nabelschnur zerrt und sich die Nachgeburt herausholt; bis zum Trockenlecken des Welpen kann ich zweimal blitzen und so von einem Austritt zwei Phasen im Bild festhalten. Alles ist also verlangsamt im Vergleich zum Wildhund. Nun, Binna ist ja ein Haushund, sie ist domestiziert, wenn auch in einem Umfang, den man durchaus noch als unbedenklich bezeichnen kann. Binna zeigt auch zuvor, während der Eröffnungsphase, keinerlei besondere Beschwer-

Binna ist ständig mit den Welpen beschäftigt: Vorder- und Hinterbeine bilden mit dem Rumpf ein Viereck, in dem die Welpen eingeschlossen sind.

den, im Gegenteil, ich habe den Eindruck, daß sie dabei noch gelassener ist als eine Dingohündin.

Wohl einer der erfahrensten Hundefachleute und Tiermediziner, Eugen Seiferle, schreibt: »Die Gesamtdauer der Austreibungsphase beträgt bei größeren Würfen im allgemeinen 8 bis 12 Stunden«, und setzt hinzu, daß »die ganze Geburt innerhalb längstens 24 Stunden abgeschlossen sein« sollte. So weit ist es also mit unseren Hunden gekommen. Dieser langsame Geburtsverlauf ist doch ein deutlicher Beweis für eine beachtliche Herabminderung der Lebenskraft der Haushunde.

Nun spricht Seiferle aber von »größeren Würfen«. Wir können eine einfache Rechnung aufstellen: Wenn meine Dingos sechs Junge in zwei Stunden zur Welt bringen, so würde das zwölf Junge in vier Stunden ergeben; rechnen wir noch eine Stunde für ungewöhnliche Leistung dabei hinzu, so sind es immer noch erst fünf Stunden, aber nicht acht bis zwölf.

Damit sind wir gleich bei der Frage der Welpenzahl. Vier bis sechs Welpen sind die normale Fortpflanzungsrate bei allen

Wildhundformen, die zum engeren Verwandtschaftskreis unserer Haushunde gehören. Wir aber machen eine Sensation daraus, wenn eine Hündin zwölf Junge bekommt, sind sehr stolz und glauben, eine besonders gute Hündin zu haben. Die Rekordsucht des Menschen macht vor nichts halt, auch nicht vor der Vergewaltigung der Kreatur. Was sollen solche Rekordwürfe überhaupt? Eine Hündin hat zehn Zitzen, wobei das erste Paar gewöhnlich reduziert ist, da die urtümliche Vielköpfigkeit des Wurfes bei den hundeartigen Raubtieren aufgegeben worden ist. Acht voll aktionsfähige Zitzen reichen gut für eine normale Welpenzahl, aber doch nicht für mehr als acht Welpen. Ein verantwortungsbewußter Hundezüchter wird eine Hündin, die mehr als acht Welpen bringt, von der Weiterzucht ebenso ausschließen wie ihre Nachkommen. Wir brauchen keine Massenvermehrung, sondern eine gesunde, natürliche Vermehrung. Genauso gehört eine Hündin von der Zucht ausgeschlossen, die auch beim zweiten Wurf nur ein, zwei oder drei Welpen bringt — mit ihr stimmt ebenfalls etwas nicht.

Diese Behauptung ist nicht aus der Luft gegriffen. Ich mache ja absichtlich Versuche, die nicht gut ausgehen können, weil ich wissen will, wie solche biologischen Defekte zustande kommen, damit wir sie künftig vermeiden können. Mir ist es also »gelungen«, durch extreme Inzucht einen Dingostamm zu züchten, bei dem die Hündinnen stets nur zwei Welpen zur Welt bringen. Das ist aber nicht alles: Diese Hündinnen quälen sich mit der Eröffnungsphase ziemlich herum, und sie brauchen für diese beiden Welpen oft mehr als zwei Stunden! Eine von ihnen ist sogar so instinktgeschädigt, daß sie beim Abnabeln gelegentlich gleich ein Stück der Bauchdecke anknabbert. Wieder ein Beispiel, wie alles ineinandergreift. Es ist klar, daß mir dieser »Erfolg« völlig genügt und ich diesem Spiel ein Ende setze. Aber ich kann auch dazu ergänzen: Diese Hündinnen würden, wenn es einen »Standard« für Dingos gäbe, zumindest mit guten, ihrer besonderen Liebenswürdigkeit wegen vielleicht sogar mit sehr guten Zeugnissen abschneiden! Sie würden angekört werden und dürften dieses leistungsgeminderte Geschlecht weiter vermehren, denn was sich im Dunkel der Wurfkiste abspielt, jene Schmerzensschreie bei den Eröffnungswehen — davon würde nichts in den Papieren stehen.

Nun, verlassen wir das und sehen wir uns noch ein wenig in weiteren, mit der Geburt zusammenhängenden Bereichen um. Da wäre gleich einmal die Frage nach der Wurfkiste, die wir ja wenigstens zehn Tage zuvor zwecks Eingewöhnung aufgestellt haben.

Die Hündin ist sehr bestrebt, das Wurflager peinlichst sauber zu halten. Sie sorgt vor allem dafür, daß alles schön trocken bleibt, denn nichts schadet dem Welpen mehr als Nässe. Eine meiner Hündinnen hatte es sich einmal in den Kopf gesetzt, ihre Welpen nicht in der hierzu vorgesehenen Hütte zur Welt zu bringen und großzuziehen; ihr schien es offensichtlich richtiger, zu den Gebräuchen ihrer Ahnen zurückzukehren und unter der Hütte eine Grube auszuscharren. Das noch dazu mitten im Winter, bei Nachtfrösten von zwanzig Grad! Mir war nicht ganz wohl dabei; zwar predige ich gern von naturnaher Aufzucht, von harter Auslese und Erhaltung des natürlichen Instinktinventars — aber wenn es so kalt ist, daß in meinem Bart Eiskristalle wachsen, dann neige ich dazu, allen gesunden Prinzipien untreu zu werden.

Ich nahm mir also vor, das von der Hündin vorbereitete Wurflager zuzuschütten und sie zu zwingen, doch mit der Hütte vorlieb zu nehmen. Als ich aber im Zwinger stand und überlegte, wie ich das anstellen könnte, wurde mir so kalt, daß die Vorstellung, ich müßte da nun noch eine Stunde mit Schnee und gefrorenem Boden, eisüberzogenen Brettern und ähnlichen Winterfreuden zubringen, schreckhafte Dimensionen annahm. Ich beschloß, meinen Prinzipien doch treu zu bleiben, die Dinge ihren Lauf nehmen zu lassen und eilends die warme Stube aufzusuchen.

So konnte die Hündin ihren Willen durchsetzen, die Welpen in der Grube zur Welt bringen und in dieser auch großziehen. Um es gleich vorwegzunehmen: Es klappte alles ganz großartig! Die brave Mutter lag zwei Tage lang bei ihren Welpen wie eine Glucke auf ihren Küken. Man hörte die Kleinen munter quäken, nicht leiser und nicht lauter, als sie das auch in Wurflagern tun, die verwöhntesten Wohlstandsvorstellungen entsprechen. Am dritten Tage riß ich ein Bodenbrett der Hütte heraus, da es für mich keinen anderen Zugang zum Lager gab, ich aber doch sehen wollte, was uns die Hündin beschert hatte. Die sechs Welpen, die von da ab regelmäßig gewogen wurden, entsprachen den höchsten Anforderungen und schienen sich in ihrem eiskalten Erdloch wohler zu fühlen als im warmen Wiegeraum.

Ihre Mutter hatte alles richtig »bedacht«. Zwar war das Loch im gefrorenen Boden sicher kälter als die in der Hütte vorbereitete Wurfkiste; außerdem war das Fell der Welpen voller Sand; aber trocken war es da, sehr schön trocken, und außerdem dürfte noch etwas für die Platzwahl der Hündin bestimmend gewesen sein: Die Hütte war ihr zu groß! Sie wollte ein gut gedecktes, kleines Versteck, nicht größer und nicht kleiner, als das für sie und ihre Welpen gerade paßte. Da fühlte man sich sicher und geborgen, hier konnte man sich nach allen Seiten anschmiegen, und man hatte die Welpen schön dicht beisammen.

Bei der Wahl ihres Wurflagers haben Hündinnen ihre eigenen Vorstellungen. Einmal brachte ich eine Dingohündin zum Werfen in einen ungeheizten Raum, der eine Bodentemperatur von minus ein bis zwei Grad hatte. Es stand eine dickwandige, in der Größe passende Wurfboxe zur Verfügung, die sich schon mehrfach bewährt hatte. Außerdem gab es dicht daneben eine flache Holzkiste mit Sägespänen. Ein Dingo weiß sofort, wofür die da ist. Meine Hündin aber scharrte die Sägespäne eifrig heraus und benützte sie erst außerhalb zur Ablagerung ihrer Stoffwechselprodukte. Die Kiste aber fand sie genau richtig zum Schlafen und Kinderkriegen und ließ sich von dieser Überzeugung auch nicht abbringen, als ich den ursprünglichen Zustand wiederherstellte und sie in die Boxe setzte. Sogleich machte sie sich wieder an die Arbeit und räumte die Kiste aus. Nun wollte ich es genau wissen und nahm ihr die Kiste weg. Da rollte sie sich einfach in die Ecke, in der diese gestanden hatte, und ignorierte alle meine Vorhaltungen und meine Hinweise auf die praktische Wurfboxe mit all der Sturheit, zu der ein Dingo nun einmal fähig ist.

Da gab ich nach. Die Hündin bekam ihre Kiste wieder, sie brachte darin ihre Jungen zur Welt und war zufrieden. Aber nun versuchte ich nochmals, meinen Kopf durchzusetzen und legte die Welpen nach dem Wiegen doch noch in den schönen Kasten. Die nun schon Kummer gewohnte Hündin nahm mit ergebener Geduld einen Welpen nach dem anderen und trug ihn zurück in die Kiste. Dann legte sie sich dazu und schloß die Augen — sie wollte endlich ihre Ruhe haben und sich nicht endlos mit mir um den richtigen Platz streiten!

Binna zieht einen Welpen in die offene Wurfkiste; sie erfaßt die kleinen Saugwelpen an beliebiger Körperstellung.

Ähnliches hat wohl schon jeder, der mit einer Hundemutter zu tun hatte, erlebt. Man kann es noch so gut meinen — die Hündin wird auf dem beharren, was sie für richtig und zweckmäßig hält. Legt man ihr die Welpen hundertmal in das Lager, das man für sie zurechtgemacht hat, dann wird sie eben hundertmal die Welpen wieder in jenes zurücktragen, das ihr richtig erscheint.

Wir sollten nicht übereifriger als eine instinktsichere Hündin sein. Wir haben von unserer keimfreien und in vielen Dingen übertriebenen Babypflege her so viele überspitzte Vorstellungen, daß wir immer wieder gescheiter als die Hündin sein wollen. Die weiß, was Welpen brauchen, und sie ist dabei eben nicht besonders zimperlich. Das angewölfte Wissen um die Notwendigkeiten der Welpen ist von Natur aus so abgestimmt, daß es weder ein Zuviel noch ein Zuwenig hinsichtlich der Betreuung gibt. Wobei auch hier neben dem Ererbten die Erfahrung eine Rolle spielen kann. Das Hundegehirn ist entwickelt genug, um über dem zwangsläufigen Geschehen und dem triebhaften Handeln noch zusätzliche Kenntnis von dem quäkenden Gekrabbel im Wurflager erfahrungsmäßig zu verarbeiten. Fast alle Hündinnen sind beim ersten Wurf ihres Lebens aufgeregter, besorgter und vielfach fast zu eifrig. Bei späteren Würfen wirken sie dann gelassener, Selbstsicherheit geht von ihnen aus, und sie verrichten ihre Aufgabe mit routinierter Geschicklichkeit. Eben das aber beweist, daß im Hundegehirn ein wenig mehr vor sich geht als das Walten unbewußter Triebe. Die Hündin lernt zumindest das eine: daß dieses eigenartige Geschehen für sie kein Grund zur Aufregung ist, weil alles sich so ganz von selbst ergibt und alle Spannungen so abreagiert werden, daß es zuletzt nur in Wohlbehagen ausläuft.

Die hormonellen Geschehnisse vor, während und nach der Geburt haben jenes zur Welpenaufzucht notwendige Instinktinventar ausgelöst. Wir wissen bereits, daß es sich dabei um Erregungsproduktionen im Zentralnervensystem handelt, die nach Entladung drängen. Die erstmals wölfende Hündin weiß noch nichts davon, daß es eben diese Welpen sind, die jene neuartigen Triebstauungen auf sich ableiten und damit entladen.

Die Befriedigung eines Triebes aber geht mit einem Lustgefühl Hand in Hand. Die erfahrene Hündin kennt diese Lustgefühle, die sich aus dem Erfüllen aller Pflegehandlungen ergeben.

Das zum Begriff »Mutterliebe« bei unserer säugenden Hündin, damit wir nicht allzu sentimental vor dem Wurflager stehen, sondern das Zusammenwirken von mütterlichen und kindlichen Verhaltensweisen besser verstehen. Wunderbar genug ist diese Harmonie beider so eng aufeinander abgestimmter Verhaltenskomplexe ohnehin — wir sollten die Wunder eben dort sehen, wo sie wirklich sind. Für mich jedenfalls ist diese so in allen Einzelheiten aufeinander abgestimmte »biologische Ganzheit«, wie sie sich aus der zweckmäßigen Form des Wurflagers, dem angeborenen Pflegeverhalten und dem Welpenverhalten ergibt, eines jener großen Wunder, vor denen man um so mehr Ehrfurcht bekommt, je weiter und tiefer die Forschung sie uns erschließt.

Eine Hündin mit ihren Welpen in der Wurfkiste bietet so viel Ausdruck im menschlichen Sinn dar, daß sich selbst wenig tierbegeisterte Menschen im Innersten angesprochen fühlen. Dieser Höhepunkt im Leben der Hündin ist immer wieder auch für uns, deren Schutz sie sich anvertraut hat, ein großes, bewegendes Erleben. Nie steht uns das Tier so nahe wie in diesen Wochen. Dazu kommt nun das neue Wunder des Welpenlebens, jener Entwicklungsprozeß, den ich bereits geschildert habe. Ich hoffe, daß es mir gelungen ist, den einen oder anderen Leser dieses Buches zu ermuntern, einmal all diese Dinge selbst zu erleben.

Familie Björn

Nicht nur das Kapitel über die Geburt, sondern auch dieses Buch wäre unvollständig, würde ich nicht noch ein kleines, aber sehr aufschlußreiches Erlebnis erzählen, das mir mein Mischlingsrüde Björn und seine Familie bot. Björn und seine Schwester Bente sind, wie erinnerlich, Kinder aus einer Verbindung zwischen der Elchhündin Binna und dem Dingorüden Aboriginal. Mit ihnen lebten Baas und Baara, die bereits in diesen Zwinger hineingeboren wurden und inzwischen ein Jahr alt geworden waren. Björn hat seine Kinder sorgfältig erzogen, und so war es zu keinerlei Auseinandersetzung gekommen, als er seine Bente deckte — der Sohn stand unbeteiligt dabei; auch als knapp zwei Monate später Baara läufig wurde und vom Familienoberhaupt als Nebenfrau ebenfalls gedeckt wurde, hatte Baas sich nicht darum gekümmert.

Ich machte mir doch ein wenig Gedanken: Die vier Hunde bewohnten gemeinsam die geräumige Hütte; es hatte schon Spannungen zwischen der hochtragenden Bente und der läufigen Baara gegeben (eine läufige Hündin hat nun einmal Vorrechte, und eine hochtragende Hündin auch). — Wie würde das gehen, wenn Bente ihre Welpen hatte?

Als ich eines Tages mit dem Futterkarren kam, war Bente nicht zu sehen. Es war also soweit! Ich warf so schnell ich konnte möglichst viel Futter in den Zwinger, um mögliche Streitigkeiten zu verhindern. Aber es geschah nichts — Björn, Baas und Baara standen ruhig und abwartend am hinteren Gitter des Zwingers, sie stürzten diesmal nicht wie sonst an das Frontgitter. Dann tauchte plötzlich Bentes Kopf auf! Sie hatte ihre Welpen, die ich nun deutlich fiepen hörte, nicht in der Hütte, sondern in einer Grube an der Seitenwand, halb unter der Hütte, geboren. Langsam kam nun Bente hervor, schritt gelassen von Futterstück zu Futterstück, beroch es ausgiebig und wählte dann unter dem Angebot das aus, was ihr geeignet erschien. Sie trug es in ihre Wurfgrube, und nun erst kamen die anderen Hunde herbei, um sich ihr Futter zu holen.

Das war für mich eine unvergleichliche Lektion über Sozialverhalten im Familienverband. Aber es gab noch mehr zu lernen. Zunächst wiederholte sich dieses rücksichtsvolle Verhalten gegenüber der säugenden Mutter bei jeder Fütterung. Als es nach zwei Tagen zu regnen begann, trug die Mutter ihre Welpen in die Hütte, erlaubte aber, daß Björn, Baas und Baara sie mitbenützten.

Drei Wochen später, wie sich das gehört, krabbelten die Kleinen erstmals ins Freie. Ich war nicht schlecht erstaunt, als ich gleich neun Welpen zählte – eine völlig ungewöhnliche Wurfzahl, denn Bente hatte bislang, wie alle Mischlinge, stets sechs bis sieben Welpen gehabt. Björn tobte aufgeregt umher und trieb seine Sprößlinge wieder in die Hütte. Trotz des sehr schwierigen Geländes – der Zwinger liegt auf einem steilen Hang – gelang es allen Welpen, in Kürze die schützende Hütte zu erreichen: Sie hatten die »Tauglichkeitsprüfung« bestens bestanden. Bald kamen sie auch aus der Hütte, wenn ich fütterte, und ab jetzt paßte Björn sehr genau auf, daß die Welpen an das Futter heran konnten; mit unmißverständlichen Blicken und gelegentlichem Zähnefletschen hielt er Baas und Baara im Hintergrund des Zwingers, damit sie die Kleinen nicht bei ihren ersten Freßbemühungen störten. Sie durften erst ans Futter, wenn die Welpen genug hatten. Aber auch der Vater selbst fraß nicht eher!

So vergingen die ersten Wochen, und nun wurde Baaras Bauch dicker. Wenn nun auch noch Baara ihre Jungen hatte – was würde dann wohl passieren? Einige Male war ich nahe daran, die Hündin aus dem Zwinger zu nehmen, aber dann blieb ich doch meinem Vorsatz treu: Ich wollte es einmal ganz genau wissen, ob es innerhalb einer natürlich gewachsenen Familie zu ernsthaften Aggressionen oder zum Kindesmord kommen kann. Es war doch bislang alles viel besser gegangen, als ich geglaubt hatte.

Ich betrat auch weiterhin den Zwinger nicht und überließ alles den Hunden. Als Baara zwei Wochen vor dem Werfen stand, wechselten die Dominanzverhältnisse. Wieder war es Björn, der dafür sorgte. Wie früher Bente, so durfte die hochtragende Hündin nun als erste ans Futter, etwa den Welpen gleichgestellt; Bente hatte ihre Vorrangstellung verloren, sie behandelte Baara nun recht freundlich.

Baara wölfte in der Hütte; ihre Welpen lagen mit Bentes Jungen praktisch im selben Nest. Den Neuankömmlingen wurde kein Haar gekrümmt; sie entwickelten sich offensichtlich gut, denn seit der Geburt war Baara die Erstberechtigte am Futter – der gute Björn wachte ganz genau, und sein Sohn Baas half ihm dabei; auch Baaras Welpen erschienen nach 21 Tagen im Freien.

Jetzt freilich ging etwas schief. Aber nicht durch Verschulden der Hunde. Es ist in der Natur offenbar nicht vorgesehen, daß innerhalb eines Familientrupps zwei Hündinnen im Abstand von zwei Monaten wölfen. Wir erinnern uns, daß alle Wildhunde zu dieser Zeit paarweise leben. So gibt es bei den Welpen natürlich keine Spielhemmungen gegenüber jüngeren und unbeholfeneren Geschwistern. Bentes Welpen spielten ihre altersgemäßen Spiele, und sie bezogen dabei die Baara-Welpen mit ein. Das war für die Kleinen zuviel. Außerdem hatte es zu schneien begonnen, und so fand ich Tag für Tag einen anderen, der irgendwo tot liegengeblieben war. Von den fünf Welpen Baaras überlebte nur eine Hündin, die offenbar Glück und eine besonders harte Natur hatte. Meist gehen aus Vater-Tochterverbindungen (hier entstammte die Tochter bereits einer Geschwisterverpaarung!) nicht sehr lebenskräftige Welpen hervor; auch das mag dazu beigetragen haben, daß nur ein Welpe alle diese harten Prüfungen überstehen konnte. Auf jeden Fall muß man dieses Welpensterben aus den Betrachtungen über das Sozialverhalten ausklammern — es wäre wohl kaum passiert, wenn Baara wenigstens einen Monat früher gewölft hätte.

Heute sind alle Mitglieder dieser Familie immer noch friedlich vereint. Die Bente-Kinder sind mittlerweile fast acht Monate alt, die kleine Baara-Tochter sechs Monate, und alles ging bislang in schönster Ordnung. Björn hat, assistiert von Baas, die Kinder zu disziplinierten Rudelgenossen erzogen und blickt mit stolzer Gelassenheit vom Hüttendach herab auf seine Sippe. Nur Bente darf dort zu ihm — es ist ein Vorzugsplatz. Wenn sich einmal zwei der Halbstarken allzusehr um irgend etwas streiten, dann fährt er gelegentlich dazwischen und schafft Ordnung. Alle Aggression wird in ganz kleinen Dosen, meist aus Spielübersteigerungen heraus, abreagiert. Auf genau 50 Quadratmetern leben so 14 Hunde in familiärer Eintracht, und ich wage die Voraussage, daß auch der nächste Wurf der inzwischen wieder von Björn gedeckten Bente das Idyll nicht beeinträchtigen wird.

Was ich hier erzählt habe, ist kein Sonderfall, sondern ich erlebe ähnliches täglich bei meinen anderen Hunden auch. Überall, wo inzwischen natürliche Hundefamilien herangewachsen sind, dominiert ein rücksichtsvolles Gemeinschaftsverhalten mit vielen gruppenbindenden Elementen. — Wer hier Aggression studieren will, muß sehr viel Geduld haben, und er wird auch dann meist nur einleitende Verhaltensweisen sehen, oft nur Intentionen, kaum etwas, das man wirklich als ernste Auseinandersetzung deuten könnte. Das Familienrudel verdankt sein friedliches Zusammenleben dem, was die wahre Natur des Hundes ist: dem angeborenen Bedürfnis nach gutem Kontakt zum anderen. Und das ist es, was unser Hund auch uns bietet.

Literatur

Brunner, F.: Die Anwendung von Ergebnissen der vergleichenden Verhaltensforschung in der Kleintierpraxis. Zeitschrift für Tierpsychologie Bd. 26, 1969.

Crisler, L.: Wir heulten mit den Wölfen. Wiesbaden 1960.

Eibl-Eibesfeldt, I.: Grundriß der vergleichenden Verhaltensforschung. München 1967 (^{7}1986)

Eibl-Eibesfeldt, I.: Liebe und Haß. Zur Naturgeschichte elementarer Verhaltensweisen. München 1970 (^{13}1987)

Eisfeld, D.: Verhaltensbeobachtungen an einigen Wildcaniden. Zeitschrift für wissenschaftliche Zoologie Bd. 174, 1966.

Fox, M. W.: Behavioral effects of rearing dogs with cats during the »critical period of socialization«. Behaviour Vol. 35, 1969.

Holst, E. v.: Zur Verhaltensphysiologie bei Tieren und Menschen. München 1969 (Neuausgabe 1990 geplant).

Koehler, O.: Psychologie des Hundes. Kynologischer Weltkongreß, Dortmund 1956.

Levy, D. M.: Fingersucking and accessory movements in early infancy. American Journal of Psychiatry Vol. 7, 1928.

Lorenz, K.: So kam der Mensch auf den Hund. Wien 1952 (Neuausgabe 1986)

Lorenz, K.: Über tierisches und menschliches Verhalten. Gesammelte Abhandlungen. 2 Bde. München 1966 (^{2}1987/1988)

Ludwig, H.: Beobachtungen über das Spiel bei Boxern. Zeitschrift für Tierpsychologie Bd. 22, 1965.

Martinek, Z. und Lát, J.: Long-term Stability of individual differences in exploratory behaviour and rate of habituation in dogs. Physiologia Bohemoslovaca Bd. 18, 1969.

Ognew, S. I.: Säugetiere und ihre Welt. Berlin 1959.

Pfaffenberger, C. J.: The New Knowledge of Dog Behavior. New York 1964.

Schenkel, R.: Ausdrucks-Studien an Wölfen. Behaviour Vol. 1, 1947.

SCHENKEL, R.: Submission. Its Features and Function in the Wolf and Dog. American Zoologist Vol. 7, 1967.

SCHMIDT, H. D.: Zur Sozialpsychologie des Haushundes. Zeitschrift für Psychologie Bd. 161, 1957.

SCOTT, J. P.: The social behavior of dogs and wolves. An illustration of sociobiological systematics. Annals of The New York Academy of Sciences Vol. 51, 1950.

SEITZ, A.: Beobachtungen an handaufgezogenen Goldschakalen. Zeitschrift für Tierpsychologie Bd. 16, 1959.

ZIMEN, E.: Wölfe und Königspudel. Vergleichende Verhaltensbeobachtungen. München 1971.

ZWEIG, A.: Über die psychischen Leistungen eines Hundes und deren mögliche Beziehungen zur Human-Psychologie. Schweizerische Zeitschrift für Psychologie Bd. 16, 1957.

Register

Adjag 52
Afterkontrolle 242
Aggression 178 ff., 200 ff., 268 ff.
Albinismus 47 ff.
Altern 267
Anhänglichkeit 161, 163, 222, 225
Antippen 138
Apportieren 151 ff.
Augenöffnen 88, 89
Ausbildung 140, 150 ff., 219, 226 ff.
Ausdrucksverhalten 187 ff.
Autorität 130, 227, 228
(s. auch Leitwolf)

Bastarde 31 ff.
Beißspiele 94, 95, 137
Bellen 211 ff.
Beuteschlagen 223, 230 ff.
(s. auch Jagdspiele)
Bewegungsspiele 154
Biotonus 67, 68

Deckzeit 277
Degeneration 37 ff., 279 ff.
Denkfähigkeit 167, 168
Dingos 24 ff.
Disziplin 157 ff.
Drohen 195 ff.

Elchhunde 20 ff.
Elternkumpan 128, 129, 225
Erbkoordinationen 65 ff.
Ernährung 95, 96, 145, 282, 283
Erziehung 131 ff.

Fährtenarbeit 144 ff., 244, 245
Färbungsmutation 40 ff., 48 ff.
Fellbohren 79, 80, 114 ff., 238
Fluchtstimmung 206
Fortpflanzungsunfähigkeit 278
Fortpflanzungszeit 221, 234
Frühdomestikation 39, 42

Geburt 60 ff., 284 ff.
Geburtsgewicht 67 ff.
Gefühlssinn 169 ff.
Gefolgschaftstreue 222
(s. auch Anhänglichkeit u. Leitwolf)
Gehör 89
Geruchskontrollen 235 ff.
Goldschakal 29 ff.
Gruppenbindung 130 ff.

Halsseitenreiben 238 ff.
Hängen 281
Harnzeremoniell 250 ff.
Heulen 213 ff.
Hochkampfstellung 138, 139, 198
Hochspringkampf 198, 199
Hundefamilie 75 ff., 293 ff.
Hybride 32

Indischer Wolf 29
Individualgeruch 241 ff., 247 ff., 259
Individualität 53 ff.
Instinkttest 263 ff.

Jagdspiele 142 ff.
Jagdverhalten 223 ff., 229

Kampfspiele 137 ff.
Kindchenschema 124 ff.
Kläffen 211 ff.
Knurren 216
Komfortverhalten 247 ff.
Kontaktbereitschaft 107 ff.
Kontaktliegen 87, 118
Körperausdruck 195 ff.
Körpergröße 35, 40, 46
Kotzeremoniell 256 ff.
Kreiskriechen 77
Kreisliegen 119
Kreuzungen 42
Kupieren 208 ff.

Läufigkeit 245, 273 ff.
Lecksaugen 82 ff.
Leitwolf 181, 222, 225, 227, 252, 269, 270
Lerndisposition 100
Lernen 135 ff.

Mäuselsprung 219, 230
Meutespiele 155, 156, 223
Milchtritt 84, 110 ff.
Mimik 188 ff.
Mundwinkelstoß 96, 97, 164 ff.

Nacken-Kehlgriff 139, 231
Nasenkontakt 236, 237
Nasenstupsen 114 ff.
Neugierde 93, 135

Paarung 238, 273 ff.
Pfötchengeben 110 ff.
Pigmentreichtum 49 ff.
Prägung 102 ff.
Pubertät 234 ff.

Rangdemonstration 160, 246, 255, 281
Rangordnung 142, 177 ff.
Reife 263 ff.
Riechleistung 80, 81, 90 ff.
Rothunde 52
Rudelordnung 172, 221 ff.
Rupfen 233

Saugen s. Lecksaugen
Saugstimmung 86
Saugwelpe 63 ff.
Scharren 284, 285
Scheuverhalten 43 ff.
Schlafen 117 ff.
Schlafplatz 123
Schnauzenstoß s. Mundwinkelstoß
Schnauzenzärtlichkeit 164 ff.
Schweißdrüsen 243 ff.
Selektion 61, 98, 99
Senckenberg-Hund 27
Sexualspiele 154, 155
Sozialisierung 129 ff., 172
Spiel 134 ff.
Stimme 208 ff.
Strafen 157 ff., 162
Streicheln 114, 115
Stubenreinheit 17 ff., 256 ff.
Suchautomatismus 77, 78

Torfspitz 20
Tötungshemmung 200, 202 ff.
Tragzeit 57, 281 ff.
Träumen 120, 121

Übergangsphase 88 ff.
Unterordnung 157
Unterwerfung 205, 206

Vegetative Phase 75 ff.

Verjugendlichung 126 ff.
Verteidigungstrieb 69, 268 ff.

Warnniesen 99, 100
Wedeln 207
Welpengewichte 62, 67 ff.
Welpenkauf 109, 110
Welpenmarkierung 70
Welpentest 79, 80
Welpenzahl 58, 287, 288
Wesen 45, 109

Wildern 143 ff.
Winseln 217
Wölfe 27 ff.
Wuffen 216
Wurfholz 151 ff.
Wurflager 58, 59, 289 ff.

Zehenballen 31, 41
Zucht 272 ff.
Zuchtverbände 266, 267

Bildnachweis: Gerhard Gronefeld, München, 3–6; Interfoto Rauch, München, 8–10, 15, 17; Archiv Trumler 1, 2, 7, 11–14, 16, 18–23